养
大不同

[美] 海云 著

Different
Parenting
for
Boys and Girls

SPM
南方出版传媒
全国优秀出版社
全国百佳图书出版单位
广东教育出版社
·广州·

图书在版编目（CIP）数据

养儿育女大不同 /［美］海云著. —广州：广东教育出版社，2019.5

ISBN 978-7-5548-2639-3

Ⅰ. ①养… Ⅱ. ①海… Ⅲ. ①家庭教育 Ⅳ. ①G78

中国版本图书馆CIP数据核字（2018）第277715号

责任编辑：陈定天　蚁思妍　黄　智
责任技编：杨启承
装帧设计：友间文化
封面设计：尚世视觉

养儿育女大不同
YANG'ER YUNÜ DA BUTONG

广东教育出版社出版发行
（广州市环市东路472号12-15楼）
邮政编码：510075
网址：http：// www.gjs.cn
广东新华发行集团股份有限公司经销
广东信源彩色印务有限公司印刷
（地址：广东省广州市番禺区南村镇南村村东兴工业园　邮编：511442）
787毫米×1092毫米　16开本　21.5印张　310千字
2019年5月第1版　2019年5月第1次印刷
ISBN 978-7-5548-2639-3
定价：68.00元
质量监督电话：020-87613102　邮箱：gjs-quality@nfcb.com
购书咨询电话：020-87615809

前言

上帝赐给我一对儿女，
凑成了一个“好”字。

养儿这一路不说是一帆风顺，即便有点毛毛细雨，也很快就会雨过天晴。养儿，让我们尝到为人父母的乐趣。学霸型的儿子，从小就是一个各方面均衡发展的孩子，深得老师和家长的欢心。他成长的经历，绵绵细雨的过程，在我的笔下也是曲折多姿。如今在常春藤盟校医学院本硕连读的他，正为今后当医生的理想努力着。

育女的历程却是一路艰辛，应该说虽然女儿小时候也很吵闹，但还没到失控的地步。就在她十一岁那一年，我们家庭经历了从美国西海岸搬迁到东海岸的大变动，东西美国的文化相差很大，环境的变化正好赶上她的青春期，一连串的因素，使得女儿最终逃避上学，与我们的关系日趋紧张。经过三四年艰难的挣扎，我们帮助她走出了忧郁，找回了自信，女儿最终被美国一所很不错的艺术学院破格录取，如今正走在追逐她艺术家之梦的道路上。育女，也让我们真正地体会到每个孩子都是不同的，不能用同一种标准来衡量他们。女儿从某种意义上来说，教会了我们很多！

这本书记录了我家两个孩子十多年成长历程中的一些值得回忆的瞬间，个中的经验教训可供读者参考。各位可以从正面开始阅读，亦可从反面翻阅，自由地选择你感兴趣的养儿或者育女部分，与我们一起体验养儿育女之不同。

自序

一、关系第一

都说这世上没有后悔药，在养育子女方面，更是没有后悔药可吃。回头一看，我们都不是完美的父母，很多地方都可以说：如果我早知道，就可以……

然而，作为过来人，我们还是可以总结一些经验和教训。虽说在教育方面，没有模式可套，因为每个孩子都不同，但是，从别人走过的路上，还是可以看到一些可以避免的问题或者值得学习的经验。

说是过来人，这个词本身就有点不切实际，做父母的，何谓过来人呢？即便孩子长大了，父母还是父母，子女还是子女，每个阶段有每个阶段需要学习的地方，不是吗？

但是，父母对子女的影响，又可以分为以下几个阶段：

第一，孩子对父母的完全依赖阶段。这个阶段从孩子出生到上学前，父母几乎是孩子所有的依靠，孩子以父母的话为“圣旨”，父母在这个阶段对于孩子的教育，几乎都是灌输什么孩子就会像海绵吸水一样吸收什么。所以，这段时期的父母对子女的影响是巨大的。

我们中国人有句老话：三岁看大，七岁看老。而孩子三岁前养成的习惯和性格，除了娘胎里带出的基因影响外，皆是来自其父母和原生家庭日常生活的影响。

如果我们为人父母者，能知道这个黄金的教育阶段，抓紧这段宝贵的时间，丰富自己的育儿经验和知识，我们就可以为孩子营造一个温暖和谐的家庭氛围，让孩子在爱中健康成长。

在海外华裔中，也有一种很流行的育儿理念——育儿情商，指的就是父母在养育孩子的过程中，要不断提高自己的情商，同时注意培养孩子的情商。没错，但是我想说的是，提高育儿情商最有效的时间就是在孩子完全依赖父母的时段。一旦孩子进入学校和社会，外来的影响就会随着孩子的成长一点点加大，而父母的影响会一点点减弱。所以，在这个孩子完全信赖父母的黄金时段，提高我们自己的情商，才能够提高子女的情商。

第二，外来影响渗透阶段。这个阶段从孩子上幼儿园、小学到中学，外来影响会随着时间推移越来越大，孩子会慢慢悟出父母的教育与外面世界相吻合和不相吻合的地方，他们开始对父母曾经的教育产生疑问。尤其是上了中学后，孩子觉得自己长大了，父母的有些观念过时了，他们极力想摆脱某种束缚或者孩童的印记，常常要尝试自己的主张。当孩子的意愿与父母的意愿相违背的时候，我们喜欢给孩子冠上“叛逆”的字眼，其实，所谓的叛逆，是指父母与孩子的关系出现了问题，也就是父母觉得孩子不听话了，忤逆自己。如果父母与子女的关系保持得很好，沟通顺畅，即使有差距和代沟，双方也能很好地交换意见，这样父母就不会觉得孩子叛逆。

孩子在成长，父母也应该同步成长，如果孩子成长的速度比父母成长的速度要快，那么就会出现摩擦。比如，十一岁的男孩子，觉得自己上初中了，是个小大人了，与同学约好打游戏就直接去了，没像往常那样先征求妈妈的意见，当妈妈的当然不高兴，觉得孩子变了，不像小时候那么听话了。确实，孩子是变了，他在长大啊！如果做母亲的意识不到这点，还把他当作小孩子那样看待，这种认知上的差距就会越拉越大，矛盾会越来越多。

这个阶段，我们为人父母者，其实应该珍惜孩子还住在家里，我们还可以影响到他们的这段时光。好好利用这份影响力，除了身体力行、以身作则之外，不要总是批评孩子，要以鼓励为主，这样才能保持一个舒畅的沟通渠道。

第三，父母影响甚微阶段。这个阶段基本上从孩子中学毕业开始，有些孩子进入大学继续深造，有些孩子走上社会工作，不论孩子选择哪条路，孩子基本上已经开始走进社会，他的同伴、社会环境等外来的影响占了主导地位，此时父母对孩子的影响会越来越小。

如果这个时候你觉得要改正孩子某些你看不惯的地方，你越是教训他，越是等于把孩子往外推。这个时候的原生家庭，对于长大的孩子来说，就是一个避风港，他在外面遇到了困难，会想到来这避风港里避上几天。也不是说这个阶段你看到孩子有问题，就不能说了。你当然可以说，可孩子听不听就很难说了。与其你说得多，让他烦躁躲避你，还不如让他知道你和这个家都是他最坚强的后盾，让他自己碰壁了之后，再回到你这里休养生息，可能效果更好。

说了这么多，我总结一句，请为人父母者记住：你和孩子的关系是所有育儿教育的至上问题！这句话的意思是：不论在哪个阶段，如果你教育孩子的方式会损坏孩子和你的关系，那么请你慎重考虑，寻找另一个不会损坏你们关系的方法来代替。

比如，上了中学的孩子，某门功课不好，你该说的说了（好好读书之类的），该做的也做了（帮他请个家教之类的），可孩子就是学不好。你觉得自己快疯了，钱花了不少，可这孩子就是打游戏比读书更带劲儿。你想骂他笨蛋，想没收他的游戏机，想把他关在房间里，不让他出去甚至想甩他两耳光……可你想想，那些偏激的方法能让他成绩上去吗？可能于事无补吧。相反还会使得你和孩子的关系处于一种紧张的状态，孩子有可能就此对你关闭心门。这就不值得了。

做父母的可能会问：那就任由孩子那样下去，书读不好，将来没出息怎么办？

我想问问这样的父母：你想要一个书读得拔尖，将来还算有出息的孩子，可这孩子将来想到你就心烦，很少回家看望你，还是你和孩子有一个融洽的关系，即便将来孩子普普通通，但是他愿意跟你谈心事，他想到父母就觉得安心，逢年过节只要有时间都会回来看望你的孩子？你觉得哪种孩子对你来说更重要？

还要记住一条，我们大部分都是普通人，顶尖的都是少数，父母的心态很重要。

上面的问题我也知道每个人答案都不同，对我来说我更愿意与孩子有一种亲密的关系，孩子在职业和所谓的出息方面，能走多远就走多远，我尽量为孩子提供可能的条件，但决不强迫，更不会为此搞坏我和孩子之间的关系。

我们这一代人，生于二十世纪六七十年代，很多人小时候都被父母忽略，尤其是故乡在中国大陆的这一代人，都是由祖父母养育的。我看到太多这一代人与父母关系淡漠，长大了远走高飞，远离父母。当然这种分离也有其他各种各样的原因，但与父母关系的淡漠也是其中的原因之一。

在国外，房地产业有句金句——Location，Location，Location，意思是地段，地段，还是地段。房地产业的第一要素就是好的地段。我想说养育孩子的第一要素就是Relation，Relation，Relation，即关系，关系，还是关系。与孩子保持一个好的关系是为人父母首先应当考虑的。

二、尊重个体，共同成长

这点西方人确实比国人要做得好一些，可能是我们传统文化的原因吧，我们做父母的，很多都非常over－protective，即过度保护，这种保护往往都冠以爱的名义，其实很多时候它遏制了个体的发展。

举个例子，在过节的派对上，我遇到一对母女。妈妈是电脑博士，20世纪80年代来美国留学，女儿十岁跟着父母来到美国。女儿一直都是品学兼优，杜克（Duke）大学全奖学金毕业，又去读了医学院，如今是一名眼科专科医生。女婿是从小从台湾移民美国的华裔，如今是一名耳鼻喉科的医生。夫妻俩育有两个孩子，大的四岁，小的刚满五个月。

这一家子在派对上正好坐我身边，开始时我与这对年轻夫妻交谈在美国从医的经历。然而小夫妻走开之后，这位外婆开始与我聊天，我才知道她是一位受过西方高等教育的知识女性（外表根本看不出来），至今还拥有自己的电脑设计公司。

这位外婆告诉我，自从四年前她女儿生了大外孙，她就丢下老公和在田纳西州的公司，跑到新泽西州来帮忙照顾外孙。我说，两个医生不可能请不起保姆啊？她说，有保姆，但没有她在不行的！她还说她女儿什么都好，就是生活自理能力太低了。我问她女儿今年几岁，她说三十多岁了。我默然以对，心里感叹，她没有给女儿学会料理自己生活的机会啊！

美国教育专家对为人父母者的规劝是：关注你自己！让你自己先成长，才能给孩子自由成长的空间。可强势的父母很难学会放手，自以为牺牲自己的生活，把自己的意念搅和进孩子的生活里，是爱的表现，其实是一种控制欲的泛滥，长远来看对孩子是一种危害。

说到共同成长，我们一家从加州硅谷搬到美国东岸之后，我成立了一个共同成长小组，开始只有四五家，后来发展到四十多家一百来号人。我最初的目的，除了想与孩子一起在一个陌生的地方结交一些年龄相似、背景相近的朋友之外，还想在孩子进入青春期以后，能与他们有一个畅通的交流渠道，并与他们保持一种良好的关系。

记得有一次讨论孩子打电游玩上瘾这件事，有些父母的做法就是给电脑安密码、上锁等来限制孩子过度沉溺在现代电子产品中，可孩子告诉家长，你设立的密码，我五分钟之内就破译了，真是“上有政策，下有对策”，我们那些父母听后哭笑不得。可是，在父母与孩子对这件事深入讨论之后，孩子了解到父母的想法，是怕他们上瘾，怕他们影响学习，父母也了解到孩子的想法：在学校上学累了，回家想放松一下，又怕父母责备，于是又说了谎等等。双方了解了之后再共同订下游戏规则，比如每天给孩子两小时打游戏，父母可以提醒时间到了，但不要一下子就没收、大吼大叫……这样效果就好多了。

在这几年举办共同成长小组的过程中，我从孩子们身上学到很多。不说远，就拿我自己的两个孩子来说，儿子性格温良，容易管教，女儿则比较情绪化，不大按照规章制度行事，与我们的冲突最多。开始我们总是用管教老大的方式来管教这个不听话的女儿，当然她和我们都有挫败感，还造成兄妹俩的不和。后来我们明白了要尊重个体的差异，尊重女儿的不同，不要拿兄妹俩做比较，更不要拿别的孩子与自己的孩子比较，调整做法后，原来一触即发的女儿变得能听进意见了。这也是我们学到很深刻的一课。可以说难管教的女儿让我们做父母的学到的更多，也让我们成长很多。

三、允许孩子犯错，也允许自己犯错

金无足赤，人无完人。

首先，要允许孩子犯错。

我们华人父母都很喜欢包办，很喜欢过度保护。有个很经典的段子，说西方的父母在孩子蹒跚学步摔倒时，很少会扶孩子起来，即使孩子哭了，也让他自己站起来。我们中国的父母总是在孩子跌倒时，捶桌子敲板凳，为孩子破涕而笑找个理由。

还记得我儿子小的时候，我也摆脱不了中国父母的老一套，也喜欢说如果你不听我的话，早晚要跌跟头。儿子就说那你让我跌吧，跌痛了，我下次就知道了。我说我是你妈呀，怎么能看着自己的孩子前面有个坑，眼看着你跌下去，不说一声呢？他说，你这次说了，下次我不知道，你看不见时，我还是要跌下去，那你还不如让我早一点跌一下，我下次就不会了。想想也有道理，我怎么从来没这么想呢，因为我们从小就这样被父母说着长大，什么“我过的桥比你走的路还多”，什么“我吃的盐比你吃的米还多”，等等。这类说辞只有一个意思：孩子就该听父母的！那是天经地义的事情。如今被自己的孩子驳一回，我才惊觉我们小时候所谓的孝顺不回嘴，其实限制了自己的自由思维。

中国人还有句古话：失败是成功之母。孩子在成长的过程中，通过犯错才能学习到正确的方法。我们做父母的如果总是过度保护，虽说立意是好的，却也可能让孩子失去学习的机会。

其次，要允许自己犯错误。

在对待女儿的教育上，我们最初没意识到孩子个体的不同，犯了不少错误。记得女儿小时候，我最常说的话就是："你这个孩子怎么这样啊？你看看你哥哥……"

犯错不可怕，意识到了，不仅需要修正自己的言行，更重要的是要尽量消除错误带来的伤害。

在人与人的关系上，一旦伤害发生，意识到了之后，首先第一步就是向对方道歉，这个也应该是修正错误的第一个环节。

中国人的传统，父母很难向子女道歉，我生了你养了你，有什么错？还要回头向你道歉？放下父母的尊严和架子确实不容易，更何况你若冷冷地说一句"对不起"，欠缺诚意的道歉，孩子也不傻，感觉得到的，依然于事无补。

我第一次向女儿道歉，她就挺不屑的，基本上对我们母女关系没有什么改善。但我想也许我也需要时间学习怎样以一颗平等的心来与她交流，之后我一次又一次真诚地对她说："对不起，妈妈不该拿你跟哥哥比。""对不起，妈妈没有意识到那么说伤害了你。""对不起，妈妈也是在学着如何做一个好母亲……"直到有一天我哭着说"对不起"，她也哭了，我们母女相拥在一起……一旦女儿原谅了我，接受了母亲的歉意，我们母女间的沟通就畅通了许多。

她告诉我，我曾经为她写过一首诗，她也回应过一首，她说她可以给我看当时她写的诗，虽说现在她已经不那么想我了。我读了她写的英文诗，心里交织着痛与快乐。看到自己的女儿把那么怨恨的字眼用在我身上，心里痛是自然的，被女儿那样形容的母亲能不痛的大概很少吧？而快乐和庆幸则在于我终于与女儿消除了隔阂，她已明明白白地告诉我现在她早不这么想了。

作为母亲，我曾经无意识的话，可以造成孩子很久的伤痛；修复与孩子的关系，则需要付出好多倍的努力和时间。

人犯错是难以避免的，但是，一旦意识到错误却不努力改正，才是最不可原谅的。改正错误需要决心、勇气和努力。不要只看到自己的尊严，要多想想子女的感受，还有你和他的关系。在关系面前，人与人是平等的，不要端着父母的架子死不放手。

孩子犯错更是如此，允许孩子犯错，只有与孩子有良好的关系，你指出孩子的错处，孩子就能听进去你的意见。也要允许自己犯错，但是，一旦意识到错误就尽快修正。修补破损的关系，至关重要。

总之，在养育子女的道路上，父母要尽可能完善自己，不断学习，并且尊重孩子的个性，适时地调整好自己的心态，与孩子共同成长。

有一天，当我们为人父母者头发都白了，老了，看着长大成人的子女，我们可以无悔地说：我尽了力，我养育出这样的孩子！我心存感激！

目录

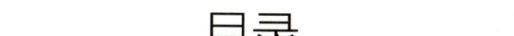

三 大学时代

附录 儿子写的三篇文章

一 天真稚儿

从儿子出生到小学毕业，他几乎从没给我们做父母的太多烦恼。他是个听话的孩子，在家听父母的话，在学校老师也总说他是个很好的倾听者，除了在小学一、二年级的时候，他比较内向、害羞，上课发言不多，老师几乎没有说过任何关于他的负面评语。一直到他小学毕业，我都认为，孩子这么好养啊，这样的孩子，我似乎养十个也是轻而易举的事情。

1 儿子幼年趣事二三

（一）

儿子常常有很多有趣的话语令人莞尔。

每次带他开车外出，我总是把他放在后座的Car Seat（儿童安全座椅）上。有一天他对我说："妈咪，等我长大了，你坐在车子的后面，我给你一个Car Seat坐，带你出去玩！"

我说："Car Seat是给小朋友坐的，妈咪坐不下。"

他看着我，一本正经地说："我长大了，你就变小了，可以坐Car Seat了。"

一天晚上，他跟在他爸爸后面跑来跑去，等爸爸坐定，他告诉爸爸："爸爸，我长大会开车子了，爸爸和妈妈坐后面，我带你们出去玩。"

爸爸听到后高兴得一把把他举起，大声地对我说："听到了吗？儿子说要带我去玩哦！"没等我回答，爸爸就迫不及待地问儿子："儿子，你带爸爸去哪里玩？玩什么呢？"

儿子歪着他的大脑袋，看着爸爸说："我带你们去看大鱼！是真的大鱼！"可能是我们常告诉他玩具熊是假的，画上的老虎和鱼也是假的，他便想带我们去看真的了。

（二）

自从知道妈妈肚子里有个妹妹，儿子就常常把他的玩具熊放在他的衣服里面装成大肚子的模样。

这天，他指着他的肚子对我说："妈咪，你肚子里有个妹妹，我肚子里有个弟弟。"

我逗他："你肚子里的弟弟怎么出来呢？"

他想了一会儿，说："我吃你的那种药（我当时天天吃适合妊娠期服用的复合维生素片），就生出来了。"

我给他看生他时开刀留下的疤痕，告诉他那是他出来的地方，又问他："你肚子上没有洞，小弟弟怎么出来呢？"满以为他会说像我那样开个洞把弟弟生出来，谁知他说："我这里有洞啊。"一边说一边用小手指指着他的小屁股："我DuDu（大便）把弟弟Du出来。"

我忍不住大笑。

（三）

儿子两岁半了，晚上会自己睡觉，不过睡觉前总是要爬上我们的大床与我们玩一会儿，我们也总是在他回他的房间睡觉前叮嘱他要一觉睡到天亮，如果夜里醒来眼前是黑的，就把眼睛闭上接着睡。

他每天早晨大约七点就会醒来，一醒过来就会"咚咚咚"地跑到我们房间来，他爸爸说："儿子，还早呢，你应该多睡一会儿。"

他回答说："天亮了，我可以过来了。"一边说一边爬上我们的床，一会儿又睡过去了。有时他睡不着，便在我们的床上翻来翻去的，弄得大家都睡不成。

晚上睡觉前我又对他说："儿子，天亮了你还是可以再多睡一会儿的，太阳出来了才可以起来到妈咪的房间来。"

第二天，他仍然准时七点来报到，我们对他说还早，他回答说："太阳出来了！"爬上床接着睡，真拿他没办法。

2 孩子，谢谢你为我弹那首曲

儿子很小的时候（大概两岁吧），总是喜欢站在钢琴旁看我唱歌弹琴。那时，只有一个孩子的我还没有现在这么忙，我时不时地还有心情坐下来自己弹唱一番。头长得超大的儿子会目不转睛地看着我自我陶醉的样子，等我过完瘾，他就会把他的小手放在琴键上按出声响。于是我问他，喜欢吗？他急切地点头。但那时他还很小，小手连五度都不够。

他三岁半的时候我就把他送去学琴，老师说孩子太小，不一定能坐得住，不过可以试试。三十分钟他全神贯注地坐在钢琴前，第一课老师上得很满意，这个超小的学生也就破例收了下来。学了半年琴，老师有一天对我说想送他参加钢琴比赛！我吓了一跳，怎么可能？他还没入门呢！老师说比赛分不同的等级，他可以参加最低的那一级，还一再表示他行。于是，我问儿子去不去参加比赛。小小的他并不明白什么叫比赛。老师试图告诉他就是在很多人面前弹琴，如果拿第一，他可以有25美元的奖金。儿子那时虽说还没有金钱的概念，但总知道那是好东西，遂点点头表示要去。

接下来的几周便是反复地练那首比赛规定的曲子，直到他练得烦了，不断地问为什么要弹这么多遍，我们又费一番口舌告诉他熟能生巧的道理。接着帮他买小西装，看着奶声奶气的他打着领带穿着西装真是好玩至极。

比赛的那天，我们全家相陪，外公外婆正好在这里，也一同前往。妹妹那时刚刚满一岁，还不会说话也咿咿呀呀地跟着去。儿子完全不知紧张是何物，一直在观众席的最后面和妹妹玩耍。走上台去的时候，歪着他的大脑袋，一步步艰难地爬上那个有他三分之一高的台阶，下面的观众和评委都发出善意的笑声。弹完琴还知道鞠个躬，又歪着他的大脑袋一步一步地走下来。那场比赛，儿子出场得早，接下来上场的孩子看上去都比他大一些，也比他弹得熟练。我想儿子肯定是没指望拿一等奖了，但心里希望他能拿三等奖或四等奖之类，也算是给他一点鼓励，不枉他这几个星期的练习。

报名次的时候是从四等奖开始的，有两人并列第四，我的心紧着。一个名字报完又是一个，都不是他的名字！我又开始盼望能侥幸获得三等奖，又是两人并列。等到两个名字报完，我已是失望透顶，回转身去

United States Open Music Competition

This is to Certify that

Kevin Tang

is a

First Place Winner

in the Open Solo – 1B

of the

Eighth Annual Piano Competition

held in Oakland, California in February, 2000, and is hereby awarded the

Certificate of Excellence

Amy Martin
USOMC President

儿子的第一次钢琴比赛获奖证书

找两个玩得不亦乐乎的孩子，耳中还听到评委在继续报着二等奖一名，一等奖一名……蓦然间听到儿子的名字，我都不敢相信自己的耳朵，转过身去看到还坐在座位上的老公兴奋得站起来向我们这边挥着手，叫着儿子的名字，让他上台去领奖！他竟然得了一等奖！这25美元奖金成了他生平第一笔银行存款的底金。

第二年，儿子又去参加高一个级别的比赛，又得了一等奖。儿子得到这个鼓励，便从那时开始说他长大后要当个钢琴演奏家。我对他说："你弹得很好，但也有人比你弹得更好，别人没得奖，有可能是他应该报高一级别，也有可能是没你幸运！"我希望他不要把得失看得太重，听没听懂就不知道了。但是我接下来的话他不仅听进去了而且记在了心上："当不当钢琴家没关系，那要等你长大看你是否真的喜欢！妈妈希望有一天听你弹完整的*Für Elise*（《致爱丽丝》）。"

在还未有孩子之前，我曾在这里的大学里修过一门钢琴课，纯粹是为了好玩。那首*Für Elise*是我少女时代就深爱的曲子，自己弹，中间那部分老是弹不好。本来我就没正规好好学过，还是在上大学的时候艺术团里瞎凑合自己摸索的，坏习惯一堆，弹到一定的程度就露馅儿了。所以我把自己的梦想寄托在儿子身上。

一年又一年，儿子倒也坚持把琴学了下来。当初那份天真渴望的热情渐渐地被一遍遍枯燥的练习浇冷，儿子也反问过："为什么我们要学琴，学中文？我的同学周末都去玩。"爸爸的回答比较专断："你的同学是你的同学！"我的回答相对婉转一些："妈妈不希望你做事情半途而废！你做完规定的事就可以去玩！"这中间的甘苦也是只有我们自己明了。回头看，我深知我们做父母的方式确实有待商榷。但很幸运，儿子天性乖巧懂事，也就这么相安无事地坚持了下来。

儿子十一岁的时候已经在学钢琴六级了，每年考级都是Honor（荣誉）奖，他一直都是老师的好学生。只是他不再提当钢琴家的事了，有时我们开玩笑地提起他四岁的时候所发的雄心壮志，他也就是笑一笑，半认真地说："Daddy，you killed my motivation!（爸爸，你谋杀了我的积极性。）”爸爸大概想起往日一看他没事做就喊他“去弹琴”的那些情景，不禁苦笑了一下，默认了儿子的指责。

那年的Memorial Day（荣誉军人节）长周末，是儿子、女儿一年一度的钢琴汇报表演。前一天儿子就在家一遍又一遍地练习，他虽已不是那么热爱弹琴了，但他做事认真，想到要表演，就自觉地在家练习。女儿在电脑上一玩就下不来，叫她练琴，她一脸的不高兴，三下五除二就想糊弄过去。我一把抓住想溜进书房的她，把她再放回到琴前，她就在那里发起了小脾气，最终也没有再练下去。

上台表演前，我握住儿子的左手，冷冷的；摸摸他的右手，却是热热的。我知道他紧张，用我的手暖着他的左手对他说：“儿子，没关系的，尽力就好了！”

女儿上台却是行云流水地弹了下来，可能是曲子简单也好弹一点吧，她下来说：“I got so excited!（我很兴奋！）”这就是她的个性！人越多她越兴奋！她小的时候喜欢到处画，本想送她去学画画，可有人说小孩子不宜太早去学画，会遏制她的想象力。问她想学点什么，她说想弹吉他。那时六岁多的她长得比同年的小朋友小一点，吉他老师说她手太小，过两年再来，又建议我们让她先去学拉小提琴或是弹钢琴。大概是看着哥哥常常练琴，她便选择了钢琴。对于女儿的教育，爸爸几乎是完全听之任之。平常大多是爸爸听女儿的，兴趣来了就弹两下，兴趣没来几天也听不到声响。女儿做事随兴得很，凭着她的一点小聪明，一年多琴学下来，每每也能应付过去。

儿子上台了，鞠个躬，坐在钢琴前，我忽然意识到孩子长大了，像个大人似的。我眼前仿佛看到那个歪着大脑袋的小男孩费尽力气爬上那个高台的情形。*Für Elise*优美的旋律随着儿子的手在琴键上如行云流水般弹出，我的眼睛湿润了起来。那一刻，我的心中充满了感动！我知道儿子是弹给我听的。

回家的路上，我提及儿子小时候我说的希望有一天他能弹奏*Für Elise*这首曲子的事，一旁的女儿说：“Mommy，you’re so lucky! Your dream came true already!（妈妈，你真幸运！你梦想成真了！）”

是的，我的孩子，是你们让我有种梦想成真的感觉！我感谢你们！

（注：读高中时儿子已考完钢琴十级，而且是荣誉奖。平常闲来无事，开心或不开心时，他都会坐在钢琴前，用琴声抒发心情。我相信钢琴将会陪伴他一生。）

儿子和女儿钢琴汇报表演时合影

3 成长的“烦恼”

那段时间工作比较忙，早出晚归的，没留意到，两个孩子的学年已接近尾声了。

儿子晚饭时提到周三的晚上六点半，他们学校会有场铜管乐队表演。他学萨克斯风已一年了，从不成调的“鸭子叫”到今天可以吹出还算动听的曲调，我们全家可真是度过一段每近黄昏就听“鸭叫”的“艰难岁月”！先生对我说，我忙就不用去看了，万一来晚了，白跑了那么远！看着儿子期待的眼光，我说不管怎么样我也会去的。

儿子小学一到五年级都是在圣何塞（Sam Jose）市的小学里度过的，他的学校在圣何塞市算得上不错的了，只是和旧金山湾区诸如库比蒂诺（Cupertino）或是帕罗奥多（Palo Alto）市相比就差一截了。我们享受住在又新又大的房子，不愿搬去中国人眼里的好学区住那老旧的房子，在圣何塞一住几年。几年前，还是拗不过国人的观念，在帕罗奥多买了个小房子，离著名的冈恩高中（Gunn High School）只有十分钟的步行距离。先生的公司就在儿子新的初中学校附近，从去年秋季开始，每天爸爸和儿子一起Carpool（同车出行），上班的上班，上学的上学，各就其位，也还觉得不错。我们因此又赖在现在圣何塞市的大房子里住着不想走了，想等到女儿小学念完再搬过去。

起初，儿子听说要进好的学校，高兴了一阵又难过了一阵。“好”的东西总是令人高兴的，但是我们一再地嘱咐他不要以为自己行，好学校的孩子大多比较优秀，他便有点紧张。第一个星期，他每晚回到家，吃完晚饭倒头就睡，令我着实为他担心了一把。从第二个星期开始，一切慢慢地走上了轨道，他熟悉了学校，也有了新的朋友，只是一下子多出来的功课让他每晚做到将近九点。

半学年下来，成绩单出来了，我们去学校与老师会面。看着全A的成绩单，听着老师夸赞的评语，我们由衷地感到高兴。儿子从那时起，又一点点恢复了自信。学校除了“核心课程（Core Classes）”，还有“边缘课程（Wheel Classes）”，核心课程包括语言、数学、科学等，边缘课程包括电脑、音乐、体育、家庭烹饪等。我和先生都不担心儿子的核心课程，相信他会取得好成绩，倒是对他的那些边缘课略微担着心。看着他四门核心课程的两门A+两门A；边缘课也是清一色的A，做爸爸妈妈的打趣地说：“比我们俩强多了！”因为我们俩从没有在体育上拿过A！

这一年下来，儿子长大了很多，个头已经赶上我，还架上了一副眼镜，人也变得独立了许多。他每天下午下了课，学校里有Homework Club（家庭作业俱乐部），可以在那里做完大部分的功课。家庭作业俱乐部结束后，他自己会乘班车去公共图书馆，如果做完功课，就会在那里看一会儿书，傍晚时分与下了班的爸爸一起回家。

到七年级学年中段的时候，儿子已完全觉得没有了功课方面的压力。他有一些时间做他自己的事情，他最喜欢一个人窝在那里读那些奇幻小说，半天不动；当然如果能让他玩电脑，那就更好了。

我们规定他和妹妹只有周末才能玩电脑，兄妹俩大多可以做到，只是一玩就不知道什么时候应该结束。女儿对妈妈天天用电脑颇有微词，儿子倒是对此非常通情达理，他告诉妹妹：“Mommy is writing a novel.（妈妈在写小说。）”只是不断地提醒我别把我写的小说放在网上太久，他说：“What if others have it published in their names?（如果有人拿去以他的名字发表了呢？）”我打趣地对先生说：“不愧是美国出生的孩子，比较重视知识产权！”

几个星期前，他对我说他想参加一项数学测试，如果考过了，就可以跳过七年级的数学课，到八年级时，他就可以自己到高中去上高中的数学课，他甚至做好计划，空余的时间可以学习一些其他的科目。听着他有条不紊地述说着这些计划，我十分欣慰。儿子正一步步走向成熟，他的计划性很强，对自己的一切都有他预定的想法。

之前一个星期，他自己借了七年级的数学书来看，看完觉得胜券在握。放假前的最后一个星期，他去参加了这项考试，回来后情绪低落地告诉我他没有考过！有些八年级的数学题，他完全不会。同年级只有两个学生过了，他的同班同学一个都没过。我们估计考过的可能是“Direct Class（直升班）”的学生。我们也是不久前才知道有这样一个班的存在，我们是第一个孩子进中学，对中学的一切都不太了解。据说在帕罗奥多三所初中里，只有他们这所初中才有，有点类似填鸭式的教学法，主课学的东西比其他班多，而且没有那些边缘课。儿子听说了，说也要去那个班。爸爸问下来，学校说要排队等名额。我趁机告诉他，要想在某方面胜过别人，你得付出更多的努力；同时还对他说我们仍以他为荣，没考过不代表什么，任何人都无法把没学过的事情一次做好。隔天晚上他拿回来两本七、八年级的数学书，对我说暑假里自己看。

我倒是觉得他这次没考过是件好事：第一，让他知道天外有天，人外有人，任何收获需要先付出努力！第二，也让我看到他有一颗自强不息的心。我很宽慰。

美国的学校非常强调初中之于孩子一生中的重要性。学校里都有辅导学生心理的辅导员，中学生处在孩童向成人转变的过程当中，生理和心理都在飞速地发展，尤其需要家长和老师们的经常关心和密切配合。想想我们在那个年纪稀里糊涂地就过去了，我们的父母与今天做父母的我们在对下一代的教育上也是天壤之别，更别提社会的差别和时代大环境的不同了。

儿子在参加铜管乐队表演

我吃过儿子在学校家庭烹饪课做的甜饼；听过儿子在学校售书节上的钢琴演奏；还有儿子的乐队表演，我当然也不曾错过！

记得我们全家曾来到儿子的中学，看儿子和他的同学们的铜管乐队表演。铜管乐队表演也是分年级的，高年级的乐队已是有模有样的了，儿子他们六年级的乐队也不错，第一次一起彩排就让老师满意地通过了。孩子们的爸爸妈妈悠闲地坐在草坪上，很多美国的父母自带了毯子来，铺在地上或盖在身上，舒适地享受着孩子们的演奏。傍晚金黄色的阳光温暖地洒在树上、草地上和我们身上，伴着铜管乐欢快的节奏，让人有种说不出的放松和愉悦。

看着孩子在成长是件多么让人享受的事情！哈哈，成长的“烦恼”其实也是成长的乐趣哦！

4 儿子的零用钱

儿子上六年级的时候，向爸爸提出“每月要allowance（零用钱）”。爸爸说：“可以！”但是不是单纯地给零用钱，儿子每天必须把家里的垃圾从厨房的垃圾桶拿出，放进前院的大垃圾桶里，以此培养他有劳才有获的观念。

儿子从开始时捏着鼻子，用两根手指拎着垃圾袋，到快速地打结，拎起垃圾袋一溜烟地出去，也着实经历了一段时间，而且因此对金钱也有了初步的认识。有时妹妹和爸爸胡搅蛮缠，爸爸息事宁人地给“刁蛮公主”几块钱，哥哥看见了一定会大叫：“那可是我倒几次垃圾才可以换来的！”

儿子比较成熟，很少乱花钱，自己的劳动成果每月保存得好好的。因为我对他玩电玩一直不甚赞同，故对于他在电玩上的消费一直持不赞成的态度。我曾对他说：“买书和学习用具，多少钱都可以，买电玩和游戏，别来找我哦！”于是，他每月的零用钱就成了他想要的电玩的储蓄金。去年，他存了一笔钱，想买X-box，钱不够，便趁过生日时让他爸爸补够买电玩和游戏的余款，美其名曰送他的生日礼物，爸爸比较好说话，使得他如愿以偿！从此，不管去哪里，度假也好，旅行也好，他一定把那个小箱子（装X-box）背在身上。

儿子十二三岁时，他计划着把前几年存下的零用钱花掉，母亲节时想着为我买礼物，剩下的还盘算着快到的父亲节礼物，然后便想着要买他一直想要的一个电子游戏。

那年5月中国四川发生了大地震！“四川在哪里？”儿子问了几遍，“离上海近吗？离南京多远？”他记挂着在上海的祖父母和在南京的外公外婆。我告诉他震中在中国的中部，离沿海有段距离，他知道祖父辈没事儿，也就不再问了。

接连几天，看见我一开电脑或者电视看到地震的相关新闻就落泪，他对我说了好几次：“妈妈，你老哭就不要看了！”我有次打开电脑，想让他看看震塌的房屋和校舍，告诉他那些和他同龄的孩子悲惨的遭遇，不小心让他看到了当中一张遇难的孩子们的照片，儿子怪叫一声，自此再也不愿意看地震的照片和电视。

周六我与远在中国的父亲通话，父亲说大热的天，老两口为了表心意，乘车到南京电视台去捐款。父亲说以前别人拉捐款，他不是很情愿，因为怕别人以捐款的名义骗钱。这次四川汶川大地震，他真心诚意觉得自己非捐不可。

挂了父亲的电话，说与身边的人听，儿子说：“外公捐这么多啊？现在中国不是挺有钱吗？”我告诉他周末教会也会募捐，让他自己想想他能做点什么。儿子倒是答得挺快的，因为天天早晨搭爸爸的车上学，听到星岛中文电台说有为四川地震灾区捐款的基金，他说让我送他去电台捐款。我对他说去教会是一样的，他们都会转给红十字会再转去灾区。

周日在教会，我们去成人礼拜堂，儿子去青少年聚会厅。两个小时后看见儿子，问他做了什么，他心事重重地说：“他们说捐的款是到教会的基金，我要给四川地震灾区捐款！”又要我送他去电台。我反复对他说教会的基金是专为震灾设立的，就是给四川地震的，他才放心。给他一个信封，看见他把一直捏在手心里的纸币放了进去，我才注意到儿子放进了他整整一个月的零用钱。

我很感动，用力地拥抱着他，对他说："我为你骄傲！"儿子笑得很灿烂。

回家的路上，我问他："你捐了你一个月的零用钱，心疼吗？"

儿子耸耸肩头，爸爸赶紧说："爸爸再给你！"

儿子长大了！

5 我的新探戈舞伴

自从我的拉丁舞老师辞职之后，我就再没去过学舞的学校。眼看马上要搬家了，舞蹈学校里还有我以前预存没用完的学费，怎么办？找不到合适的舞伴，看着高过我一个头的十四岁的儿子，突然间我有了主意。

儿子是个街舞和嘻哈舞迷，自己还在学校里组织了一支街舞校队，自任教练和队长。

我和他提起跳拉丁舞，做我的舞伴，他眼睛瞪得比牛还大："什么？妈妈！你要我和你跳舞？哪有儿子和妈妈跳舞的？"儿子一口回绝，而且看我的眼神仿佛我脑子出了问题。我只好叹气。

隔了几天，我又提起，不过，换了个方式："你说我如果找个陌生男人做舞伴，也行！只是，听说总有男女跳着跳着就成了情侣，所以呢，你爸爸肯定不高兴！"儿子没反应，我继续："不跳也行，可惜了那几百块钱！他们不退款！"儿子还是事不关已，没有任何表情。我不放弃："还有两个月，我们就要搬家了，儿子，你就陪妈妈跳两个月，行吗？一个星期才一次，你先试试看，如果不喜欢下次就不跳了！"儿子看着我"可怜"样，终于勉为其难地说了声："OK！"

儿子是个街舞和嘻哈舞迷

就这样，儿子被我拖着进了探戈舞教室。登记时，老师问：“小少年学过宫廷或拉丁舞吗？”我回答：“没有。不过，他跳 Break Dancing（霹雳舞）和 Hip Hop（嘻哈舞）。”老师警告我：“这是国际标准探戈，米拉老师又是位极严格的老师，如果他跟不上，会被踢出来的。”会不会被踢出来，以后再说，我急着把儿子和自己先塞进课堂里去。

第一堂课，走进去，跳探戈舞的几乎都是中年人，还有两三个头发花白的老先生和老太太。儿子别扭啊，对我直嚷嚷：“See，See! All old people!”赶紧喝住他小声点，申明只要你妈不算老，就好了！

我注意到一两个美国人看我们母子的眼光怪怪的，我只当没看见。老师开教了，儿子学得很专心，他一直是个好学生！第一次跳探戈，步伐稳健、有模有样，很让我骄傲！开心了之后，做妈妈的对儿子难免会有些亲昵的举动，拍拍他的肩，摸摸他的脸，就差没兴奋地亲吻他一下了。

老师高喊："交换舞伴！"我正和儿子跳得起劲，也聊得起劲，慢了一拍，一位老先生越过我们换了舞伴，还笑着对我和儿子说："我想你们大概不愿意分开！" 所有人都交换了舞伴，唯有我们仍是母子配对。

不久，第二次交换舞伴，我正好和那位老先生配对，他开玩笑性质地对我说："你那小男朋友跳得不错哦！"我哈哈大笑，赶紧澄清："那是我的儿子！别看他个子大，你仔细看他的脸，还是个少年的娃娃脸！"从那以后，老先生对我们母子特别亲切。第二堂课，我和那位老先生又跳到一起时，他又开玩笑："你现在是不是很感激有个成熟的男人和你跳舞？" 我也玩笑回去："你别说，我还真希望总能有个那么年轻的男孩能喜欢和我跳舞！" 老先生和我都乐不可支。

下课回家的路上，我一边开车一边问儿子："怎么样？还行吗？"儿子回答："It's ok.（还行。）但是我只陪你跳两个月！" 我拍拍他的手背，由衷地感谢："谢谢你！儿子！妈妈会记住一辈子！你这个舞伴将会是我这一生中最珍贵的记忆！"

青葱少年

随着儿子进入青春期，原来那个听话的孩子变得开始不听话了，常常挑战父母的权威，甚至在十三岁的那年，谈起了恋爱……

1 与儿子约会

（一）

坐在餐馆的餐台边，看着面前小大人般的十三岁儿子，不知为何眼前出现十年前的一个画面：我从 MBA 课堂走出来，在校园山坡路上，看见不远处的一个小脑袋摇摇晃晃地跑过来，张着两只胖乎乎的小胳臂，大声叫着："妈咪，妈咪！"

怎么就在转眼间，那个圆圆脑袋的小男孩就长大了呢？这刚过去的一年，他就像春笋一样地往上蹿，不仅高过了我，而且还赶上了他爸爸。声音变得像个大人，向来乖巧听话的儿子开始时不时地喜欢挑战我们做父母的权威。

六年级时还完全是个孩子，七年级还不和女生讲话，八年级刚上了三个月，竟然有"女朋友"了！这还是我无意中发现的。

两天前的下午，公司里的事情告了一个段落，我心情轻松，趁有点空档点击了我的邮箱，一看怎么不是我熟悉的格式，再仔细一瞧，原来打开的是儿子的邮箱，有他的邮件聊天记录。本想关了，却看到一连串都是一个女孩子的名字，忍不住，打开来看了，才知道宝贝儿子近一个月来恋爱了，每天下课回家就是抱着电脑和女孩聊天。

看看聊天的内容，我差一点没跳起来，其中有这么一段：

女孩：我喜欢吃巧克力，你呢？

儿子：我也是！你喜欢 Twist 吗？我爸妈买了两大包是为万圣节准备的，可是，那天没有一个孩子来敲我们家的门，我妈妈为此很沮丧！我明天可以给你带二十粒来。

女孩： LOL（大声地笑）！

瞧瞧！我们成了他们的笑料了。

还有更可气的：

儿子：奥巴马当选了，耶！你知道吗，我是我们家唯一的他的拥戴者。

女孩：真的？你妈妈喜欢谁？

儿子：麦凯恩。

女孩：你妹妹呢？也喜欢麦凯恩？不会吧。

儿子：是，只有我选奥巴马！

女孩：你爸爸呢？

儿子：我爸是我妈的Copy Cat（复制猫），我妈选谁他选谁。

我气得直冒汗！在家里我只说过一句，麦凯恩在越战时的表现让我敬佩他，这次总统大选，我投的是弃权票！因为我一直是希拉里的支持者，只是美国人似乎还没做好让一个女人当总统的准备，我因而放弃了我的选票！而小学生的女儿一直受她的老师影响，整天喊着“奥巴马”！儿子竟然明目张胆地信口雌黄，我气得绕着办公楼连走了三圈！

女孩一直追问：你喜欢谁？你告诉我，我也告诉你我喜欢谁！三个小时一千多行的废话之后，两个小少年互相承认喜欢对方！

我想晕，没晕过去，却坐在电脑前傻了，无法工作。这怎么会是我那乖乖儿子？这个从小被老师朋友夸奖的孩子怎么会这么早地恋爱？我整个头脑无法运转了。

转眼间，儿子就高过我了，声音也变得像个大人

想起不久前和儿子谈天时，儿子隐约提过喜欢一个小女生，对此，我并没有重视。记得他小学五年级时也说喜欢过一个小女生，现在问他，他说已不大记得她的样子了。我以为又是一次孩童的朦胧恋情。

撞破儿子“恋情”的那天下午，我的头脑乱成了糨糊，一会儿生气，一会儿又觉得好笑，一会儿想回家教训人，一会儿觉得自己是不是文章写过头了，不够关心孩子的成长。正好儿子的爸爸打电话过来，这下子就撞在了枪口上，我也不记得说了什么，总之好像天要塌下来了！那边也晕了：“不会吧？儿子不会变得这么坏吧？”你越说不坏，我便越要说得坏出水来。“那这样吧，我们晚上回家找儿子好好谈谈！”那边大概想暂避风头。

下班回家的路上，开着车我在想，回去怎样开始这次谈话，头脑仍不清醒。于是我开始祷告，就在我纷乱的思绪随着祷告沉静下来之际，曾经读过的一篇文章闪电般划过我的心间，那是一年前读过的（已不记得在哪里看的）有关父亲约会女儿的一篇文章，是让成长期的女儿知道与男孩约会时，应该期待怎样的礼遇。嗯，我有了主意。

那天晚上回到家里，我花了很大的力气控制自己时常想冲口而出的问话，尤其是听到儿子回答“下午在家做功课”时，气得差一点按捺不住，他明明一个下午待在网上，与那小女生天南海北地聊着天！我让他把功课拿给我看，他确实也做好了，而且我也挑不出毛病。我坐在自己的房间里深呼吸两分钟，平静下来，吃过晚饭，装作不在意地对儿子说："明天晚上，妈妈和你外出吃晚饭，就你和我。"儿子立刻问："为什么？""你也长大了，妈妈想让你知道有一天你和朋友们一起出外，譬如吃晚饭，你应该如何做，和异性朋友如何相处。就当妈妈和你出去约会，好不好？"妹妹在一旁傻笑："和妈妈约会？嘻嘻！"儿子半信半疑，看着我平静的样子，不像发生了什么事，遂点了点头。

第二天说好晚上六点带儿子出去用餐，不想下班时临时有急事，耽搁了一会儿。加上与一个同事谈起青少年孩子的教育问题，我憋不住就说出了儿子的早恋。女儿已经上大学的同事听完我的烦恼，哈哈一笑，说我多虑了。她向我分享了她女儿青少年时的经历，那时她的女儿也是在初中时开始对异性感兴趣，网上聊天还是小事，高中的最后一年，女儿提出要和几个男女同学一起去旧金山的一家五星级酒店欢度一晚。做父母的听到如此这般的要求几乎一晚没睡，最后还是她平日守旧的丈夫想开了：反正女儿再过半年就要离开家里上大学，怎样也不可能再这般管着她，不如，放手让她和同学出去，让她知道父母信任她。于是，做父亲的帮忙订了酒店房间，男生一间，女生一间，还订了一辆豪华轿车，至今上大学的女儿对父亲当年的举动仍心存感激。

不知是同事女儿的故事对我产生了安抚的作用，还是我自己终于想开了。总之，我在回家的路上，心里已经平静了下来，决定利用这个难得的夜晚，与儿子有一个美好的"约会"。想到有一天，儿子长大成人时，回忆起妈妈曾和他第一次约会，我暗地里笑出声来。

回到家一进门，儿子劈面就说："怎么这么晚？不是说好我们俩出去吃晚饭吗？"我不动声色地回答："快下班时公司里有点事耽搁了，我们马上就走。"心里却是一喜，看来他把我的话听进去了，而且颇为当真，因为儿子已经在那里等了一会儿了。

（二）

临走之前先给儿子大致说一下，与女士外出的礼仪，诸如：为女士拉门（车门和其他门），帮女士脱外套，在餐厅里帮女士拉座椅，等等。儿子很用心地听着，我们一出家门，儿子飞快地跑过去为我拉开了车门，我忍住想笑的感觉，很受用地坐进车里，我们开往一家不错的西餐馆。

在停车场泊好车，我自己顺手开了车门，儿子走过来，有点失望地对我说："你还说让我为你开车门，你自己都开了。"这下，我实在憋不住，笑得弯下了腰，儿子莫名其妙，不知我为何如此。我只好这样解释自己的行为："因为我是司机，司机习惯了自己开门。你以后开车带女生外出，记得自己下车后走过去帮她开门就好！"说着走到了餐厅门口，儿子正想着为稍微放慢了脚步的我拉开餐厅的大门，后面一个老美男人，飞步上前，一把拉开了门，做出女人孩子优先请的动作，我笑着说"谢谢"，走了进去，儿子非常不甘心地随我进入，轻声对我说："他抢了我的开门！"

我安慰儿子："没关系，没人会抢你拉座椅。" 餐厅带位员领我们入座，儿子总算帮我脱了外套，也拉出了座椅。正好女侍应生走过来，看见这一幕，夸奖他："哇，好一个小绅士！"我对她挤挤眼，我们会心地笑了。儿子很有成就感地坐了下来。

侍应生递过来两份菜单，儿子像以往一样，对我说："妈妈，我要一个House special（餐厅特色）的奶酪汉堡。"我让他先点饮品，等女侍应生走后，对儿子说："你要好好看菜单，不是所有的西餐馆都有汉堡吃。一般吃西餐，点完饮品，先点餐前点心，再点正餐，最后还有甜点。"于是儿子认认真真地看完菜单，先点了奶酪大蒜面包，侍应生把饮品端上来的同时，也上了一盘刚出炉的香喷喷的酸面包。在这里出生的小ABC（美籍华裔）对西式面包通常都是情有独钟的，儿子对这种涂上黄油的酸面包也是吃得津津有味。我半开玩笑地对他说："和女生外出用餐，最好少点那种有很重蒜味的食物，以免嘴巴有异味。"儿子点点头。不过，他点的大蒜面包上来之后，他可是毫不犹豫，吃得一点儿不剩。毕竟是和妈妈一起出来，无所顾忌。当然，我也应该欣慰。他还没到那种需要注意这些细节的年龄。

等到他的牛排和我的海鲜正餐上来之后，我开始转移话题。礼仪一章算是大致落幕了，接着才是我的主要目的！我开始告诉他吃这样一套西餐大致的花费，不算昂贵，这是一个中产阶层最基本的生活水准，但是，他长大了，若想做到中产阶层，首先，他需要完成基本的学业（读完高中、大学），然后，才能有份理想的职业，从而有份还算宽松的收入。接着，是我对他的希望，他边吃边听，还算基本听得进去。

说完将来，再谈现在！现在的他还是刚刚进入青少年期（Teen），对异性产生好奇是很正常的。我谈起自己十二岁那年喜欢的一个男孩，那种喜欢不一定要说出来，也许对方一辈子都不会知道，今天我想起仍觉得甜蜜，因为纯真，所以美丽。儿子听得出神，我话锋一转："你是不是喜欢一个女孩子？这很正常，我不会不高兴。"儿子听我这么一说，略微犹豫了一下，点头承认了。看我脸上没有任何嘲笑他的意思，他慢慢地打开了话匣子。他告诉我那个小女生功课很好，人很聪明，妈妈是中国人，爸爸是美国人。

我一边听他断断续续地讲着，一边思考着如何借他的话题达到我的目的，我的所谓"不用说出来的"初恋，对他这代美国少年来说似乎太过时了。可是，总不能任由少年胡闹下去。我对他说美国有份研究，中学生中的男女之"恋"，平均寿命是四个月！儿子睁大眼睛，一副不信任的样子："What? Four months? No way!（什么？四个月？不可能！）"看来这种说教也不会有我想收到的效果。我开始迂回"作战"。

"儿子，你最近有没有什么烦恼？"我把餐后甜点单递给他时问。他犹豫了两秒钟，对我说没有什么烦恼，只是有点not sure（不确定）。我的眼睛亮了，赶紧问他是不是担心自己做了错事。他又否认了："不是做错事，只是不确定。"我也开始小心自己的遣词造句，以免触动小少年敏感的心灵。"不确定的意思就是不知道是对是错，是好是坏，是不是？当然，可能你并没做错什么，你不妨说出来，我帮你分析一下。”儿子又沉默了。我见状让他先点甜点，他点了一份巧克力蛋糕加香草冰激凌。

儿子低头猛吃甜点，话题又有中断的趋势，我赶紧提点一下：“你最近是不是常做一件事，但你不确定这件事是对是错？”儿子一边吃一边点了点头。我打蛇随棍上：“这件事你愿意对我说吗？”见儿子又没了声音，我问：“那妈妈猜猜看，猜错了你摇头，猜对了你什么都不用做，好不好？”儿子觉得这个“游戏”可以一玩，于是同意了。

我心里虽然知道是怎么回事，嘴上却得显出“笨妈妈”的样子来：“是不是和哪个同学或朋友相处不愉快？”儿子摇摇头；“那是因为功课太多压力大了？”儿子又摇摇头，眼里流露出一点点嘲弄的神态。“笨妈妈”做够了，我话锋一转：“是与喜欢的一个女生有关，对不对？”儿子眼里的嘲弄一下子就飞走了，眼睛又盯住了他盘中的甜点。没有动作就是承认了！

我握住儿子放在桌上的一只手，对他说：“你这个年龄对异性产生兴趣，不是坏事，我已经说了是正常的。”儿子耸了耸他的肩膀，我继续：“但是，如果你每天花好几个小时在网上和她聊天，虽然还没有影响到你课业的地步，可这种生活方式的改变让你自己不安……如果是这样，你愿意听听妈妈的意见吗？”他的眼睛终于与我对视起来，我知道我“把对脉了”！

接下来我给他分析了这种新的生活状态会对他的影响，他的年龄所能承受的责任，等等，在我注意到他完全听进去我的话的时候，我及时地说出了对他的“规章制度”：你可以上网，包括上网找资料、上网发邮件以及上网和朋友聊天，但是，每天上网的时间（周一到周五）不得超出四十分钟。他完全没有异议，就这样我和儿子的“君子协定”在我们母子的约会中诞生。

接着，心情变好的我一边付账单，一边教导他小费的付法，他也轻松下来，忙着帮我算小费、在信用卡单上填数额，回家的路上儿子的手一直拉着我，我的心里充满感恩，感谢上天给我智慧，拉近成长期的儿子和我的距离。

接下来的几天，他遵守诺言，每天下午放学回家，都没有上网。每天晚上，晚饭后他丢下饭碗，第一件事就是打开电脑，一般他会注意时间（偶尔仍须提醒），四十分钟到了，自动下网。开始的几天，我还没有那么信任他，每天下午都会很快地查看一下儿子的聊天记录，一连一周的“清白”记录让我建立起对他的信任。有一晚他正在与小女生网上聊天时，我伸过头去，儿子并没有避讳。我看到小女生邀请他一起去圣诞购物，儿子的回答是：“我觉得我的年龄还没成熟到可以单独和女生外出的地步！”我很欣慰！从那以后，我自动关闭儿子的邮箱，尊重他的隐私，再不去查他的聊天记录。

从此，儿子开始在一点点学习怎样与他人相处的同时，也学习怎样让父母对他放心。他和小女生从不知道怎样面对面地用语言交流，到开始课后时不时用电话交流。我也开始去认识他的同学和他的朋友，送他们一起去教会参加圣诞晚会，听着他们叽叽喳喳地在我的车里谈天说地，我试图从中了解他们这些少年的一些想法。

在圣诞晚会送完他的同学回家，我们母子俩单独在车上的时候，儿子忽然懂事地问我：“妈妈，现在经济危机，我们家不会有什么问题吧？”我很吃惊十三岁的他可以想到这样的问题，我于是安慰他：“没问题！你不用担心！不过现在工作不容易找，所以，爸爸若有转去美国东部工作的机会，也不应该轻易放弃，是不是？我知道你舍不得你的朋友们，但是一个家庭，应该在一起而不是各住一处，你说呢？”一贯坚决反对搬家的他第一次没发出任何反对的意见，儿子真的长大了！

（三）

本来在写完上面的段落，我在文章之后写了“全文完”。那个周末却发生了一件事，儿子的爸爸希望将此事记录下来，他对这篇“母子约会”里没有他的角色，有点耿耿于怀，建议写篇续集，加进他做父亲的

“戏份”！

女儿十岁生日的时候，她请了七八个小朋友来一同庆祝。其中一位小朋友的妈妈提起，她的一位朋友看了我这个系列文章给她打电话，说海云的儿子“有女朋友”了，于是她问与我儿子同班上中文课的儿子是否如此，引起了我的一点担心。我这样把我们母子之间的“隐私”写出来，当然是没有征得儿子的同意，原本以为这样的中文文章对儿子不会有任何影响，他不会看也不会懂得，我是写给家有青少年的父母们看的。现在，我开始担心儿子听到别的孩子去问他，会有受伤的感觉，所以，隔天晚上，我走进儿子的房间，想和他谈谈我写的这篇文章，希望他不要介意。

我捧着电脑走进儿子的房间，他正坐在书桌上伏案疾书，问他忙什么，他说正在准备演讲稿，并给我看他写了一页半纸的稿子。我对他说我写了篇与他约会的文章，想和他谈谈这篇文章。他睁大了眼睛说：“Really? But I need finish my writing first.（真的吗？但是我得先写完我的稿子。）”我正准备退出去，一眼看到他的窗台上，放着一幅画着两只小鸟和一颗心的画，框得工工整整的放在那里，我一看就知道那是件外来之物，而且，那画上的签名也使我立刻想到那个小女生的名字。一问之下儿子就承认了，是她画了送给他的，我一时不知该说什么好，傻傻地问了句：“你回送她礼物了吗？”儿子愣了一下，说：“没有！”我当时头脑处于真空状态，便对他说让他先写好稿子，再预习演讲给我们听。我走出他的房间前轻声嘟哝了一句：“You made me concerned...（你让我担心……）”

我心事很重地走回自己的房间，先生见状问我有什么心事。我说没想到两个小少年的“恋情”进展那么快，一两个月的工夫，就从网上闲聊到电话问候，现在到互送礼物了。再下去会是什么，我着实担心！我开始审视自己是否对儿子太姑息了。

做爸爸的提起那幅画，心里也不平静了：“那幅画我前两天就看到了，问过儿子，他说是同学送的。我还特地问他，是否是那个小女生送的，他否认了的。”父亲终于意识到是他出面的时候了。不过这样说他有一点点不公平，主要是他也一直想掺和进来，无奈儿子不大愿意和他谈心，加上做父亲的对儿子的早熟并不像我那般担心，还有点自鸣得意：“我儿子长得高高帅帅的嘛！”我和儿子的单独约会，做爸爸的一直想跟着去，只是被我“拒绝”了，他只好待在家里等消息。听我说起那个小女生，他唯一的反应就是：“儿子怎么把我从小教育他保持血统纯洁性的话当耳边风呢？”敢情他想得比谁都远，让我又好气又好笑！

父子俩在儿子的小房间里一谈就是一个小时。我与远在中国的父亲通完电话，这边的父子俩也谈完了，我看见这个做爸爸的满面笑容，踌躇满志，便问他谈得怎样，他得意地说等下告诉我，忙着先哄女儿睡觉去了。

原本心理不平衡的爸爸，走进儿子的房间，拿起那幅画仔细端详后，终于看清了那上面“小画家”的签名。他拉住儿子问：“你为什么不愿意对我说实话呢？这明明是那个小女生画的嘛。”儿子有点忸怩作态，过了一会儿，却反问爸爸：“你和妈妈是不是最近老是担心我？认为我不是好孩子了？”爸爸一口否定：“没有！没有！我没有担心，我一直认为你是我的好儿子！”说着过去安慰性地拍了拍儿子的肩头，看儿子没有了下文，老子已证实那幅画的作者，便心满意足地出去了。

过了一会儿，儿子在他的房间里大声叫爸爸进去，爸爸忙不迭地跑了过去。儿子主动提出想要和爸爸谈谈，爸爸当然是受宠若惊，一屁股坐下来。父子俩头一次促膝谈心，一个小男人向一个大男人讨教，也算让我认识到一点：对于做儿子的，父亲的位置原是无可取代的！

儿子问爸爸的第一个问题是：“我应该回赠她礼物吗？”爸爸的回答是：“这是你的决定。不过，你若要问我的意见，回不回赠都可以。但是，在你做了决定以后行动之前，希望你能让我们知道。”儿子说：“当然，我自己也无法去买礼物，还要你们送我去的。”

儿子的第二个问题是：“我现在为什么不可以Dating（约会）？”爸爸的回答是：“你还没有成熟到可以一边约会一边专心读书的年龄，分散精力的后果势必影响你的读书效果，约会应该到你上大学的时候。”

儿子接着问：“如果平日上学时不去约会，那放假时没有功课为什么不可以呢？”爸爸耐心解释：“约会是建立一段人与人的关系，男女之间的关系包含太多的东西，诸如情感、情绪、责任和时间……你的年龄还没到可以自由掌控你的情绪的时候，更何况这种情感很多时候很容易让人沉浸其中而无法自拔。比如，有个人说他平常不去吸毒，但是放假时试着玩玩，你说会怎样？等开学时，他毒瘾已重，再想戒瘾，哪有那么容易，你说是不是？”（这段话我忠实原说，一字不差，因为是做爸爸的得意之处。）

儿子不说话了，爸爸继续：“你如果觉得父母说的话不够通情达理，难以接受，你也可以去学校找你们的老师或咨询顾问（美国中学大多有这样的顾问），听听那些辅导青少年的专家的说法。我相信，一个十三岁的少年想去与女生约会，大部分成人的看法应该和我一样。但我鼓励你去问另外一个成人，而绝不是去问你的朋友或另一个没成熟的孩子的意见。”儿子认真地听着父亲的讲话，若有所思地点着头。爸爸的这段话让我略微惊奇，问他为什么鼓励小少年和别的成人谈这件事，他的理由是：十三岁的少年还没有完全分辨是非的能力，也极有可能不认同父母的意见，所以，建议他去听听Second Opinion（第二意见），很大程度上能帮助他思考和提高识别能力。我没想到平日不大发表意见的先生想得如此周全，怪不得他面有得意之色，终于让他发挥了一次他潜在的能力，他能不得意吗？

听着父子俩对话的内容，我的心又有点七上八下的，忍不住唉声叹气，爸爸不理解地问：“怎么还叹气呢？”我说从儿子的问话里，我听出小少年是想去约会的，想法往往就会慢慢成为行动，我怎能不担心？他毕竟才十三岁！爸爸却完全是不同心情，他说：“这是最好的结果：孩子有心事，第一个想到的是找父母谈，我们还求什么？就怕他什么都不说，却把不该做的都做完了，我们却是最后一个知道他心事的。我很满足，现在这样比我所期望的要好得多！”是的，他说得有理，我也知道这才是开始，后面的日子会伴着不断成长中的“疼痛”，我们还能为孩子做的就是为他祷告，相信将来的某一天，当我回忆这一切，可以含笑地说：那曾是一段多么美好的日子！

这篇文章到此结束了，但是，孩子的青春期刚开始。希望我们做父母的都能耐心地陪着孩子一起成长，享受这个成长的过程。笑也好，泪也罢，都将融进我们的生命中，凝聚成化不开的爱，永存在我们每个人的心里。

后记：

上面这篇文章是好几年前写的，今天读来，有些想法已经改变了。毕竟是第一个孩子，当时没有经验，加上我们中国人的传统观念，现在回头看，当时的教子观并不是完美的，好在，没有犯太大的错误。今天的大男孩，对他的少年懵懂之恋还是保持着挺美好的记忆的。

今天的我已不再赞同“早恋”这个词了。每个人的心智成熟时间不同，什么时候懂得男女爱慕之情，不应该以年龄来设限。所以，早恋晚恋只不过因人而异，更何况缘分本是天注定的，什么时候遇见合眼缘的人也不是自己能控制的，故不该以“早恋”这种相对比较负面的词语来下定义。

儿子的少年之恋发生之后，我倒发现，对他与异性相处有着很大的帮助，乃至于今天他出落成一个开朗随和的年轻人。相较当年着急不知道怎样与女孩子说话，总以害羞慢热来形容自己，到今天充满自信，到处都有好朋友，我觉得几次少年之恋给了他很多的帮助。所以，我对此慢慢有了新的认识，也开始比较赞同少男少女的正常交往相处了。

2 和少年谈“爱情”

儿子从小到大一直是个非常乖的孩子，可以说非常听话，偶尔有点“阳奉阴违”也大多是玩电子游戏太过沉迷。从初中到高中，四年以来，在一个竞争激烈的学区和学校里，他一直都是全A学生，唯一的一次，拿了个A⁻，我们没有任何意见，他自己却耿耿于怀，很长一段时间还会提起，说他若怎样怎样了，就不会有那个刺眼的一横。小时候，儿子和我外出，大多是我搂着他的肩。如今他高过了我，妈妈和儿子通常会手挽着手，别人见了都说我们母子情深，我也以此为荣。儿子一直是我的骄傲！

这样的乖孩子，初中八年级的一场恋爱，竟也会和我吵得“天翻地覆”。如果，你读过我写的那个“与儿子约会”系列，你应该可以看出我并不是一个极力反对孩子谈恋爱的父母，相反，我会引导他该如何尊重女孩子，怎样在男女约会中展示他的礼仪和修养。可是，孩子感情的飞速发展，做父母的永远跟不上，而且，对于同一件事情两代人的不同理解，是造成我们母子当时发生冲突的主要原因。

记得，有一天，先生去接儿子和女儿从学校回家。半路上，儿子要求爸爸把他送到一个地方，因为女孩子在那里等他要给他一样东西。

爸爸忙不迭地把儿子送到那里，自己和女儿坐在车上等候。老爸比较老实，说等便乖乖地坐在车上看报纸；机灵的女儿便没有那么老实，悄悄地尾随哥哥下车。看到远处一个女孩子飞奔过来，一下子就抱住她哥哥，她马上跑回车上告诉老爸："爹地，哥哥和那个女生在Hug（拥抱）。"爸爸大概那一刻头脑也不好使，竟然不知道说什么好。回到家里，他便把这件事对我说了，我于是决定找儿子谈谈男女朋友间这种恋情的深浅问题。没想到，一触即发，也许那天我第一次听到这种消息的时候挺担心的，语气中诸多责备，也许儿子正处在亢奋的顶端，听不得半点意见。平生第一次，我对他大喊，他对我大叫，我们母子一下子成了"敌人"。老爸把儿子硬拉回他自己的房间，关上门回头来劝几乎崩溃的我冷静点儿。不到一分钟，女儿跑进她哥哥的房间，又急急地跑过来对我们说："哥哥不见了！"我们过去一看，他房间的窗子大开，他越窗而出了。

我简直不敢相信自己的眼睛！这是我那乖巧的儿子吗？这是我那一向人见人夸的儿子吗？爸爸急忙打儿子的手机，他接了电话，说："太憋闷了，出去走走，一会儿就回来！"

虽说那天儿子回来之后，在爸爸引导下，我们继续就那件事谈得很平静；虽说儿子在爸爸的劝说下，也向我道歉他的态度问题，我心里还是有了个大疙瘩。不久，我去了他的学校，找到他的学术心理辅导员，和这个有着几十年丰富经验即将退休的辅导员谈了一个小时。在那次谈话中，我了解到，青少年生长发育期，有时会变得情绪不稳定，他们需要的是父母的理解和关心。辅导员听到我说"有种失去乖儿子"的感觉时，笑着安慰我："给他一点时间，他又会变回到你的乖儿子。"耐心和爱心，是我从那次谈话中得到的启示。做父母的没有不爱孩子的，只是这种爱心不能只从父母的角度出发，很多时候需要站在孩子的立场上才能理解他们的心。

不久，儿子的初恋无疾而终。我还没来得及高兴，他又陷入另一段感情之中。第二段感情中的女生暗恋他很久，儿子知道她喜欢他还是他第一个女朋友对他说的，也许失恋的空虚使得他很快陷入一个真心喜欢他的女孩子的情感中，总之，他收拾起心情又和这个女孩子搅在了一起。那也是一个读书读得很不错的孩子，交往一段时间，儿子的功课没有受到丝毫的影响，但似乎那个女孩成绩有所下降。女孩家教也很严，家里开始限制她课后滞留在校的时间，两个人相处的时间逐渐减少，很快又一段感情面临着结束的命运。

儿子这次好多了，消沉了两天就又生龙活虎的了。我和他谈起这种没有结果的早恋，想让他自己感悟是否有浪费时间的意思。他却说从每段关系中，他都学到点东西，似乎他并没有悟到我想要他学到的东西。但是，无论如何，我和他从中确实都学到某些东西，至少，我们母子俩现在可以很平静地谈论他和女生之间的种种，他会告诉我他喜欢什么样的女孩子，舞会上，哪些女孩子和他跳舞等话题。

当我要求他高中专心读书，考上大学再找个好女孩时，他总是大笑几声，对我说："Okay，妈妈，你别担心，我如果功课掉下来，你再担心也不迟。这种事情，发生了就发生了，什么时候不是我能控制的。"那种口气和我年少时几乎一模一样。我想起我高中时和一位读大学的邻居哥哥通信的情景，和我老爸像捉迷藏一样收发信件。唉！也许没有必要太过操心。可是，我又想，我们那时除了通信，什么都不会做，可现在的孩子完全不一样啊！什么都敢做！和儿子也谈过男女之间恋爱的程度问题，儿子倒是对我这么说："Hug（拥抱）一下，没有关系啊，普通朋友也会Hug的嘛。其他，我知道分寸的。"真的吗？我心里不以为然。几天前，下雨天我去学校接放学回家的儿子和女儿。坐在后座的女儿问她哥哥："你见过六年级的男生和女生在学校里Kiss（亲吻）吗？"哥哥回答："没有。六年级？不大会吧？"女儿说："我今天看到两个六年级的男女生，在走廊上Kiss了。"哥哥接着问："Just kiss? Or French Kiss?（仅仅是亲吻？还是湿吻？）"我开车的方向盘差点没歪过去！

儿子即将参加一个青少年和父母沟通的演讲会，这段时间，几个青少年和带领他们的专家辅导员常常聚会谈论演讲会的议题。在家里，我也和儿子谈论我们做父母的和他在沟通上所存在的问题，我建议他写一篇他对他前两次早恋之后的感想，并说说我们对他这种事情的反应所对他造成的影响，正面的和负面的都可以，最主要的是诚实地说出他的想法。他被我催了好几次，才勉强写了下面的文章，写好用邮件的方式传给我，对我说："I don't want to talk about my writing at this time. Just for you to read.（我不想谈论此时我写的东西，只是给你看看。）"

他开始把标题命名为"另一种爱：爱情"，后来又改成"需要双方的努力才能成事"，可见他内心深处对我们当时的举动还是有所微词的，我也能体会到自己为人父母的探索和挣扎，而做得不当的地方肯定是不少。从他的文章中，我看到，少年对爱情的理解还是肤浅的，对道义和责任还没有感受到，完全凭着一腔热情，听凭情感的带领，把爱情完全解释成"感觉"是很多人在人生最初阶段的认识，我们年轻的时候不也说"爱情是心灵的碰撞""只可意会不可言传"吗？然而，经过岁月和生活的磨砺之后，我们体会到，爱情中还有更多的责任和道义，"爱是恒久忍耐"！但是，认识到这种爱，是需要时间和经历的。

给孩子时间吧，相信他有一天会明白！

3 周末的阳春白雪

儿子的好朋友也是他铜管乐队的萨克斯风吹手，参加了社区音乐学校秋季音乐会的排练，组合一个有四种不同萨克斯风的四重奏。因为低音萨克斯风又大又重，没有人吹奏，可是四重奏又离不开低音萨克斯风，所以把儿子推荐给他的老师。儿子是个比较好说话的人，临阵受命，自愿帮忙。临演出两周前跑去老师那里领回巨大的上低音萨克斯风，一个人都不容易拎动，还是和他爸爸两个人一起抬到车上去的。

那么重的庞然大物，还要挂在脖子上吹三首曲子。他本来一直是吹小型Alto萨克斯风（又称中音萨克斯风）的，那种铜管乐器小巧玲珑，音色清亮温和。他从没吹过这种大型的低音萨克斯风，我担心他时间紧、乐器重。他自己倒是一副笃定的样子，他又是个极认真的人，自己掏钱买了两个极好的嘴片，照着乐谱自己练习。

儿子在认真地练习萨克斯风

他是第一次吹奏这种不同音乐风格的曲调，第一首是爵士风格的曲子 *On Green Dolphin Street*，我听着很熟悉，和他探讨爵士乐的特色，他说很喜欢爵士乐风格。在这首曲子的演奏中，儿子作为上低音萨克斯风演奏者，起到领头羊的作用，四重奏中的另外三个萨克斯风演奏者如同和他在一辆车里，而他是坐在驾驶员的位置上，故而节奏、风格全在他的即兴发挥之下。

周末，带上女儿一起去欣赏儿子和他同学们的铜管吹奏乐音乐会。儿子他们的四人乐队是压轴，我看见他不停地用手托一把那沉重的大萨克斯风，真是为他担心。还好第一首曲子他带领得很好！第二首曲子是蓝调风格的*Tenor Blues Madness*。都说萨克斯风演奏者应该好好学习演奏蓝调爵士乐，演奏时的感觉很重要，曲谱只不过给你一半的东西，了解作曲家当时的心境、目的和背景，加上自身的理解和即兴发挥，细节上用轻重音、抢拍、装饰音、节奏和弦等探索每一首曲子所赋予的想象和创意，给听众音乐上的享受和感染力，这样就不再是中学生铜管乐队里的单纯照谱吹奏而已了。

最后一首*My Little Suede Shoes*是一首极富拉丁风格的萨克斯风三重奏，四人乐队已然完全掌控了全场的气氛，老师忍不住也跑上台去加入四人乐队之中。这首曲子明亮轻快、热情洋溢的曲调带有明显的拉丁风格，五个人在台上都显得情绪高涨。一曲终了，掌声雷动，为音乐会画下一个完美的句点。四人中，三个是高中学生，来自我们小城不同的两所中学，其中还有一位是中年男人，职业是救死扶伤的医生。这是一个很有趣的组合！

散场时，指导老师过来特地谢谢我，说：“你儿子太棒了！这么短的时间就把一个从没摸过的乐器掌握得那么好！我真希望他能跟我继续学萨克斯风！”做父母的，这种时候可能是最幸福的！

4 美国高中的“精神振奋周”

我没在美国读过高中，知道美国高中有所谓的“Spirit Week（精神振奋周）”也是因为我的孩子进入高中就读。

第一次去开家长会就听到美国家长提问有关“Homecoming Week（返校周）”，似乎家长们很重视。儿子在那个特别的一周之前就提醒我他要穿正式的西装，还要去买一双正式的皮鞋。“Spirit Week”这个词不断地充斥于耳，我才慢慢地了解到这是美国高中的一个传统，一年一次，孩子们都非常期待。

通常中学会把美式足球比赛放在这一周，小一些的学校如果没有足球场就会安排一年一次的其他活动，比如校友聚会、小型游行，篮球赛或是冰球赛通常属于较大的活动。

儿子的学校是足球赛周，所以有些美国家长也以美式足球赛中的名称“Homecoming”称之。我原以为那是足球运动员和啦啦队员们出风头的时候，儿子除了跳舞（如霹雳舞），并不是热心运动的孩子。这运动周他应该无所谓才是，谁知道他尤其重视，除了从上到下“武装”起来，每天他更是紧张地随着主题的变化调整自己的服饰。有一天竟然把他爸爸很久不穿的衣服翻出来自己穿了起来，我惊奇儿子转性了，赞扬

读高中的儿子穿正装参加返校周活动

他："哎，挺合身的嘛，你穿比爸爸好看！"儿子却告诉我："今天是Nerd Day（书呆子主题）！"我哭笑不得。仔细一看，儿子心中书呆子的形象是：戴副眼镜，上身穿了件深蓝色的Polo衫（高尔夫球衫），衣服下摆束进裤子里，裤腿故意吊着。隔天又是扎头巾又是工装裤，他说是"工业革命"主题；接下来又把大冬天的厚衣服全裹在身上，说是"冰川时代"主题……

重头戏是周五，那晚有舞会。在家吃晚饭时儿子就问我："妈妈，你菜里没有放酒吧？"我莫名其妙："放了又怎么了？"荤菜里总会有点料酒的。儿子回答："同学说每次高中开舞会都会测学生呼气中有没有酒精成分。"我说："做菜的料酒很快就蒸发了，应该没有问题的。"他吃完晚饭，穿戴停当，小绅士般翩翩离去。我只能在家待命等他电话，舞会完了再去接他回家。

美国的中学从初中开始便有了这样的舞会，儿子那时还没开窍，对舞会不感兴趣。九年级时因为喜欢上一个女孩子，两人相约一起去舞会。小孩子的舞会上，据说，没有心仪的男女同学，大多是自己摇摆跳舞，一旦和异性跳舞了（所谓的慢舞），也就是借此向大家宣布他们相互看对眼了。

儿子的“初恋”在五个月后无疾而终。进了高中的他对自己的一小圈子同性朋友尤为重视，他的“社交”和“朋友”成了他当下最重要的人生部分。所幸，他那小圈中的朋友都是不错的孩子，五个孩子中，三个有志向将来做医生，因为三个孩子的父亲都是与医有关的，其中一位是心脏科主刀，还有一位是斯坦福医学院出来的。儿子最好的同学父母是硅谷工程师出身，这个孩子一心想进MIT（麻省理工学院）学工程。我一直听说孩子的朋友圈很重要，做父母的冷眼旁观，心里着急却又不能为他们挑选朋友，还好，大部分孩子“物以类聚”。

有时候，我也想不明白，为什么这样半大不小的孩子把社交和朋友看得那么重，仿佛是第一位。我们小城中最近接二连三发生孩子自杀的悲剧，仔细追究，大多可以归类于人与人之间关系的挫败之后觉得了无生趣，这样一分析就不难体会为什么初涉社会的孩子把人际关系上的成功与否看得那么重要了！

深夜十点从沸腾的校园里接儿子上车，情绪仍然十分高涨的他连声说道：“Awesome!（太棒了！）”我问他：“看来玩得很开心哦？”他的答案是肯定的，而且“Can’t wait for the next year!（期待明年！）”。

精神振奋周对他名副其实，确实让他尝到刚刚进入高中的乐趣，使他精神为之振奋！可是，并不是所有的孩子都会那么享受其中。

那一个疯狂玩乐周的星期一，儿子高中的三年级学长，一名水球队员，斯坦福大学教授的儿子，在深夜里一个人骑自行车赶到铁轨边结束了他短短十六年的生命。

而不好的消息一个接一个：我们小城总共两所高中，另一所高中和儿子所在的高中相比，运动比赛常名列前茅。可是，在今年的“精神振奋周”中，儿子学校的水球队终于击败了对方。输掉赛事学校的孩子们气不过，扔鸡蛋泄愤，结果造成蛮大的经济损失（主要是清洁费）。这件事上了报纸。

更令人发指的事发生在金山湾北面的一所高中里。那是一个治安不大好的区域。一群高中生在校园舞会上非法饮酒作乐，后来有六七个男生还殴打轮奸一个高中女生，而这个女生的十多个同窗们站在一旁围观，却没有一人出手相救！这件事上了电台，引起舆论大哗！少年是那么容易迷失，那么容易乐极生悲！

我不知道美国人如何看待所谓的“精神振奋周”，出现了这些悲剧，他们又是如何看待的。这个社会讲究“自由”，可是给还没成年的孩子太多的自由是不是一件理性的事情？很多时候，我也迷惘，在东西方文化的碰撞下头晕眼花，怎样做一个既开明又不放任的父母，怎样教导我们生在此长在此的第二代移民的孩子，真不是一件容易的事情！

5 我们在铁道线上站岗

社区的中学生父母们行动起来了！

随着高中生卧轨事件不断涌现，光靠小城的警察来维持铁轨治安显然是不可靠的。每次悲剧发生之后，警察的车子在出事地点“守株待兔”，没几天就撤了。而警戒一撤离，另一幕悲剧就再次发生。

虽然，我也知道守住铁轨并不是解决之道，可是，事到如今为了防止接二连三的“传染性”自杀事件再次发生，我也自愿参加了这种治标不治本的铁轨站岗队！能做点什么总比什么都不做要心安一些！

灾难有时会让人们产生一种凝聚力，这次中学生自杀灾难在我们的社区里确实造就了一种向心力，大家不分种族空前地联合在一起，不为别的，只为了我们为人父母的那颗心，只为了对孩子们的那份爱！

包括我刚进高中一年级的儿子，他用自己的零花钱买了学校设计筹款用的“Talk to Me!（和我交谈！）”的T恤，并自告奋勇地加入助人电话热线的服务。我问他若真有人打电话给他说不想活了，他会如何回答。他说他要告诉这样的人：“Life is good!（生命是美好的！）”难以想象一向少言羞涩的他，敢于站出来用言语帮助他人。

当我和孩子们说起我要去铁轨上站岗时，女儿人小心细，担心地说："妈咪，如果真的有像哥哥那么高大的高中生卧在铁轨上，你不一定拉得动哦！"我安慰她："别担心，我会马上报警的！"仔细想想，孩子的话不无道理，我们这些在铁道上站岗的，一半是做母亲的，在体力上肯定无法与高中生抗衡。但是，我想那些迷失的孩子，看到有人在站岗，便极有可能打退堂鼓走开。

第一天站在铁轨边，深秋的冷风吹得人缩起了头颈，黑暗中想起同样的地方，四个年轻的生命相继赶赴黄泉，心中就止不住地疼痛。四个孩子生动鲜活的笑脸如电影镜头般在我脑中不停地闪现，原以为站在那里我会有些害怕，可能还会有些诡异的感觉，然而事实上全然没有，有的只是心底的悲哀和无边的伤感……

铁轨边已经没有警车，警察今天刚撤走，昨天警察还在这里，我们父母铁轨纠察队也站在这里，只是为了向众人表示：我们关心！我们在乎！警察在，我们也在；警察走了，我们依然还在！我们的爱永远陪伴着我们的孩子！

教会的姐妹看到我在冷风里，特地送来夹克给我御寒；小城的居民开车经过，鸣笛向我致意。我一边执勤，一边与远在中国的老父亲通电话，老父亲听到经过的火车"隆隆"声响，对我说等他来了，也要加入我们的站岗！

父母铁轨纠察队的组织人卡瑟琳是我们家附近的邻居，她也是一位中学生的母亲，被一起又一起的孩子自杀悲剧震撼，不想再怨天尤人，只想为我们的孩子做点自己力所能及的事情。她发起"社区行动起来，让我们自己来保护我们的孩子！"，并为这个行动起名为"希望在小城"。说真的，当我第一次看见黑暗中两个中年女人并肩坐在马路边铁轨旁的折叠椅上，身上盖着薄薄的御寒毛毯，注视着冰冷的轨道，我是真的莫名感动！爱可以这样无私！可以这样忘我！可以这样无声地震撼人心！

6 让我走进你的心里

有位文友组织了一个青少年和父母的交流会，邀请我和儿子参加，因为主题是孩子，所以我征求儿子的意见，没想到一向腼腆的儿子一口就答应下来。

这个交流会的初步设想者是几位母亲，与十多岁的孩子的交流一直以来都是一件让为人父母者头疼的事情。去年我们小城里的几起高中生卧轨自杀案，使得几位组织者也是家有青少年的母亲都想去了解孩子们心里的世界。

我和儿子是最后加入者，他们第一次聚会我们没能参加。第二次聚会我们母子俩相偕前往，一路上也在谈他们会注重些什么样的问题。聚会时，相似年龄的孩子们在一名二十多岁的青少年辅导员的带领下，讨论他们对父母的期待。我们几位母亲聚在一起边吃美食边翘首期待，到底孩子们对我们这些做父母的会有什么样的想法和问题。

读着他们第一次聚会时孩子们的一个“wish list（愿望清单）”，我不禁笑出声来，那上面有：

倾听；常关心你的孩子，多问“你好吗”；别在大庭广众之下旁若无人地大声说中文；争论之后有勇气说抱歉；别和孩子说太复杂的中文

（他们不明白）；别大喊大叫；请信任孩子；不要论断他们；当他们失败挫折时，不要只会批评他们，请伸出你的手扶他们一把……

我的笑开始当然是“得意”的笑，我觉得自己似乎这些方面都做得还算不错，虽然有时我也会控制不住地冲着孩子大叫，虽然有时我也碍于面子说不出那句“对不起”，可是，总体上来说，我和儿子之间比和女儿之间要平和容易得多。

所以，那天晚上在回家的路上，我一边开车一边和儿子讨论上面的那几个孩子的期望。

“儿子，妈妈可是每天都会问你好不好的，是不是？”

“Too much!（你问得太多！）”

“那表示我关心你啊！你没看见有的孩子与父母都没有最基本的问候，所以才有孩子这么希望的吗？”

“但是，问得太多太频繁也不见得就好啊！”

算了，换个话题吧！

“儿子，那你觉得妈妈最大的问题是什么？”

“Overreacting!（反应过度！）”

“我有吗？你举个例子！”

“哈，太多了！比如说：人家孩子撞火车自杀，你就好像我明天也会那么做！人家孩子吸毒，你就好像我马上也要跟着做！还有……”

得得，我有点低声下气的了：“儿子，那你妈妈在你眼里就没有好处啊？”

儿子很得意却又带点宽容地对我说：“也不是啦，相比较，你比一般的亚裔妈妈好多了！”

这大概是我得到的最高荣誉奖了！

7 繁忙的周末——首场考试和末场音乐会演奏

儿子的朋友邀请儿子为他吹奏巴松管做钢琴伴奏，儿子欣然同意。两个好友一起准备了好几个星期。那位巴松管老师是位罕见的女老师，又极其严格，连一向被赞扬惯了的儿子都觉得有点压力。压力却逼迫他更加勤快地练习。赶巧儿子要考SAT的生物单科，去旧金山音乐会的演出和考试却是同一天。表演和考试之前，只见他练习演奏比复习功课要勤快得多，爸爸有意见了："哪个对你重要啊？你要弄清楚轻重缓急啊！"

表演前一天晚上十点钟（平日他不到十一点以后不会上床），他对我说："我睡觉去了，明天要表演，需要休息好！"我奇怪了，怎么不见他提考试呢？于是我问："你明天一早要考 SAT，你的书看完了吗？"他回答："还有两章，没时间看了！答应别人伴奏的事比较重要，考试的事这次放弃都没有关系，以后还可以再考！"我差一点晕倒！

我不知道我后来说了什么，总之说了很多话，我想我当时是又气又急，语无伦次，可说了几句觉得并不能解决问题，于是强迫自己冷静下来。我把书放在桌上对他说："你现在把那两章看完，我陪你，多晚都行！"我们母子一个坐在桌边看书，一个坐在桌边生闷气，十二点差一刻，他说看完了，起身进卧室睡觉去了。

第二天早上六点我叫醒睡意正浓的儿子，我得开四十分钟的车送他去考场！第一次开车到近旧金山城的Daly City的一所中学的考场，他一路安然而睡，我开车开得胆战心惊！早晨从海湾涌过来的白色浓雾让我前面的一切都宛如在梦中，可见度极低。好不容易找到山上的中学校园，我们来得太早，空旷的校园里稀稀拉拉几个人影在浓雾中晃动。我在考场外一等就等了两个多小时，几乎走遍校园周边所有的道路。问走出考场的儿子考得怎样，他耸耸肩膀："It' s ok.（还行吧。）"

回到家他随即上床补觉，一觉起来就坐在钢琴前继续练习。傍晚时分，同学的父母开车接我们母子一起去旧金山音乐厅（San Francisco Conservatory of Music），我也是平生第一次欣赏了这种以巴松管为主要演奏乐器的一场别开生面的音乐会。

巴松管是管乐器中双簧乐器家族的一员，儿子的好友是他们学校同年级铜管乐队中唯一的一位巴松管吹奏手。巴松管有着独特的音色、宽广的音域，可灵活演奏出多种音乐特色，具有比较明显、浑厚的簧乐声调特点。它的音色深沉浑厚，低音区音色阴沉庄严，中音区音色柔和甘美而饱满，高音区音色哀伤痛楚富于戏剧性，断奏时又具有幽默顽皮的效果，适于表现严肃迟钝的感情，也适于表现诙谐情趣和塑造丑角形象。巴松管还有一种低音的变种乐器——低音大管（低八度），是管乐中的最低音，音色听起来阴险狠毒，称得上是黑暗恶势力在管弦乐队里的总代理人。

音乐会的开场由巴松管独奏、二重奏和三重奏开始，然后有巴松管和各种其他的乐器配合，其中我很喜欢巴松管和长笛的二重奏，巴松管的深沉、稳重和长笛的清脆、活泼，宛如恋爱中的男女，配合得恰到好处！巴松管和黑管、巴松管和大提琴的重奏也不错。下半场几乎都是巴松管和钢琴的二重奏，钢琴不愧是音乐之王，和什么样的乐器都可以配

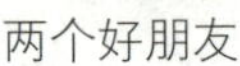
两个好朋友

儿子和好友的巴松管钢琴二重奏

合得天衣无缝！儿子一个人在家练习他的钢琴伴奏乐，那是Franz Danzi（弗朗茨·但齐）的*Bassoon Concerto in F Major*（《F大调低音管协奏曲》），我听着也觉得很好听，但总觉得缺点什么，音乐会上儿子的好友巴松一配，我马上知道那缺的就是巴松管的主旋律！

两个十四岁大的少年自信满满地走上舞台。随着钢琴的前奏，巴松的乐声蓦然冲出，一首古典乐曲在两个少年的手中演绎了不同于久远年代的另一幅景象，钢琴声欢快、流畅，巴松管吹得幽默、顽皮，仿佛两个好友交流各自的心事和感受。一曲终了，两个人相视一笑，伴着观众席上的掌声轻轻松松地走下台去。

回去的路上，儿子朋友的父亲，一位胸外科主刀医生对我说："太遗憾了，你儿子要走了！但是今天的音乐会太完美了！我相信他们俩会一辈子记住这个晚上，记住这样的演奏和搭配！"我想他说得不错，儿子虽说可能没有尽全力复习他的考试，但是，这样与好友一起演奏会是很难忘的经历，是值得的。人生有时真的看你如何去取舍，什么对你是更重要的，全在于你如何去看！

8 儿子的担忧

一直以为儿子想回加州，而读大学是回加州最好的借口。

两个多月前，刚进高中三年级的他收到南加州大学（USC，简称“南加大”）的一封信，说他们考虑过，他符合入学条件。只要他申请，就可以不用读高中四年级直升南加大。儿子很是兴奋，似乎马上就可以回加州了，征求我的意见，我说一个人的高中时代是非常珍贵的，四年高中少读一年其实也是挺可惜的，好比最后那么难忘的男女舞会等，都错过了，换作是我的话，会觉得错过了太多！而且，干吗急着长大？！儿子想了一个晚上，第二天跟我说算了，他不考虑了，他觉得以后可能可以进更好的学校。

我以为这件事情就这么过去了。两个星期后，南加大又来了一封信，说只要孩子在今年十二月底之前申请入学，他们可以免除学费的一半，也就是说一年大约可以提供两万美金的奖学金，并且重申，只有百分之二的高中三年级学生才能得到他们学校如此的待遇，是一种殊荣。儿子又兴奋了，他说早一年上大学也好，可以早一年进医学院早一年做医生。高中的舞会也就那么回事，基本上所有的功课他三年级结束时也学完了，四年级没有什么特别的学科要学了。我知道我若反对，孩子可能会想尽方法来反驳我，所以我说：“你自己考虑清楚了，我尊重你的决定！”儿子的爸爸没有意见，说我们当年高中也就读三年嘛，四年好像是长了一点儿。

儿子说为慎重起见，他第二天将会跟学校的学术指导谈谈这件事，听听他们的意见。

第二天，我进了儿子房间，看见那封南加大的来函静静地躺在儿子的写字台上，他没带去学校，难道又变卦了？晚上我跟他再次提起这件事，儿子的回答是他仔细考虑了，决定放弃这个机会。问为什么，他的回答让我有些吃惊。他说他想到如果明年秋天去上大学，也就是说还有半年左右他就要自立了，而留在家里读完高中再上大学，他还有一年半可以轻松度过，而且读本科也不一定就要回加州。我说：“你什么意思？什么叫自立？你的学费、书费、住宿费等所有衣食住行，我们都会给你的，你有什么可担心的？”他说他可能要去找份Part-time job（兼职工作），挣点儿钱，因为离开家之后总不能什么都伸手问父母要，如果他想买衣服食物之外的东西，还是自己有点儿钱会比较自在。

这就是一个十六岁少年的担忧！没想到即使你为他全考虑到了，想到离开出生长大的家庭，孩子还是有安全感的问题。记得为孩子辅导中文AP（大学先修课程）考试的时候，我让他写篇有关宠物的作文，他曾经写道：“我的狗每天和我一起生活，它真的就像我的一个小弟弟一样。等我上大学去的时候，我也会带着它一起走，我们要一起面对离开家庭后的安全感问题，学习独立，接受世界上的各种挑战，并不断地成长。”

那时他提到安全感的字眼，我以为他只是写写而已，没想到即将走出家庭的大孩子确实对外面的世界既向往又担心。当然，对于他读完高中的决定，我并没有异议，只是他的担忧引起我的注意，我觉得有必要慢慢训练孩子勇敢面对外面世界的信心。

9 儿子荷兰游学

儿子就读的高中跟欧洲荷兰的中学每年春夏之际有交换学生的活动，荷兰的孩子来美国，美国的孩子去荷兰。一个星期能学什么？估计主要还是以游玩为主，开眼界罢了。

儿子游学荷兰一周，临走前自己把行李整理好，我交给他一个盒子，告诉他妈妈有个朋友在荷兰，她身体不好，所以让他带一盒可以让她身体强壮的药。儿子是个懂事的孩子，接过盒子放进行李里，放好才想起来问："妈妈，你朋友家在哪里？我怎么给她？"其实，我也不知道朋友的住址，只好跟儿子说："你住在哪里？等你到了荷兰，给妈妈朋友打个电话，若近，她会过来看你的，若远，你就让你的荷兰监护人帮你把东西寄过去。"儿子点头答应。

很快，考完五门AP课程之后，儿子像一只飞向天空的小鸟，快乐自在地离家出国去了。

那天离开学校上了校车，他给我打了个电话："妈妈，校车送我们去机场。"一个小时后，他又是一个电话："妈妈，我们到机场了。"我吃晚饭前，他上飞机，最后用他的手机打了一个电话："妈妈，我马上就上飞机了！"心里挺温暖的，儿子每一步都知道通知一下我这个做妈妈的。儿子的爸爸自然十分嫉妒："这小子，为什么就没给我一个电话？"我大度地安慰他："给我电话不就等于给你了吗？"

儿子走的时候，我让他带上相机，拍些照片发回来给我看看。他说他手机可以拍，不用带相机，麻烦！可电脑得带！他那个大耳机得带！我说我可以给他打电话，他说上网就好，用Google（谷歌）的聊天功能有影像也有声音。

第二天下午，我还没下班就收到他的邮件，他写道：

I'm staying at host's house now. It's a huge farm, horses and all.

Today went to Anne Frank's house in Amsterdam, the Rijk Museum of Art or something, and walked around the city.

Europe's really nice, better than America in a lot of ways.

Hope you're doing well.

（我住在荷兰人家里，他家是一个很大的农庄，有马和农庄的一切。今天我们去了阿姆斯特丹，参观了安妮法兰克的家，还有瑞克艺术博物馆，还在城里到处闲逛。欧洲真好！很多地方比美国好。我希望你们一切都好。）

我一边看一边好笑：这臭小子刚去欧洲，就开始嫌弃美国了，忘本的人啊！看来儿子受我的影响还是蛮大的，我去年一个人去了趟荷兰，他今年这个留学荷兰一周是无论怎样都不会落下的，我说阿姆斯特丹很有味道，他就告诉我转了一圈就觉得比美国好很多。

周五的下午，因为儿子的一封邮件让我心情轻松愉快，我决定去逛逛农贸市场。在农贸市场里，对着五颜六色的新鲜蔬菜和水果，正当我双手并用忙着挑选时，手机响起，一看好像是国际电话，接听后却没有声音，信号不好，估计是儿子打来的，没接着，有点懊恼。其实后来才知道，是荷兰的民鸣姐打给我的。

回到家里吃过晚饭，赶紧上网，把儿子给拎出来了，有点赌气地问他，荷兰什么地方比美国好了？儿子大笑说："妈妈，你不记得是你说的了？阿姆斯特丹的房子多姿多彩，色彩就比美国好看。”“嗯，我好像说过，可你也不能光投我所好吧？”儿子又说：“妈妈，你说得没错！欧洲人的衣服穿得比美国人有风格！”又是我的言论！好了，咱换话题：“儿子，你怎么住到农庄去了？方便吗？习惯吗？”儿子说：“好大的农庄啊，挺好的，就是我住的房间本来是女孩子住的！”说着把他的电脑摄像头对着房间转了一圈给我看，他和一个朋友合住这间女孩子的房间，再问他荷兰农庄其他的情况，他一问三不知，他的朋友也伸头过来打招呼，他那边不断地屏幕冻结，我们就打字网聊了。

看看我们母子对话：

母：What is for lunch and dinner? （中饭和晚饭吃了什么？）

子：Lunch I had french fries with mayonnaise.（中饭吃的是炸薯条加色拉酱。）（注：美国人通常都是炸薯条加番茄酱，只有欧洲人是加色拉酱，这小子适应得挺快的。）Dinner had pizza.（晚饭是比萨饼。）

母：That’s it? （就这些？）

子：And vegetable soup and some dutch dessert.（还有蔬菜汤和一些荷兰甜点。）

母：Are you feeling full or hungry? （你感觉饱了还是饿？）

子：Full, I ate a lot of pizza and two bowls of soup.（饱了，我吃了很多比萨饼还有两碗汤。）

母：Ok, so weekend is much for relax.（好吧，所以周末没什么事，就是放松。）

子：Weekend is kind of relaxed, there’s a party tonight I think, at a bar.（周末放松一下啦，不过我知道等一会儿有个晚会，在酒吧里。）

母：Where? a bar? not old enough for a bar.（哪里？酒吧？你们还不到进酒吧的年龄。）

子：They won’t serve alcohol, because they know we’re American, but drinking age is 16 here, kids usually go, but this time they’ll restrict drinks to soda, they'll have pool tables and everything else I'm pretty sure.(他们不给我们喝酒的，因为他们知道我们是美国人。但是这里法定十六岁就可以喝酒了，孩子通常可以进酒吧的，不过他们只给我们喝汽水。那里有台球和其他好玩的东西，我肯定的。)

…………

周末，远在荷兰的民鸣姐和她的先生一起开车前往儿子住的农庄帮我看看儿子的情况。幸亏民鸣姐去，才得知儿子住的荷兰人家根本不是我以为的荷兰农夫，而是男主人爱好养马，所以买了一个大农庄。主人好客，邀请民鸣夫妇一起喝茶并参观农庄，民鸣姐趁机拍了不少照片并发邮件给我，我才得以一窥儿子荷兰住宿的一点情况。

周末一过，儿子便投入到荷兰的高中学校学习中，无暇他顾，一封邮件也没有了。直到临回美国的前一晚，我发邮件过去问一切可好，那边仍是杳无音信。想想孩子大了，该放手时且放手吧！我拿起的电话又放下了。

我这做妈妈的放手了，荷兰有位做阿姨的却不放心了。民鸣姐自周末见过我儿子就惦记着这孩子要回美国了，最后一晚便想告个别，结果她的电话一直打到近深夜，那边孩子还没回住处。我估计孩子们最后一晚肯定是要联欢之类的，民鸣姐最后吩咐儿子寄宿的荷兰人家等孩子回来给妈妈打电话报平安，怕我担心。我这糊涂妈妈其实并没太担心，还优哉游哉在家喝茶呢。等接到孩子的电话，倒是挺感动的，呵，知道让我放宽心了。儿子的声音里有些小心："妈妈，你担心了？我们今晚开派对，回来晚了，民鸣阿姨说你担心了！"呵呵呵，我开心着呢，赶紧说："不担心，不担心，是民鸣阿姨为你担心！"说完好像觉得不对，又补充："嗯，算是担心吧，不过，你打电话来我很高兴呢！"

一周之后的下午儿子从荷兰回来了。正好我下班的时候，他打来电话，说飞机刚到机场，还没过海关呢，大约一个小时之后可以到学校，到了再给我电话。

儿子和同学们沿着荷兰乡间小路骑车上学

在学校的停车场看见晒黑了的儿子背着包拖着行李走过来，脸上有两个蚊虫叮咬过的包包，浑身洋溢着兴奋。问他想家吗，他说真希望能住在荷兰。我眉头一跳，这么好？肯定有什么特别之处！

一边开车一边让他跟我说说荷兰最吸引他的地方，他说那里好漂亮，到处都像美丽的图画一样，早晨他跟着主人家的高中女孩，四个学生一起骑自行车沿着乡间田野道路往学校去，白色的雾气弥漫在田野里，如梦如幻，像童话里的世界；他还说荷兰的学校好，因为学校里把学生分成两部分，读书好的孩子一部分，将来直升大学，笨蛋孩子在一起，将来不用上大学。我立刻打断他：这个不好，像我们中国的重点中学和普通中学。他也立刻反驳我：美国的中学里这些读不好书的孩子拖大家的后腿，分开对那些好好读书的孩子比较合理。我想说这对那些开窍晚的孩子不公平，可一时又找不到好的切入口说服他，只好听他继续说荷兰的好处。那里的食物跟美国差不多，他很喜欢吃；还有他喜欢荷兰人，很友好。

回到家，一放下行李，他就打开电脑，急着上网查看邮件。脸书里他的同学和荷兰的高中生们已把一些照片贴上了网。我看他一直在一个漂亮女生的脸书里看照片，就问这漂亮的女孩子是谁。儿子的眼神透露他的心事，他告诉我这是一个蛮让他感动的女孩。

那个周一的上午，他第一次走进荷兰的中学，就看见一个美丽的倩影，第二天开始和她接近聊天，第三天大家一起骑车去了国家公园，晚上，孩子们开派对。荷兰规定十六岁就可以喝酒了，那里抽大麻也是合法的。美国的高中生都知道这些规定，美国的规定是二十一岁才能喝酒，大麻是被禁的。晚会以烧烤开始，吃过晚饭，老师一离开，荷兰和美国的孩子们就“撒野了”，先喝酒，再抽大麻，喝醉了也high了之后，就跑到乡间的小桥上往水里跳！儿子也很老实地告诉我，他也尝了两口啤酒，但实在太难喝，就放下酒杯转身找那个让他心动的女孩去了。两人沿着乡间田野小路来来回回地走着聊着，两个人都喜欢弹钢琴，也都学过吹萨克斯风，女孩的父亲是钢琴家，音乐世家出来的女孩子找到了一个完全能谈音乐相互之间彼此欣赏的男生，谈着走着就手拉在一起了。按儿子的话：“以前几次都是女生主动，我后来才有感觉；这次是我先看到她，她才注意到我，那样手拉手走在夜间的乡间路上是这个世界上最浪漫的事情！”

说得我都无限向往，只是心里嘀咕：还有一年啊，儿子，你就中学毕业了，可不可以先把大学拿下来再说这事儿？

儿子洗澡去了，我翻出我们小镇的镇民通讯录，还有儿子中学的所有学生通讯录，查找这个女孩子的情况。其实通讯录上也就是地址和电话而已，谁知我左找右找就是找不到，嘿，奇怪了，儿子告诉我这姑娘的名字了，我怎么找不到呢？折腾了一个晚上，第二天还是忍不住，问儿子：“我怎么找不到那个女孩子的名字呢？”儿子莫名其妙地问：“你在哪里找？”我说小镇通讯录上找啊！儿子哈哈大笑，说：“妈妈，真服了你了！人家是荷兰人，你在美国找！”一句话惊醒梦中人，可不是人家在荷兰吗？否则儿子怎么会说要住到荷兰去，还什么都是荷兰好！我这个乌龙摆得真大呀！

好了，彻底放心了！天高皇帝远，看来也就是一次心动罢了。

拉着儿子陪我散步，他说有点沮丧，因为觉得一件非常美好的事情刚开始却无法做完它！想起那个荷兰女孩，他有些情绪低落！我拍拍他的肩膀，告诉他：儿子，人生中这样的心动会发生很多次，不一定都会有结果的，但是，如果有一天相似的心动有了结果，那就是在正确的时间遇见了正确的人。耐心一点吧，那一天会来临的！

跟小镇中学的老师闲聊，说起这次去荷兰的二十名高中生，那天晚上喝酒抽大麻的事情。老师说大家都知道，有些美国孩子就是冲着这些乐子去的，就像有些美国成人去荷兰旅游也有相似的目的。我想起去年我去荷兰的时候，在飞机上遇到的那个住波士顿的美国女人，她就兴奋万状地告诉我她要去荷兰抽大麻，那个开心啊！记得在荷兰时，跟朋友的荷兰籍先生谈起荷兰有关大麻和妓女的话题，他们强调荷兰的犯罪率是全球最低的，因为这些（吸大麻和嫖妓）都是合法的。也正如儿子所描述的，同行的二十个美国高中生有十个左右喝得烂醉，吸大麻也吸得带劲，另外的一半就坐在那里看西洋景，也很有趣，但不会加入疯狂的人群中。美国的老师听我转述孩子的这番经历，说这更加证明了一点，即美国的法定严格，可一旦身处这个法定之外，人就会展现一下子没有束缚之后的狂野。他断定，那天晚上荷兰的高中生不会像美国的孩子们那么醉和疯。但也是因人而异，二十个孩子至少一半不符合这种规律。我向儿子求证，老师的推测非常正确，荷兰的孩子那天晚上几乎没有人喝醉，从桥上往水里跳的几乎都是美国的孩子。

儿子说这次荷兰游学之行是个美丽的记忆，他将永远记住那短短的七天之旅。

10 暑假里的儿子和教儿子做菜

读高中的儿子还有一年就要离家读大学去了，虽说大学里有餐厅，不用担心孩子的饮食起居，但是，想到孩子大了，一旦离开家就很难像现在这样有那么多时间和我相处，以后就算寒暑假回家也是休息暂住，趁着现在的大把时间，我尽可能多和孩子一起做一些有意义的事情。

每天早晨，我拉着他和我一起慢走，一开始的时候，他总是慢吞吞的，要我不断催促他快点。到一个山包爬上去后，他身体全醒了，结果是他越走越快，我跟在后面喘气冒汗。

白天，他去医院和“911紧急救护队”做义工。问他在医院做义工这么久，最大的感触是什么。他说觉得自己不知道该如何跟人聊天。刚开始时，高中生的义工是从推坐轮椅的病人开始的，一般他都是闷着头推，不晓得该跟那些病人谈点什么。慢慢地好一点儿了，说说天气和别的，但大多是三言两语就完了。我对他说，他的性格就是慢热型，没有关系的，没有话就少说，把事情做好就好了。

第一次去“911紧急救护队”的那个晚上，他竟然碰到三起救护事件，他跟着救护车和救护人员跑进跑出。他回来跟我说，第一起救护事件是一个人胸闷，于是自己拨了“911”。他们赶到做急救准备（量血压、测脉搏等），直到专业的救护人员接手为止。后面两起都是精神方面的事件，一起是一个女人说了些威胁生命的话，别人打了“911”。儿子他们赶到，把那个女子放在担架上抬进救护车里，那个女子一路上都在哭泣。我问他真实地与这些病者接触，有没有觉得很沮丧或是情绪低落。他说不会，能帮到别人，觉得自己有点儿用，只是自己的臂力不够，以后要多进行重量训练。他老爸听了笑着说：“儿子，你不是去做苦力的，将来做医生是无须用臂力的，用你的脑子！”

儿子在认真地炒菜

最近，我对他说该学学做饭，以后不至于离了家和餐厅就没饭吃。

于是，一个傍晚，我教儿子做一道健康家常的菜——炒美国芥蓝。

儿子熟练地淘米，用电饭煲煮饭。想起好几年前，我上班的时候打电话回来让他煮米饭，他把四罐米听成十罐米，结果我回到家打开饭锅，里面是他煮的白花花的生米……那以后很久没再叫他煮饭，不过，至少他在我们的笑声中知道煮饭的水是要漫过米的。

儿子是一个很遵守规则的人。煮米饭，两罐米，他就在电饭锅的壁上找两罐米的水线，水加得一丝不苟。我对他说煮糙米要比煮白米水多一点，他又加了一点水。

饭煮上了，我先教他洗菜，芥蓝用水冲和泡洗干净，再切块，也可以用手掰开，他做得很认真。接着，教他切菜的功夫，洋葱、胡萝卜和西芹切细丝，这个稍微难一点，看他刀拿得不稳，切得也费劲儿，不过，总算完成任务。

接下来就是炒菜了。从中餐学起，以后再教西餐。

教中餐的时候，我把锅放火上，放一点点橄榄油，趁机跟儿子说健康饮食的种种好处，不要吃太多油，然后把切碎的蒜片放入锅中煸两下，再放入芥蓝，加盐、少量的肉丝（要先煸熟）和水，盖上锅盖两分钟就好了。不要时间太久，菜黄了就不好吃，而且营养容易流失。

儿子一边直呼“烫！烫！”一边炒菜，菜盛好让他尝一口，他说：“嗯，蛮好吃的！”

问他自己想学做哪个菜，他说：“炒饭！”

唉，这些美国生美国长的ABC们啊，大概吃中国菜只知道吃炒饭！

11 害羞的男孩拿了辩论赛二等奖

儿子是个非常温良的大男生，从小到大懂事听话，除了初中时因为早恋，我们母子俩曾经有过几个月的关系“僵硬”，一直以来他都是让我满意在心、笑意在脸。儿子的一切我都比较满意，要说稍不满意的就是他性格太温和。小的时候，老师的评语总是说他比同龄的孩子成熟，一堆的好话之后会加一句“有点害羞，不够主动”。

也许他自己也知道这点，从初中开始渐渐活跃起来，跳舞、打球、交朋友，似乎已经没有人再说他害羞，但在一群同年龄的孩子中，还是可以看出他很少用过激的言语，好处是谁都愿意跟他交朋友，坏处是不知如何接别人使坏的招。

记得在加州时，我带他一起参加一个青少年和父母的讲演，那次，有一个少年当众说他演讲的时候哪里哪里没做好，他倒也沉得住气，不住地点头虚心接受。几乎所有的人都转头看我，大概没想到有人会当着我的面让我的儿子下不了台。我和他其实都没有下不了台的感觉，我很高兴他的度量，也很高兴他一直能保持微笑。不过，私底下，我确实担过心，孩子的这种性格将来会不会被别人尤其是那种咄咄逼人的人逼至墙角？

从加州搬到新泽西州，他自己在学校组织了一个街舞俱乐部。因为他的亲和力，俱乐部一下子来了好几个同学加入，但要想成为学校注册的正式俱乐部，需要有老师挂名赞助。他去找了两位老师，他刚来跟老师都不熟悉，老师也都很忙，没找到愿意承担责任的。他就作罢，但仍然每周一次带着几个同学练舞。有个高年级生快申请大学了，学习成绩一般，想弄点花样助自己一臂之力，就打儿子这个俱乐部的主意。他找到一位熟悉的老师，老师答应挂名，他就上交申请俱乐部的表格，把他自己作为俱乐部的主席，并告诉儿子他要当一年主席，因为老师是他找的，明年他上大学去了，主席位再还给儿子。儿子当然是不大开心的，虽然平常他们玩在一起，出于朋友间的友谊，他抹不开面子说不，可这个同学根本不会跳舞，俱乐部是儿子一手建立起来的，几位跳舞的同学都是儿子的舞迷好友。回家他闷闷不乐，我一问情况，问他会怎么处理，他说不上来。我问他：你认为这件事你同学做得合理吗？他摇头！但是他说也许让同学做一年主席，可以帮他进好一点的大学，反正明年他走了，俱乐部还是他们几个在跳。我再问：这么做你心里觉得怎样？他说不大舒服。我让他自己好好想想：第一，这样帮同学对你这个同学是真好吗？第二，如果心里不舒服，肯定有什么不对！事情处理好了，心里就不会不舒服！但是，这是你自己的事情，你想好告诉我你决定如何处理。

他老爸一听就急了，连声叹气："儿子，你怎么这点就不像我！我的利益，寸土不让！你现在就让别人占你的便宜，将来不是让别人骑到你脖子上？明天我跟你去学校把这件事情跟你老师谈个清楚！"我让做父亲的少安毋躁，孩子大了要启发他自己思考，自己解决问题。两天后，儿子神清气爽地告诉我们，他找那个同学好好谈了一次，说不应该用他组织的俱乐部作为申请大学的资本，更不应该把朋友的成果占为己有，儿子欢迎这个同学到俱乐部去跳舞，并说还会继续做朋友。同时他去学校正式注册俱乐部，并跟那位老师说了他从开始组织街舞俱乐部以及发展到现在的情况，他在学校注册为街舞俱乐部主席是理所当然的！今天这个孩子还跟儿子玩在一起，他们仍是朋友。这件事让我看到，孩子虽然性格温顺，但是仍然可以被训练得有坚定的立场并做到坚持自己的原则！

儿子拿了辩论赛二等奖

这件事过后不久，儿子来对我说他要参加另一个俱乐部，是学校新的辩论讲演俱乐部。我有些吃惊，曾几何时害羞的孩子，今天竟然要去跟别人辩论。不过想想，也许这对他这种个性倒是一种磨炼。几个月之后，他们学校九个人的辩论小队去比赛了，我也正好报名参加当辩论赛的裁判，第一次见识到这些少年雄辩的口才、快捷的反应力。

去比赛的路上，我跟带队的老师闲聊，说起儿子温吞的个性，担心他辩论时个性上吃亏。老师对我说，他没觉得儿子的这种个性有什么不好，而且往往人们以为个性强的孩子辩论占便宜是个误区，因为旁观者和裁判的喜好不一。我自己做了一天的裁判，更是深有体会，对那些口若悬河、咄咄逼人的辩论者，感觉欠佳，而对条理清楚、不急不忙的讲演者，立刻会心生好感。

一天下来，我也没看到儿子，几百个孩子，几十个裁判，偌大的比赛场地，一整天下来确实有点累。加上晚上还要参加女儿的初中生小组聚会，没等到颁奖我就先走了。问儿子感觉怎样，他说还行。说真的，也不指望他拿奖，参与就好，就当锻炼个性。

今天儿子去学校，老师把奖杯给了他，他是他们学校九个人中唯一得奖的孩子，拿的是二等奖！

下班回家一进门就听到钢琴声，儿子弹的曲子很欢快，我知道有好事。果然，儿子的爸爸报喜讯：“儿子拿了二等奖！奖杯在这儿呢！”

我那从小就喜欢脸红的儿子啊，终于出趟了（南京话：不害羞）！

12 儿子拿了三个奖项

前几天带着父母去游轮旅行，一上游轮，电话就关了，因为大家都说游轮上打电话、上网都是“宰人”价。

船停靠加拿大的口岸，下了船，在港口的建筑里可以免费上网，我赶紧打开电脑和电话。电话里有个留言是儿子高中学校打来的，有点奇怪：“我们特别邀请你来参加一个活动，请回电话……”那是周二，活动好像是周三，我周三应该还在船上，所以也没放在心上，就拉倒了。电话没回，也没跟家里知会一下。

游轮旅行回来，先生来接我们，一见面就兴奋地告知：“儿子得奖了！还不止一个！”高兴啊！赶紧打电话给儿子，问他得了什么奖。儿子说总共拿了三个奖项：一个是2012年度最杰出物理学生奖（American Association of Physics Teachers 2012 Most Outstanding Student）；一个是布朗大学的奖励英文写作优异的奖（Brown Book Award）；还有一个是一家药厂和罗切斯特大学的科学奖（Bausch & Lomb Honorary Science Award, Co-sponsor：University of Rochester ）。

我一听就跟儿子开玩笑：“呵，布朗可是藤校，儿子你有指望进藤校啦！”儿子挺认真地回答：“妈，人家说了布朗的奖项跟进他们学校没有直接的联系！但是，那个罗切斯特大学的科学奖倒是说得很清楚，我申请他们学校不用交申请费，而且保证每年七千五百美金以上的奖学金！我可以拿这么多钱哦！妈妈，我可能要申请他们学校了！”我笑坏了，小孩子没见过这么多钱，七千多美金一年，就把他给收买了！我让他少安毋躁，慢慢来，别见钱眼开啊！只要他能保持最佳状态，后面应该还有更好的选择！

儿子又说，颁奖的前一天他挺沮丧的，因为听一个女同学说她父母接到学校的通知，说她会得一奖项，第二天那个女同学的父母都去学校观礼去了。他回家一问爸爸，爸爸没接到通知，他失望极了，觉得自己平时比那女同学不差到哪里去，但看来跟奖项无缘。第二天，大家都在礼堂里，人家得奖的人大多事先已知道，父母都跟着去了，大部分是宣布高中四年级毕业生们拿到的奖学金，然后是几个高中二、三年级生得到的奖项。没想到校长叫他的名字，还不止一次！真是意外的惊喜！

我忽然想起在加拿大港口接到的那个儿子学校的留言，忙不迭对儿子说：“哎呀，对不起啊，儿子，你们学校给了我电话的，我没仔细弄清楚怎么回事儿，也就没跟你爸爸提起！不好意思啊，错过了观礼！你知道，儿子，你妈妈我参加你的任何事都是挺起劲的，这回是纯属意外！”儿子倒不以为意，安慰我：“没事没事，这样也挺好的！意外的惊喜，特别开心！”

旁边正开着车的先生听到这些对话，特别在意，说：“这学校也是，他们为什么不给我打电话呢？平常不都是我往学校跑得多？我要是知道是绝对不会错过这个观礼的！”

无论如何，我们都是非常开心的，虽然没有参加观礼，但是一样骄傲和自豪！

13 夜半狗叫

曾经有天夜里发生了一件事，本来还在想是否要写出来，写出来是否有损儿子的形象。读了文轩香台对她女儿的名校情结，我想起之前我对孩子说的话：你上什么大学不重要，将来从事什么职业也没那么重要，重要的是你要做一个大写的人，一个好人，一个快乐的人！

为什么说这段话，听上去我说的时候并不是很好的心情，是的，请容许我从头道来。

床头的闹钟已过了午夜十二点，我们关了灯，准备进入梦乡。就在意识半清醒半迷糊间，听到两声狗叫，我家的狗儿平常十分乖巧，很少乱叫，这深更半夜，它叫个什么劲儿呢？推推身边的人，让他去查看一下，他已睡着，没醒没动。我也就算了。

过了两分钟，狗儿又叫了，而且间断性地轻轻叫两声再大声叫一声，仿佛叫我们下楼查看，这下，所有的人都醒了。先生穿衣下楼，发现狗儿不在它自己的小床上，被关在儿子的房间里，正在里面叫呢。先生开了儿子的房门进去，开了灯一看，儿子不在，看见爸爸狗儿开心地摇着尾巴跑了出来。

这天晚上，儿子晚饭是在同学家吃的，他们有派对，庆祝一个团队上了电视，反正现在高中应届毕业生考大学已尘埃落定，两三天就一个派对，只要他不耽误学校的功课，我们也让他轻松轻松。儿子弄到十点钟回来，对爸爸说累了，早点睡了。有点破天荒，我们俩都觉得不同以往，也许真是参加派对挺累人的。

谁知道这是个幌子，他根本没睡，人影都不见了！

这一惊非同小可，千万个念头在我的脑中乱窜，不可遏制地想起几年前住在加州时发生的一件噩梦般的往事：那时我们小城高中的好几个高中生接二连三地卧轨自杀，其中一个是我孩子高中的水球队员，与教练发生了争执，当晚，那个孩子就是趁父母熟睡，一个人偷偷地跑出家门，走向了铁轨。第二天清晨，警察敲响了他家的大门，问开门的父母孩子在哪里。父母指向孩子的卧室，可是去查看却发现屋里根本没有人，警察告知孩子在铁轨那边……当时，听说了这件事，有人指责这家的父母不负责任，为何孩子跑出家门还不自知。我也记得我反驳过，这么大的孩子如果深夜跑出去，大人还真的可能不知道。

当然，我们这里没有加州那样的铁轨，而且孩子平常很快乐，也没有那种生命相关的担忧，但是，这种深夜跑出家门而我们为人父母却不知的事情，就这样忽然降临在自己身上！

做爸爸的拨动手机，那边没人接听，发短信，不一会儿回了，儿子说在电影院里，今天是《铁人》的午夜场首映，他在看电影！爸爸要他现在就回家，他又回复说付了26块钱的电影票，不想浪费，而且是同学跟他去的，他自己没开车，现在电影看到一半，他回不去！

爸爸没有办法了，傻坐在那里。我的血那一刻全部冲到了头上，我开始一条又一条短信发给他：

你现在就回家！我不关心你付了多少钱，我只知道你对父母说了个大谎！这是件非常严重的事！你要想到后果！我们几乎要打电话给警察！

儿子一看“警察”二字，马上回复我（这之前都是回复他爸爸，因为爸爸比较好说话）说不用找警察，他确实在电影院，还有其他三个同学。

我锲而不舍：我会打电话给你女同学的父母，我相信你们俩都对父母说了谎，你爸爸马上开车去电影院接你。

这个短信刚发过去，先生还没出门，儿子已回复说他站在电影院的外面等了。

二十多分钟后，儿子跟在爸爸的后面进来对我说明情况，他说同学提起这部电影的午夜场，他知道这是周四的晚上，明天还要上学，父母肯定不会同意让他去，便撒谎称自己累了睡下了，却从后门跑出去了！

我说这样偷跑出去，一下子就看午夜场几个小时，手法太老到了，一定不是第一次。儿子老实交代，之前还有一次和女同学闹别扭，过了十一点，他偷跑到她家送礼物和好！

我从来没在孩子面前说过任何有关他男女同学之间的我的看法，这次我说了：一段男女关系，如果给人以正能量，我应该可以看到他的成长，那么我会很欣然接受这样的关系；如果看到孩子变成了一个说谎的人，这就是一种负能量，从此我不希望再看到与这种关系有关联的后续。

我说得很直接，我无法想象我的女儿有一天过了午夜还在外面游荡。即便是儿子，我们家的规定也是过了十一点，人要在家里，也不可留任何女同学那么晚。当然每家不一样，可家有家规、国有国法，在孩子十八岁以前，住在家里就必须遵守家规。

然后我就说了最前面的那段话！那是我的真心话，那一刻，我从没有那么强烈地感到：孩子上名校也好，将来职业上有所建树也好，这些都不重要！对我来说，孩子能成为一个正直的人比这些重要得多！

说谎是我所不能接受的！没有一丝一毫可以相让的地方。

爸爸宣布惩罚的细则：没收两个星期的零用钱，一周之内放学之后即刻回家，不可在外逗留，也不可带任何同学回家。

儿子还算老实，接受父母对他这种行为的惩处之后，还晓得问一句是否每天还可以去健身房锻炼。爸爸说：可以，但你得跟你妈妈一起去。

十七岁的孩子，说大不算太大，说小不算太小，平常挺听话乖巧的一个人，竟然可以在同学的影响下，深夜偷跑出家门看午夜场！看电影本身不是件大事，我生气的是孩子撒谎！一个平常可以说是品学兼优的孩子，却做出这样的事情，我几乎一夜难安。

多少高中毕业生都在这个最轻松、最没有压力的时段出事情。就说儿子这四个高中生，深夜偷偷出去看电影，十七岁的孩子在加州过了夜里十一点是不允许开车的，可他们看的是午夜场，回家时开车的孩子就触犯了交通法，我的孩子可能认为他自己没开车，所以没有犯法，可是他的同学犯了。而且，每一年都是这个时候，多少高中生因为常开派对喝酒深夜驾车出事……

我说给孩子听，他说他的其他三个同学都跟家长说了，他们的家长没有意见，好像就我们家家规多。我不知道也无法了解别人家的情况，但至少有一点我坚持——要教育孩子遵守法规。

夜半狗叫，揭晓了这样一件事情，让我们家折腾了大半夜。养大一个孩子不难，养好一个孩子成人真是一件很不容易的事情！

儿子和我们家的狗狗

14 家有毕业生兼谈写作的重要性

如果你跟我一样，家里有个高中四年级并且明年夏天毕业的大孩子，你会知道现在是这些孩子申请大学最后的冲刺阶段了。

我曾经写过一篇高中孩子应该注意的事项的文章，主要是针对孩子升大学说的。其实，这些事情，主要还是得靠孩子自己去做，做父母的不过是旁观者，最多做一下啦啦队员，可能孩子还嫌你烦。但是，对我们这第一代新移民来说，这些升学的种种是一种挑战，也是一种全新的体验。我们当年上大学跟今天的孩子经历完全不同，这其实也是了解美国社会和文化的一个极好的机会。所以，我很愿意自己先弄清楚，然后在一旁默默地观察孩子的行动，适当的时候提醒他一两句，他听得进去我很开心，听不进去我也不生气，毕竟是他的人生，我做了自己能做的，将来不会后悔。

儿子是个很成熟、做事认真、很有计划的人，他自己在大学的申请表里用五个词表达自己，其中两个词就是：diligent（勤奋）、well-planned（有计划）。从高中一年级开始，他每学完一门课就考一门相关的SAT科目，到三年级结束，他所有的SAT（I&II）全部考完并且成绩都不错。在别人最紧张的高中三年级，他事实上是非常放松的，从他的课程和课外活动就可以看得出来。他选了五门大学先修课、两门荣誉课程，加上体育课总共八门课程，参加了四个俱乐部，包括他自己创建的街舞俱乐部，还去医院做义工，还继续舞蹈学校的课程和排练并被聘为候补老师。周末，他常和同学一起去攀岩、看电影、打游戏，一样不缺，每天十一点钟左右就关灯睡觉，因为他说自己在长身体，太晚睡对发育不好。

从小我就对他说："你不算最聪明，比你聪明的孩子到处都是，你若想做得好，就需要努力！"我相信他听进去这些话了，所以，一直以来，他总能找到比他聪明很多的朋友（他自认为），但是基本上这些聪明的朋友都很愿意听他的意见。

高中四年级前的那个暑假，他除了做两项义工，就是花大把时间在家里打电玩，我和他爸爸都觉得不对，找他谈话，可似乎该做的他也都做了，他就是看上去无事可做！我不大喜欢看到这种情景，就对他说他应该考虑再考一次SAT。他当然不高兴！他自认为他的SAT成绩不错（比2300多一点），这种成绩也是属于排名前2%，2320和2380可能区别也不是太大，但是我觉得他可以做得更好，而且让他再好好复习，总比他那样整天打游戏要好。最主要是很多学校看SAT的分数是看数学和阅读，写作只是参考，他的数学满分，写作也是满分，偏偏阅读失去了几十分，我觉得阅读是可以提高的，写作提高倒不是突击能达到的。他听不进去。

好在很快，高中的学术指导跟我们家长会面商谈孩子申请大学的细节，我说了对他SAT成绩的看法，指导查看了孩子PSAT的成绩，也说他完全可以取得更好的成绩，也鼓励他再考一次。这样他才答应暑假抽空复习，暑假过后再考一次。

这次重考SAT，我们也没特别看重，因为他第一次的成绩就不算差，主要还是不想看到他整天打电玩。他自己考出来说感觉不错。这件事也就过去了。

高中四年级时，他又想了个招儿，去赚钱了。在舞蹈学校做候补老师，已经赚钱了，但因为是候补，得等其他老师缺课他才有机会补上，他觉得不够，所以看到其他同学在我们小镇的国王超市做出纳，他也去报名。这下，一周三天下午在那里打工，周末除了在医院做义工，还参加了911救护队。他身上配个传呼机，一到周末就听到被呼叫声，立马就开了车往救护中心跑，弄得我都精神紧张，听见门铃声都会误以为他传呼机响！四年级他依然是五六门大学先修课程，外加一门荣誉课和体育课。我知道功课对他来说不算太挑战，但是，他和我们都没有想到申请大学需要花那么多时间和精力！

最先准备的是所谓的Common App（通用申请表），也就是很多私立大学公用的申请表。这里面的论文基本上是介绍自己，让招生的老师通过你的文字能了解你这个人的特点，有字数限制。他写了两稿，我提了看法，他修改后，我还是觉得不能打动我。因为那篇文章他写了一些他内心深处的感受，我觉得任何出自心灵深处的东西，若打动我，我应该会流泪，可读完他的文章，我不怀疑那是一篇好文章，但是我没有眼泪。我说了我的看法，他不以为然，他爸爸说找一个外面的老师看看，他拒绝。他说那是浪费钱，而且他有自信他的文章应该不错，最后他决定拿去给他的文学老师看。老师看了，提出几点小的修正，我发现老师提出修正的地方都是我提到过的，这对我也是鼓励。我知道今天一个高中生的英文程度早已超过我这个读过大学的人，用词造句在英文上我可能不如他，但在构想和文章的直感上，我也有自信。

所以我坚持“打动人心”的观念，儿子很不情愿也很费力地用了几天时间加了一点我们一起讨论过的事情和观念进去，再写出来我能够接受了，虽然我还是没有眼泪。没让儿子知道，我把文章拿去给我们的邻居，一位退休的美国文学老师看，她读完告诉我：“你应该为你儿子感到骄傲！”我说：“我期望被感动，有一点啦，但没有眼泪！”她大笑说：“我被感动了，真的！也没有眼泪，但是他的文章让我联想到我类似的经历！能让读者联想到自己相似的经历，对一个高中生来说已经是不容易！”有了她的肯定，我也就没再坚持让儿子改下去。

好不容易，Common App完成了，接下来，他要申请好几所本医连科的学校，几乎每所学校都有不同的申请表格要填，而每所学校都有长短不一的论文要写，问的问题五花八门、包罗万象，这一个个论文加起来就是不小的工程，本来以为好不容易写完的论文或作文，却原来只有十分之一都不到。而且转眼已是十月下旬，提前申请的学校马上就到期了，本医连科的申请很多都是十一、十二月就到期的，还有几所学校想申请奖学金，也是十二月之前就要递申请表，递交申请表的意思就是要完成他们要求的作文或论文！这才让我看到美国申请大学中，写作占了多么大的比例啊！这对母语是英文的美国父母来说，不算难事，而且他们都经历过，可是对于第一代新移民的我们，虽说我们大多数也是知识分子，但大部分都是来美国读大学或研究生的，从来没经历过从高中申请大学需要写这么多文章的过程。很多父母在语言上根本无法帮孩子，就算我自以为还能写并美其名曰“作家”，那也是针对中文写作，用英文写，肯定不如高中生的孩子用词遣句，只能在大意和构思上给予一些帮助，孩子还不一定领情和接受。而这个过程中，大家在建议和接纳、争论和妥协中来来去去，孩子渐渐觉得疲乏不耐，大人渐渐觉得火气上升，最后一秒钟双方都让了一步，算了，就这样寄出去吧！老天保佑！

一直处于放松状态的儿子，接连两天早晨睡过了头。这是从来没有过的事情！头天晚上，我们争论妥协之后，他把提前申请的大学表格寄出去了。估计终于去了一块心上的石头，一轻松，那天晚上就听到他跟同学打电话打了很久。第二天早晨，我一直听到他房间的闹钟响（他的房间正好在我的卧室的楼下），响了二十分钟，害我一直找不到响声的源头，最后才发现是在他房间里。他依然沉睡不醒。那天早饭都没来得及吃就急急忙忙地上学去了。第二天，同样的事情又发生了。他爸爸有点生气，把他叫醒，问他怎么回事。他睡眼蒙眬地回答：五点钟爬起来看SAT公布分数，看完又睡着了。然后笑得很开心地告诉老爸：现在他的SAT Super Score是2400分（即满分），这次阅读是满分。老爸一听高兴得都忘了责备儿子起晚了，马上上楼把这个消息告诉我，我说我知道的，只要他努力，他可以做得更好。

吃早饭的时候，我好好夸奖了一下儿子，完了不忘告诉他，SAT满分被哈佛拒收的有很多，所以并不代表什么。但是，只要他尽了力，即使他只被州大录取，我也会很高兴的。儿子的爸爸开始建议："儿子，你是不是可以考虑申请一下哈佛？"儿子依然摇头："No！"我倒是觉得：这是孩子的人生，尽力就好，至于他愿意申请哪所学校，就让他自己决定吧！

接下来，还没到尘埃落定的时候，还有好几所大学的申请论文需要写呢，革命尚未成功，同志仍须努力啊！

家有毕业生的父母，我们一起加油，为孩子加油也为我们自己加油！

15 高中毕业申请大学

高中最后一年，在国内是最紧张的一年，在美国呢？

因为美国高中生进大学的考试大多在高中三年级时就完成了，原以为四年级时可以放松一下了，谁知道，四年级上半年似乎更加紧张。

首先，是大学申请表需要在这前半年寄出，每所大学的申请都有好几篇不同的论文（作文）要写，儿子申请了十多所大学，如果按照每所大学三篇作文（平均）要写，就是三十几篇作文的任务。孩子写得是心浮气躁，家长读得是头昏眼花，不同的意见还会争得口干舌燥。真的是一言难尽，甘苦自知。

好不容易，所有的作文都写完了，到最后几乎是送瘟神似的把申请表格寄出去了。一口气还没放下来，那边大学面试也开始了。我记得我十一月赴中国前，儿子的所有大学申请表都寄出了，我人在中国还没有回来，他已收到两所大学的面试通知。我开始还挺兴奋的，自作多情地想：哇，这么好的学府对儿子感兴趣了！后来，几乎他申请的所有私立大学都给他发了面试通知，加上儿子去了两个面试之后，回来告知，面试者都是那所大学的校友会的成员，很多都直接告诉他：别紧张，面试没有多大的关系。儿子的话是：就是看看你是不是个精神正常的人。

一圈面试下来，人越来越放松，他开始说约会去了！他说已是高中最后一年了，得好好尝尝约会的滋味。看电影、外出吃饭，有一个星期我们难得能见到他在家里吃顿晚餐！正当觉得哪里不对，学校的档案（电脑）显示，还没结束的第一学期他有门功课拿了个B。对于一个整个高中都是全A的孩子，也许一个B不是大问题，但是问题在于他的过度放松和态度，从来不缺课的他（以前即使感冒很重，我们要为他请假，他都拒绝），现在感冒不算太重却主动要求请假，我们分析是他前一天晚上约会太晚，睡眠不足的原因。

最惨的是，提前申请的结果下来，他的斯坦福梦破，可他约会的对象却被"大藤"（指哈佛大学、耶善大学和普林斯顿大学）录取了！

父子俩开始争执！爸爸当然是不喜欢儿子现在就谈恋爱！儿子的理由却是：我跟你那会儿不一样，不会像你们当年那样傻乎乎的。不过，儿子也向老爸讨教："听说你也是全A生，因为跟妈妈谈恋爱，拿了唯一的一门B，你是如何处理那门B的？"爸爸愣了半天不晓得如何回答，还是我出来解围说："爸爸那时已在医学院读研究生了，就算多拿几门B，他一样毕业，不会影响太大。可你在读高中，你以为四年级的成绩不重要了吗？已经有不少大学出来申明，四年级的前半年成绩起决定性的作用！你如果放任自己，有可能毁掉你的好大学梦！"儿子可能觉得已有两所公立的大学录取了他，且都有奖学金（一所是全奖，免学食住杂费，另一所是全免学费），至少有大学读安全了。

幸亏我们与他的一席谈话，他还算听得进去，很快期中考试把成绩扳了回来。他自己也意识到，人生中的目标是一个接着一个的，不能达到一个目标就忘乎所以了，时刻警醒不忘自己的责任，放松不代表放弃所有的责任。

据统计，高中四年级生最容易犯的错误有：翘课；以为四年级的成绩已不重要（因为申请大学时已把高中三年的成绩单送进了大学）；成绩下滑（很多高中四年级生是在学校担任俱乐部、学生会主席的职务，学习的时间少了）；过于忙乱（我的孩子就是既打工，又去做义工，还加入了很多其他的社会活动；有了钱，他会约朋友去纽约城里听音乐会、吃饭等等）；急不可待去体验成人世界（约会、舞会等）。

这半年来，对我们做家长的来说，也是一个学习的过程，让我们了解到快要高中毕业的孩子那种迫切地想自立和各方面想独立的心态。有时也会失落，当新年之夜，孩子对我们说“你们自己过吧，我要和我的朋友一起欢庆新年除夕”，做父母的那种不再被需要的失落是难免的。

不过，在我的生日前，儿子邀请他的女同学一起为我挑选礼物。拿到对于他来说是一大笔花费买来的礼物，我是十分感动的，感到孩子对我的爱和那份依恋！

人生就是这样！孩子总要长大，父母总会变老，小鸟的翅膀一旦长硬了，是肯定要飞向蓝天的。

16 高中时代的最后一次会演

一年一度，孩子们学琴的学舞的，每年这个时候，都有Recital（独奏会）。像我们小时候汇报演出一样，把一年所学的拿到舞台上展示一下，给老师看，给同伴看，给家长看……啊，一年来原来进步这么大呀！

两个孩子小的时候，每到这会儿都很忙，平常练琴，三请四请不情不愿，可接近表演了，自己会主动多练，谁都不希望在舞台上出丑！

自从搬到美国东部，儿子的钢琴十级考过，女儿的钢琴坚决不学了，女儿的舞也不跳了。也罢！到了挺爱搅的年龄，也由不得父母做主了。儿子却把跳舞当成了他抒发我们东西大迁移之后的孤独感的一种方式，更加地投入，不仅在学校创立了一个街舞俱乐部，还几经周折找到了离家不远的一个舞蹈学校，继续街舞的学习和练习。

这一年来，儿子在舞蹈学校渐渐有了点名气，开始做替补老师了，顶替有事不能任教的老师上课，还能拿工资呢，几个学街舞的小学生也都非常喜欢这个小老师。

临近高中毕业了，也要离开去了三年的舞蹈学校，校长通知我们，学校决定给儿子颁发奖学金，数额并不多（一年三十美金，三年九十美金），却非常鼓舞人心！

儿子的最后一次表演了，我们做父母的都很感慨，儿子却安慰我们说以后进了大学，他还是会参加舞蹈演出的，我们还有观看的机会。可他不明白我们感慨的另一面：孩子就这样长大了，而从前那一年又一年的表演，我们只能从记忆中慢慢回味了！

儿子今年的表演比任何一年都棒，可能是他参加游泳队和去健身房的结果吧，手臂更有力了，单手支撑自己的身体在舞台上毫不费力，好几个精彩动作，都赢得了满堂的掌声。

儿子的表演是舞蹈学校会演的压轴戏，他和同伴表演完后就是众学生谢幕。校长高声喊着儿子的名字，先是感谢他作为学校里表现优异的替补老师这一年的努力，而他的学生们也齐声为小老师欢呼，接着校长说："这位来自加州的孩子三年前来到我们学校学习B-boys街舞，不仅出色地继续他街舞的学习，而且出色地完成了他高中的学业，他即将进入布朗大学成为一名大学生。"下面观众席上一片"哇"的惊叹声，校

儿子领着他的学生们谢幕

长又说："先别惊叹，他不仅进入布朗大学读书，而且还被布朗大学的阿尔潘医学院录取了！"下面又是一片"哇"声。呵呵，坐在观众席上的儿子的老爸老妈这个时候大概是最幸福的时刻，尤其是老爸，恨不得让所有人都知道校长正在说的就是他儿子，笑得特别大声！

我开那个兴奋过度的老爸的玩笑："别那么高兴，接下来你需要想想那几十万的学费！"老爸依然开心地回答："几十万美金买两声'哇'，值得！"我晕！

站在小剧院外面等儿子，儿子过来拥抱我们，真诚地说谢谢；几位美国孩子的家长都过来祝贺我们有这么棒的一个孩子。在一片赞扬声中，我仿佛看到那个小时候拉着我的衣角躲在我的身后的羞怯小男孩……那个会脸红会怯场会不知该如何接话的大头娃娃……

孩子就这样长大了！作为母亲，我是如此地为他感到骄傲！

舞蹈学校杂志上有关儿子的自我介绍是这样写的：

我是从八年级时在加州开始学习街舞的，开始只是好奇好玩而已，渐渐地却成了影响我一生的业余爱好。在黄金州（即加州）我和我最好的朋友们一起用两年的时间学习和改进街舞的技巧，高中第一年结束的时候，我不得不痛苦地横跨美国大陆从西部搬到了新泽西，开始还有点兴奋地期盼是否能在东部见到开创街舞的街边男孩们（B-boys），结果令人失望，山湖镇不仅没有街舞者，连嘻哈舞者都见不到。我是如此的孤独！

我在加州时曾经在舞蹈学校学过嘻哈舞，搬来新泽西，我开始寻找类似的舞蹈班想继续提升我的兴趣。好几个舞蹈工作室和学校嘻哈舞班里，无一例外清一色都是女孩子。好不容易找到莎伦舞蹈学校，他们有很独特的街舞班，从第一堂课开始，我就知道我会待在这个学校很久。麦克斯就是那种典型的街舞男孩，他是个非常棒的老师，街舞课还给我提供了一群有着相似想法的同伴。如果没有莎伦舞蹈学校，我可能已经失去了跳舞的动力和兴趣。如果那样，今天的我就不会像现在这般自信，在舞蹈和学业上有如此的成就！

17 青春之歌

（一）毕业舞会前奏

美国高中的最后一年，临近毕业，有一场正式的舞会，英文是“Prom”，这对于绝大多数应届高中毕业生来说是一件非常重要的事情。

在我看来，这所谓的舞会有点像是成人礼，是这些即将进入成人世界的少年一个学习的过程，在这过程中，他们学会很多礼仪，比如，如何礼遇女士，如何成为有担当的男人，如何爱护自己，使得自己以最美丽的姿态出现，等等。

通常，以男生向女生请求做自己的舞伴开始，这个邀请需要用心设计，很多人别出心裁，标新立异，为了能让女孩子答应自己的要求，竭尽所能……这很自然让我想起美国男人向女人求婚的那一幕，我们中国人对求婚的仪式感并不太重视，似乎两个人愿意就好了，可是美国人通常会费尽心思向自己心爱的女人求婚，以前跟我的美国同事聊天，大家都会回忆当年男人如何向女人求婚的过程，可见用足心思是有价值的，因为这会成为最深刻和美好的记忆。

女生答应了男生的请求，接下来就是服装的搭配了，这个时候的女

毕业舞会对于应届高中毕业生是一件很重要的事

孩子一般来说都比男孩子成熟，她们知道如何打扮，如何配色，等等。男孩子的服装通常比较简单，大多是去礼服店租一套类似燕尾服的礼服，除了外面的正式套装，里面的背心和袖扣领结一应俱全，租一套这样的礼服从一百多美元到三五百美元不等，大多数孩子都是租的，可儿子说他有个男同学为了毕业舞会专门定做了一套，造价连工带料两千多美金。女孩子们就比较复杂了，各式礼服，争奇斗艳。这个时期的美容店都有专为高中毕业女生准备的各式美容项目。不久前我去美甲店，门上就有高中毕业生舞会特价的宣传，做套美甲的价格比我们成人便宜一些。女孩子们通常三五成群一起去美发店、美容店等，叽叽喳喳间从头美到脚。大部分女孩子们的礼服都是买的，礼服不便宜，加上这个年龄的女孩子都喜欢相互攀比，动辄几百美金甚至上千美金的礼服很常见。儿子说同年级有个胖姑娘，家里很有钱，因为没有其他的好与别人比，就喜欢炫耀自家的财富，她买了一双配晚礼服的高跟鞋，一双鞋子就是一千多美金。

我问儿子，你觉得有必要跟别人比财富吗？儿子大笑：For What?（为哪般？）他说他常跟班上同学说，“你看我穿的也是你那种牌子，不过肯定比你的便宜一半价钱！”他的那些小镇富家子弟同学去的都是名牌专卖店，他去那种Marshall之类的专卖品下家店（我给起的名字）。我有时给他买个名牌回来，他还会说我傻，他可以买一样的东西却便宜很多！呵呵，他影响了身边几个美国男同学常跟他一起去淘货。以后再专门介绍他独特的消费观。

儿子的舞伴也是小镇一家华裔的后代，儿子说要正式邀请女孩的那天，天下着大雨，他拉着我们冒雨出去买鲜花和蜡烛。他自己付了鲜花钱，又要买那种小小的蜡烛，说要很多，也不说干什么用，他自己选，让老爸付钱。爸爸一边嘟囔不知为何付钱，一边掏钱包，我就在等着看西洋镜……谁知晚上的时候，他说要把原本准备在家布置的邀请仪式搬到女同学家去，因为女孩子那天生病了。得，我们钱花了，戏却看不到了。只好给他一个照相机，让他拍下来也让我们见识一下他的用心。

（二）毕业舞会

儿子毕业舞会那天正逢我组织的青少年小组演讲会，他虽很想全神贯注在他的舞会上，可也知道演讲会对我们这十个家庭和一百多位观众也很重要。所以为了节省时间，他把舞会的礼服穿好，在演讲会上脱去外套上场，演讲会结束就让他爸爸飞车送他去湖边的同学家，与在那里的几位好友和家长们会合。爸爸留在那里拍了不少照片，然后去餐馆找我们继续庆功宴。儿子与几个同学合起来要了一辆巨大的加长型Limo（豪华车），开往学校设立在Westin Hotel（威斯汀酒店）的正式晚宴和舞会。

乘Limo去舞场也是传统，这个时候，华裔父母千万不能用我们老旧的思维去衡量这件事，传统就是传统，无须问为什么这么花费，这个社会和国家的某些传统在我们贫穷年代过来的中国人眼里确实是太奢侈了。可是，今天的孩子不是当年的我们，我们真的无须用当年的标准来要求或比较他们，最多感叹一下就可以了。

好在儿子是和好几个同学一起共租一辆加长豪华车，最后每个人只摊到七十美金。儿子的爸爸对出租车公司的黑心有些愤愤不平，说他每次出差去机场也是加长车，七十美金可以从我们家开到机场了，他们这些孩子只是从我们小镇开到邻近小城的酒店，路程不到去机场的三分之一，而且十五个孩子，一个孩子收七十美金，十五个孩子就是一千多美金。这样一算出租车公司似乎确实蛮黑心的。不过，孩子们开心，他们不在乎谁黑心，只在乎谁开心！呵呵呵，当然啦！

小镇中学的传统，每年的高中毕业舞会都设立在邻近小城的威斯汀酒店的舞厅，这个除了学校付一部分费用之外，家长在孩子读高中三年级时就需要交付约两百五十美金的费用，说是给高中四年级的孩子交的，不是给你的孩子，但是等你的孩子四年级时，三年级的孩子的父母也要为你的孩子付这笔钱，其实就是让你提前一年付钱！

在美国，高中毕业舞会所有相关的费用，包括交给学校的舞厅租金、承办费、服装费、鲜花钱、出租豪华车钱、自己办舞会之后的派对费用等，平均每个家庭是1139美金。当然这是平均数，肯定有的家庭付得更多，有的家庭付得不够。

进入会场，基本上就没有父母们什么事了，学校有专业摄影师为孩子们拍照，孩子们一边用餐，一边跳舞。舞会的狂欢一直要到深夜十二点。

舞会结束，狂欢并没有结束，事实上，狂欢刚开始！午夜一过，孩子们各有私家派对要去，儿子一早已跟我们说了可能要去同学家继续派对，幸亏是男孩，我们还算放心（这个思想是不对的），但是如果女儿跟我说要彻夜狂欢，我一定更紧张！其实这不仅仅是中国人的思想，我的老美邻居也对我说别担心儿子，紧张一点女儿就好。哈，我下巴差点掉下来，原来他们也是这么想。

女儿在一边听到，给我们敲边鼓："妈妈，你知道高中舞会之后的派对有多可怕吗？他们乱来的，还会吸毒喝酒！……"呵，她似乎比她哥哥还清楚。为了给儿子一点提醒，也是做给女儿看，我和儿子面对面谈了这个问题："舞会后的派对，你可以去，但是我们想知道，如果派对上有酒和大麻，或者有人乱来，你怎么办？"儿子倒是毫不犹豫："如果有那些东西，我就离开！如果有人乱来，我们不会的，我们俩（他和他的女同学）一起去的，怎么会跟别人乱来呢？"好吧，我们选择相信！

结果，大约凌晨三四点，他撑不住回家了，等我们第二天一早醒过来，一看，哎，儿子的车子在车道上，难道他回家了？果然，熬夜不好玩的，还是回家睡觉舒服！

至此，高中毕业舞会终于闭幕了！可是毕业的狂欢仍然继续着，舞会过后的一天，一大早，学校的大巴士就把毕业生们载到海边沙滩上晒太阳去了，这种狂欢似乎要一直持续到高中毕业典礼结束之后。这之前，几乎每天他都有各种各样的派对，小镇的居民也似乎非常支持这样持续性的狂欢，我也注册成为志愿者，帮忙切送西瓜、做甜点，可我常常忘事，等孩子们吃完西瓜，我才想起忘了送过去，幸好他们有不少志愿者。

狂欢还包括海吃！这一百来个孩子（毕业生）会在一个特定的时间到一个小镇的居民家（也是有毕业生的家庭）吃色拉和开胃品，一个小时之后，就转到高中部的餐厅，吃正餐，然后再转到另一家小镇居民家吃甜点，这些都是我们这些志愿者自己去买、自己去做和组织的，我家肯定是不够大，别说一百八十名学生，平常我们小组聚会，四五十个人就显得挤了。所以儿子对我说，我们不够格，意思就是房子不够大，人家的家一百多个毕业生济济一堂，没问题，也好，我就不用报名更没有内疚感了。

今晚要参加儿子高中的毕业典礼，这个很重要，这篇之后再来报道！

女伴在帮儿子别胸花

舞会前同学合影

小绅士们合影

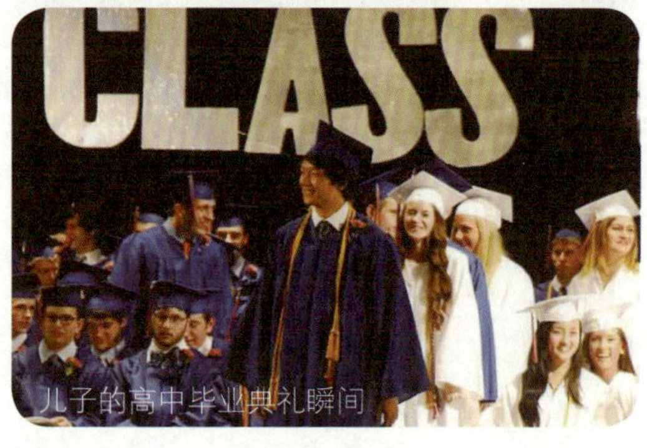

儿子的高中毕业典礼瞬间

（三）毕业典礼

高中毕业意味着孩子从少年走入青年，是一个孩子成人的坐标点。

毕业典礼只有一场，可是看着孩子穿着毕业礼服接受祝福和嘉奖却不下三次，一次又一次，家长们、老师们陪着孩子，看着他们穿着毕业礼服走过学校礼堂的走道走上舞台，接受老师们的祝福、家长们的祝福以及整个社区对他们的奖赏。每一次都让我很感动，可惜白天举行的典礼，很多上班的家长无法赶到，我的摄影水平又非常有限，所以抓拍不到那感动的瞬间。

好在正式的典礼是在晚间，我们家专用摄影师长枪短枪齐上阵，就不劳我费心了。

第一场是全校大会，参加的有全体高中四年级的师生和白天能赶上的家长。前一天，学校就发通知，让家长把孩子得的所有奖学金通报上去，第二天是有关奖学金的典礼，问儿子要不要通报他舞蹈学校的奖学金，他摆摆手说算了！

那天真是小运动员和小艺术家的风头日，通常一个好的运动员都能拿好几个奖项，奖金也高，高的达到五千美元，艺术类的奖学金就低一些。学校还有个学术队，是一队孩子专门为电视的一个节目（有点像综合智力考答）准备的，他们拿了大奖，得到了一万五千美元的奖金，一队孩子分，皆大欢喜！

还有就是给高三年级颁发的众多奖项，包括我儿子高三年级时获得的科学奖、物理奖和读书奖。科学奖的获得者又是一个华裔的孩子，听儿子说那个孩子特别聪明，比他聪明多了！那个孩子拿了好几个奖，而且还继承了学校学生会主席的头衔，估计又将成为学校冲藤的主力军。我发现学校有时会把几个奖项都给一个孩子，这些奖项对孩子进藤校确实很有帮助，学校大概也知道那孩子有那个潜力，与其分散了给，不如集中给一个以保证学生进藤校。当然这是我的猜测，爸爸不同意，说一般好的孩子大多全面发展，所以通常都能同时拿好几项奖。有一点，我们都同意，就是高中三年级的这些奖项可以说奠定了孩子将来进好大学的基础。

第二场是才艺晚会，毕业班的学生自己报名表演，有钢琴独奏、独唱、吉他独奏、诗朗诵、幽默小品，印象深刻的是我们邻居家的大男生，一个英俊有才华的男孩子，这孩子爸爸是中国人，妈妈是美国人，亚美混血，游泳健将，而且弹得一手好吉他，也喜欢唱歌。那晚，他表演的吉他独奏获得了众人的长久掌声，他不仅弹出了美妙的旋律，而且同时用吉他作为打击乐器，自我伴奏，非常棒。

晚会结束，我们问儿子为什么不参加表演，他说是自己报名，可他报名时已过了报名期，晚了一步，否则也会参与的。看来他是疯玩太过了！我说他，他不承认。

第三场（昨晚）的那场算是正式的毕业典礼，我本来也报名参加父母志愿队去装饰会场，可我错过通知的邮件了，等我看到时，人家早做好了。

有一个家庭贡献出一百多盆鲜花，放置在学校通往礼堂的走道上和礼堂里，走道上彩带空悬，礼堂的舞台正中有2013年毕业生的英文字，到处一片喜气洋洋。还有个家庭贡献出一百八十几朵花，每个女孩子手拿一朵，每个男孩子别在胸口一朵。感觉学校的父母志愿队真的非常有用！

当晚，我们准时到，却发现好像迟了，因为礼堂里早已坐满了人，毕业生马上就要进场了，顾不上找位置坐下，就站在过道边等着想抓拍儿子的身影。关键时刻，我家摄影师又不见了，原来他忘了带门票，急急忙忙地回家取票去了，结果错过儿子走上台的那一幕！结果，又轮到我抓拍，当然又是抓得乱七八糟的。

学校奖励全年级成绩排名第一名和第二名，这两个孩子都是儿子的朋友，平常都是非常积极参与学校活动的学生，对学业很重视，只是有一点点遗憾，两人没能进入他们心仪的第一志愿的大学，男生进了芝加哥大学，女生进了加州理工。这些都是很好的学校，但是听孩子说，男生最想进耶鲁，女孩子想进普林斯顿。有的时候，学校的第一和第二名不知为什么缺少一点进藤校的运气，这在我们小镇高中已不是第一次发生类似的事情（前年也是）。但是无论如何，这两个孩子都很优秀，拿了很多的奖，看得出来，他们的发言和讲话都充满了自信，相信他们不论将来学什么都会有所建树！

毕业生代表发言说："今天是我们从孩提时代走向青年时代的一个转折点，我们是成人了！接下来要做的就是改变这个世界！"多么可爱的雄心壮志！

随着校长、学区总监和家长代表一一发言完毕，校长宣布182名毕业生全部合格高中毕业。孩子们随着名字被叫到，一个个领取毕业证书，颈项上有彩色带子的是荣誉生，一般是按成绩划分的，至少一半的孩子是这样的荣誉生！

孩子们再回到台上的座位，几乎同时，把帽子上的帽穗从一边拨到另一边，这也是个传统，表明正式成了高中毕业生。毕业生们在一个同学的号召声中，一起把帽子扔向空中，可惜我们反应迟了一步，没抓拍到，观礼的女儿反复讲等她高中毕业时，我们不能错过她扔帽子那一幕！

典礼完毕，学校组织孩子们去一个神秘的地方过夜，连我们家长都不知道是什么地方，说第二天早晨六点会把孩子送回高中。家长们都站在礼堂外，想跟自己的孩子道别，那一刻，真的感到孩子大了，有他自己的生活了，他再也不需要父母跟在后面照顾这照顾那的了。作为父母，松一口气却也忍不住惆怅，孩子终于长大成人了！将来的路在他的脚下，我们似乎看得到一轮红日正照耀着那条路和孩子渐渐远去的身影！

祝福你，我的孩子！

18 转身和祝福

儿子去参观大学，临走的前一天，下午放学，把妹妹送回家，自己整理行李，然后就去上班了，快半夜才回来，到我的房间来告别。

爸爸给他一些零用钱，我说最好多带点，他说自己也有钱，还说学校一切都包了，不怎么需要用钱的，我说带着以防万一。做父母的到这个时候，似乎除了给点钱，也就是千叮万嘱了。

一早，爸爸就送儿子去机场了。我送女儿上学，忽然觉得心里很空落，平常我没有起这么早的习惯，本来以为送完女儿还会想睡一会儿，可是完全没有睡意。对着电脑，也写不出任何东西。直到临近中午，才想起孩子此刻应该到达目的地了。他昨晚对我说："妈妈，你不用老打电话给我，我如果在课堂上听课是不好接电话的，你发短信就好。"

短信发过去：到了吗？立刻就有回答：刚到。再问：在哪里？回答：在机场。让他到了学校给我报个信。大约三十分钟之后，短信又来：到学校了。

一个下午都没有什么心情做事情，就在文学城的子女教育坛里串门子。这天正好是麻省理工学院（以下简称MIT）放榜日，子女坛里在打赌某个人家的女儿应该能进MIT。我跟在后面看热闹，好像是我的孩子要进

MIT一样起劲儿。

让自己的思路忙忙碌碌，也就不去想一个人离家在外的儿子可能的情况。

下午女儿放学打电话给我，问哥哥接她吗。我说哥哥去参观大学了，我马上过去接她。接了女儿，从汽车的后视镜里看着戴着耳机听音乐的她，我忽然就想起好几年前，我去接下了课的一对儿女的情景。两个孩子那会儿还小，接了他们，他们俩就在后座位里叽叽喳喳说个不停，一个让我转换收音机里的电台，一个迫不及待地告诉我学校一天的情况……日子过得多么快！转眼，那样的情景就不见了，如今，一个迫不及待地要飞向远方，还有一个宁愿沉浸到自己的世界里去……

开着车，我头脑里是龙应台的《目送》：我慢慢地、慢慢地了解到，所谓父女母子一场，只不过意味着，你和他的缘分就是今生今世不断地在目送他的背影渐行渐远。你站立在小路的这一端，看着他逐渐消失在小路转弯的地方，而且，他用背影默默告诉你：不必追。

傍晚，先生回来，说儿子有电话给他，说一整天都很忙，晚上还有音乐会要到午夜十二点才能结束，让我们不用再打电话了。

我有些伤感，觉得孩子大了，就不再需要我们了。我甚至觉得儿子太独立了，他这种独立的性格也是我们无意间培养的。在他九岁那年的夏天，我们就给他买了一张飞机票，把他交给航空公司，他一个人飞去上海过暑假。我父亲多次提到那一年在上海浦东机场，看见九岁的外孙，一个人，身上背着一个大网球拍，一见到他，就把一个小包包交给外公说，妈妈说一到上海就给外公，小包包里是他的护照和一些美金。

那一年我记得我还在IBM公司工作，儿子走之前，我帮他开了一个邮箱，他到了上海给我发了一份邮件，收到儿子给我他生平的第一份邮件，我坐在办公室里，关上门流了好一会儿的泪……

那以后，他似乎对离开家就再没有任何害怕和担心了，我们一家去意大利游玩，他坚持要跟他的朋友一起，于是我们只好带着女儿去意大利；以后又有几次他一个人去中国度暑假，到后来他跟着学校去欧洲游

我们去阿拉斯加游船时的全家合影

学，更是如鱼得水，如今对即将离开家去上大学迫切地向往！

我一直等到深夜十二点，催促先生给儿子再发一条短信，看看他的音乐会完了没有，很想问问他这一天的情况。儿子回信说还没完，让我别等了。我们正准备睡觉，十分钟后，儿子的电话来了，音乐会结束了，听得出他的兴奋："It's fun!（太好玩了！）"此刻的人生对于一个十七岁的孩子，当然是充满了新奇和美好，对于那个十七岁孩子的父母，也有着些许的兴奋，可也难免有点淡淡的惆怅。

幸亏还有女儿在家，我说。先生却说他倒很向往孩子们都走就剩下我们俩的时光，很多年了我们不再熟悉两人世界的滋味，可是，我不知道再次的两人世界跟多年前还会一样吗？我有些不敢想象呢！

如果说所谓父女母子一场，只不过意味着，你和他的缘分就是今生今世不断地在目送他的背影渐行渐远，那么此刻，我已看到儿子开始转身了，正要朝着远方迈开大步，而我有很多话想说，却不知从何说起！

千言万语化成一句：祝福你，我的孩子！

19 再访布朗

去年夏天我们第一次参观布朗大学，那时只是觉得很喜欢Providence（普罗维登斯）这个城市，还有不远处的新港海边小镇。布朗大学的校园也很美，不太大也不太小，很适中。

儿子尤其喜欢，一是喜欢那里的自由学风，二是喜欢那里的本医连读。儿子的第一志愿本来是哥伦比亚大学，因为哥伦比亚大学离家近，并且这个年龄的孩子都喜欢纽约那样的大都市。谁知去哥伦比亚大学参观之后，儿子对他们的核心教程十分的不情不愿，我倒是挺欣赏哥伦比亚大学的核心教程的，觉得基础教育哪怕是高等教育中的基础教育，哥伦比亚大学的核心教程都兼顾了面和量。但是，这些半大不小的少年，正想着进入成人世界，满心展翅高飞的期盼和兴奋，最讨厌被约束，最向往自由自在！布朗的自由选课简直就是为他们量身定做的。这下，儿子立刻把第一志愿转向了布朗大学且是布朗大学的本医连读。

布朗大学的历史等等，我就不多说了，这次主要想写点再访布朗前前后后的一些心得。

老实说，我们做家长的对这种给孩子太多自由的学府，心里或多或少有些担忧和抵触，担心这种年龄的孩子拥有太多的自由就成散漫了，所以，对于儿子一直说布朗布朗的，我们也没太上心，更何况，他是想报读本医连读，哪有那么容易！我希望儿子报哈佛，他却怎样都不肯，我们因此争论不休。不知道为什么很多高中生对哈佛视若猛兽，问他为什么，他说哈佛的人都认为自己第一，他不喜欢。其实这也是高中生的Stereotype（成见），后来他也承认了这点。爸爸比较喜欢耶鲁，可儿子宁愿报斯坦福，当然这跟他出生成长的环境有关（他是在加州湾区出生长大的），这三所顶尖的大学提前申请都是只能允许申请一所，鉴于我们各执己见，我们也考虑到他申请论文的内容（家庭搬迁对他的影响），觉得斯坦福胜算较大，就申请了斯坦福，可是，他被拒了。

接下来的普通申请，我们都比较倾向Dartmouth College（达特茅斯学院），这所藤校被评为藤校中本科教育最优良的一所，学校也不算太大，就是稍微离家远了一点，但在申报Dartmouth时，我们家三人意见一致。布朗当然也得报，但是所有的本医连读就像藤校一样，对儿子来说都算是要跳一跳才够得着，很难说你不错人家就会要你，一来录取率低，二来对于美国的医学院我们摸不清对这种连读细致的要求，所以有点碰运气的感觉。结果，儿子被布朗取了，也被Dartmouth录取了，但是布朗是连读，故而，几乎也是毫无异议，进布朗势在必行！这是儿子最想进的学校和专业，他自然是欢天喜地，我们家长却是权衡再权衡的，爸爸觉得放弃另一所发了录取通知书的Rutgers（罗格斯大学）的全奖很可惜，很多医学生出了校门都背着沉重的债务，这样的全奖可以让孩子将来一分钱的贷款都没有，多好啊！我比较倾向于这是儿子的人生，让他自己选择，他选择了布朗，但我还是有点不安心，担心布朗过于自由，对孩子如此放任是不是一个好的选择。

虽说儿子一拿到布朗的录取通知书就意志坚定没有二心，但是，他还是飞往Vanderbilt University（范德堡大学）和Washington University（华盛顿大学，简称WashU.）参观了校园，Vanderbilt是最早给他录取通知书的，在放榜前就通知他可以参加学校的一项活动，他那时还不知道被三所藤校录取了，加上被斯坦福EA所拒，他很开心地前往参观，回来说非常喜欢，而且他们的医学院也很好，他相信他可以四年后考过MCAT（医学院入学考试）进入那里的医学院。没多久，WashU.的通知也到了，他又预订了去圣路易斯的飞机，还没成行，藤校放榜了，我们希望他不用专门跑到圣路易斯去，可他说他还是想去看看华大的医学院，回来说华大的学生宿舍比Vanderbilt的还要好，如果这两所大学比较，他会选择去华大。

接着Rutgers的开放校园日也到了，爸爸还不放弃，问儿子要不要去参观一下，孩子说“NO！”。爸爸对儿子说只能管他四年的花费，如果本科全奖，医学院四年的花费就是家里管，他毕业时一分钱的贷款都没有，多轻松呀！儿子对爸爸说四年的费用就请付布朗大学吧，医学院他自己贷款。哈哈，我在旁边听了真的觉得蛮好笑的，父子两代人的想法真是天差地远的！我还是劝爸爸：孩子的人生让他自己选择！

我倒是对儿子说，如果他读了几年本科发现自己不喜欢将来做医生了，布朗出来我也不担心。父子俩立场一致齐声反驳我，一个说谁像女人那么多变，一个说哪有还没进去就打退堂鼓的。得，我站一边儿去，不说话了，不跟人家统一战线斗。不过，这是我不赞成孩子念本医连读的最大担心，正如有些读者说的，对于一心想学医的孩子，缩短的本医连读是非常节省时间的快捷道路，但是一般来说，缩短教程不是减少了一些基础教育的科目，就是过于填鸭式的喂教，我比较倾向于孩子能好好享受四年的大学生活。我一直说大学四年是很多人一生中最难忘的黄金时段，如果都被填鸭喂教塞满，没能享受到大学生应该享受的快乐就蛮可惜的。当然每个人的想法不一样，我并不是说六七年的本医连读，就不能享受本科教育，请别误解我的意思，我只是希望我的孩子本科的时候就想着本科的一切，进了医学院再烦医学院的事儿。

还有孩子毕竟是孩子，即使从小就想学医从小就立志，我还是觉得会有变数。如果孩子读了两年大学不想学医了，在缩短的本医连读中就比较吃亏，因为这些孩子本来都可以上更好的大学，就为了本医连读，进了一所普通的大学。顶尖大学几乎都没有本医连读，几所比较好的大学有本医连读的大家都挤破头想进，有的还限制种种。比如华大也有本医连读八年，但学生四年本科后依然要考MCAT，你会问那为什么要进那个连读呢？好处在哪里？他们免掉的是面试的部分，并且华大医学院在全美名列前茅。医学院的面试不是轻松的活儿，所以能免掉也是一种“优惠”，想象再免掉MCAT，那就更轻松了。

Rutgers的本医连读是七年，三年在Rutgers Newark校园，免MCAT进新泽西医学院读四年。那个Newark的市中心就是Rutgers校园所在，治安混乱，可以说又脏又乱，医学院的附属医院里常有流浪汉来就医，他们就让医学生参与为流浪汉治疗的过程，我们很不以为然。但是有家长对我们说，很多医院都在市中心脏乱的地方，有流浪汉作为医学生的见习病人，不是更好?！每个人想法不一样，好好坏坏就看你怎样看。Rutgers最好的分校是在New Brunswick（新布朗斯维克市），他们也有一种介于连读和医预科的项目，但是须考MCAT。这两所分校都给了儿子全额奖学金，我们倒是认为宁愿考MCAT进New Brunswick也不进Newark分校。

布朗好就好在如果儿子改变主意，我不担心他本科毕业的文凭。

后来我们也去参观了布朗的开放日，在布朗的第二天，一早就参加他们的PLME（Program in Liberal Medical Education，自由医学教育项目）的新生家长问答会，几个学生代表从本科一年级生到四年级毕业生以及医科新生和医科毕业生，均发言介绍各自的学生生涯和经验。我惊奇地发现，台上七八个PLME学生，只有一两个本科专业是与科学有关的，好几个选的是历史、诗歌文学等文科类的专业。这些大学生告诉我们，这就是PLME最大的好处！因为无须花费近六个月的时间在图书馆或某个角落啃MCAT相关的书，他们相较布朗大学医预科的大学生轻松很多，而且因为布朗的自由学风，他们可以更加自由自在地选修自己想要学并感兴趣的科目和专业，更多更好地享受大学本科的学习和生活。当然，PLME也有一系列要求修完的课程，但是，这和选修其他的科目没有本质的区别。

儿子谈到有些学校本科医预科的竞争不择手段，尤为反感，别看小小高中生，他们之间也会互通情报，说起某个著名学府的医预科，那些学生为了最后能留在医预科里，得踩着别人的肩膀上升，这是儿子最痛恨的。所以，对于有些大学极尽所能刁难大学生的考试分数，比如考了九十分还是个C，儿子就坚决不要申请这样的学校。布朗没有这样的竞争，有的是宽松的学习环境，我们做家长的开始还心存顾虑，听到布朗学生的大赞，虽说他们有王婆卖瓜之嫌，但是这种理念与我彻底享受大学四年的学习和生活也是相吻合的。可惜，我已没有机会了，否则也要到布朗去，先好好读读诗文，读遍全世界的文豪巨著，再去把医学学好，做个治病救人的女医生！

再次访问布朗的第一晚，儿子被领去了学生宿舍体验大学生生活，我们来到布朗的一个小礼堂，那里是为家长们准备的欢迎酒会，酒会上有校长、招生办的主任和学生代表致欢迎词和介绍布朗的历史等情况，然后就是大家同欢，边喝酒边相互交谈。我们这一小桌有六位家长，一位美国爸爸，他说起他的儿子，那真是令人羡慕。这个美国孩子十岁时随父亲从美国搬到欧洲的西班牙生活，今年考大学，被英国的剑桥录取（牛津拒了），美国的哈佛、普林斯顿和布朗都录取了他，这孩子说得一口流利的西班牙语还有其他两种外语，总共会流利地说四种语言。这位爸爸看上去就是那种成功人士，却停下手中所有的工作，陪着孩子经英国到美国一路参观大学。问他们决定上哪所大学，爸爸手往地上一指，说儿子要来这里。问他自己希望孩子读哪所大学，他的说法和我们一致，是孩子读大学，由孩子决定！他说英国剑桥的学费一年才八千美金，相对布朗一年的四万五要便宜多了，说完他哈哈大笑说去剑桥多好，可是孩子却要上布朗！我们很吃惊，没想到英国的大学教育比美国在费用上相差如此之多，剑桥可是全世界著名的学府。

同桌（是那种高高的小圆桌，大家围站着）站在我身旁的一位美国妈妈来自纽约市，她的女儿被耶鲁和布朗同时录取了，她说女儿还没最后决定，但是她自己倾向于布朗，因为布朗的周边环境比耶鲁要安全舒服。站在我们对面的一对亚裔夫妻来自加州的圣何塞，我们赶紧对他们说我们曾经也住在那里，一谈之下才知道这是一对越南裔的夫妇，他们的女儿同时被斯坦福、耶鲁和布朗录取，至于孩子会选择哪所大学，也是还没定案。我们说可能我们家的孩子是最坚定不移的了，完全不会再考虑其他的学校，因为他被录取的是一种本科和研究所绑在一起的项目。他们问是不是与旁边的罗德岛艺术设计学院合办的双学位。布朗每年也招收不多的学生同时可学布朗的本科和罗德岛艺术学院的艺术专业，艺术的课程可在罗德岛读，那也是个非常难进的项目。我们摇头，他们立刻猜到是布朗的本医连读，可见这些美国的家长对布朗的这些学科都非常熟悉和了解。

第二天一早，我们就从住的酒店赶往大学区，上午是本医连读专场介绍。从正在研读的学生中，我们了解到，所谓的连读，并不是真正意义上的“连着读”，中间不停歇。布朗允许大学生们在本科毕业后，有长至两年的空档，学生们可以工作、实习、旅游，做他们想做的事情，两年后再回到医学院继续深造。台上的好几个大学生选择了不同的机会，有的去海外参加一些慈善的义工，有的去做实习生或参加工作，见识社会或者赚点钱为医学院做准备，当然，也有大学生决定不休息一鼓作气把医学院都读完。这样的弹性是我先前没有想到的，我还以为连读就是一气读八年，当然并不是每个人都喜欢停下来再走，但有这个弹性总的来说是好的。

吃过午饭，我们被带着往山下走，去参观布朗大学新建的Alpert Medical School。这所医学院最早建于1975年，2007年1月，Warran Alpert在他去世前两个月捐献了一亿美金给布朗的医学院，布朗得以重建新的医学院，整个大楼看上去就是崭新的。Warran Alpert是位成功的企业家，1942年波士顿大学毕业，参加了二战，回来又进入哈佛读企管硕士（MBA）。他的企业王国从罗德岛一直延伸到曼哈顿，他捐款建立医学院（布朗）和医院（曼哈顿），说希望人类在不久的将来能治愈癌症、艾滋病和阿尔茨海默病。他说他不要把财产留给他的亲属，他希望用自己的方式把一生积累的财富分配出去。

从一楼的课堂到二楼的诊所模拟室和三楼的解剖室，我们一一参观过去，孩子们也在此刻与我们会合一起参观。医学院的学生很少，一年只招收一百来名新生，总共也就大约420名学生，学生和老师的比例是1比1.8。

那天晚上在另一场布朗招待家长的酒会上，我遇到好几个亚裔的家庭，其中一家太太是泰国华人，先生是柬埔寨人。他们来自俄勒冈州，他们的儿子和我的儿子一样也进入了本医连读的项目，从俄勒冈飞到罗德岛，他们转了两次飞机，总共十个小时才到。问他们会不会最后选定布朗，每年经历这种十个小时的旅行。他们笑着说看来儿子是会放弃斯坦福大学来布朗了，本来斯坦福是他们孩子的梦想，但是布朗的本医连读孩子更喜欢，我们互相留下了各自的姓名，说开学时再见。我们一起谈孩子申请大学，最大的感受就是真说不准孩子会被哪所大学录取，被哪所大学拒绝。他们的孩子被耶鲁拒绝，后来更是莫名其妙被芝加哥和西北都拒了，孩子丧气极了，可忽然威廉斯来了录取通知书，小小鼓励了一下，接着不仅布朗录取了，斯坦福也录取了。原以为十拿九稳的大学会拒绝，而那本来以为没指望入门的学府却张开双臂。我说，说到底最后还是需要一点儿运气，他们点头深表赞同。

在酒会上还遇到两名招待我们的学生，一名是正在读本科的女生，她是本医连读的孩子，非常健谈活泼。经她介绍又认识了一名黑人学生，来自亚特兰大的医预科的大男孩。两人为我们这些好奇的父母介绍了很多现在学生的学习和生活。这个大男孩刚被一家著名的医药公司录用为实习生，他预备今年暑假开始休学一年，去医药公司实习上班，然后再回头考MCAT进医学院学习。问他们本医连读和医预科的学生有什么大的区别，他们俩都说在布朗没有什么区别，因为能进布朗本科就读的学生几乎都是优秀的孩子，很多孩子只是进大学时还没想到要读医或者根本就不知道这种本医连读的项目。唯一的区别就是医预科的孩子最后一年要花点时间和精力好好准备医学院入门考试，而本医连读的孩子无须担心考试直升医学院。

那天下午从山下的医学院走回山上的布朗大学校园，忽然看到校园围墙边多了不少警察，我们也没太在意。过了一会，先生过来对我说波士顿发生恐怖袭击，好像有两人死了，这是自“9·11”之后的另一桩大案。我们因为还在参观校园的间中，也没能坐下来好好看新闻报道。回到家才知道出了那么大的一件事，而且接下来一天比一天紧张，直到又一个周末，恐怖分子落网才算告终。

再访布朗，使得我们对这所大学了解更多，让我们对原先很多不甚了解的地方有了清楚的认识，并纠正了一些错误的认知。我们感到很放心也很高兴，孩子能进这样一所他喜欢、我们也喜欢的学府，度过他人生中宝贵的青春年华，何其幸也。

大学时代

进入大学，儿子一点点学会独立生活，离开父母的庇护，有担心，更多的是兴奋！展翅的鸟儿飞向了辽阔的天空。作为父母，有欣喜，更有失落。学会放手，学会尊重和信任长大的孩子，也是为人父母的功课。

1 送子上大学

（一）共度好时光

从中国度假回来，儿子和女儿因为在中国度过了长长的一个月的时间，回来之后恨不得每分每秒都与他们的朋友泡在一起。家里偌大的一个房子，白天几乎就我一个人。

终于，儿子的同学陆陆续续前往各自被录取的大学校园，尤其是他最好的几个男女同学都走了之后，他总算安静了下来，又恢复一觉睡到近中午的暑期懒散方式。

这样，儿子在上大学前的一周，我终于能有些时间跟他单独相处。

早晨，他从楼下慢吞吞地上楼，自己给自己弄一顿简单的早餐，就与坐在餐桌前打字的我有一句没一句地闲扯着。他通常都是沉默的那一方，我问一句他答一句，像挤牙膏一样。

等他吃好早饭，我就拉他一起去散步，我们俩在小镇的步道上一走就是三十分钟，他仍然是那个闷头不响的人，我依然有很多问题要问，诸如：你的好友怎么一个人走了？他说好友与女朋友分手了。我理解地大笑，他说我幸灾乐祸，我说我只是不看好这种小少年式的恋爱，他说他们已经长大成人……我们母子俩就那样争争讲讲，一路走过去。

中午的时候，我拉着他陪我去逛超市，他说最不喜欢去买菜，我强调没几天他就要上大学去了，陪妈妈买菜也就数得过来的几次了。他于是乖乖地帮我开车去超市，在超市里乖乖地帮我推着车子。我们继续有一句没一句地说着。有时空着车子出来了，他说：妈妈，你真要买菜吗？哈哈，当然不是，我就是喜欢儿子帮我开车帮我推车的感觉。

我说：我上大学期间，从来没自己拎过书包，在夏威夷是你爸爸帮我拎的，到了美国本土，你爸爸不在，也有别人帮我拎，我喜欢别人帮我拎包！他说：怪不得，到今天爸爸还帮你拎包包！妈妈，你知不知道爸爸拎个女人的包包有多滑稽吗？哈哈哈，我们母子俩一起大笑，笑完了我还是说：女人如果找不到拎包的男人太惨了！儿子说：这话你是不是应该对妹妹说？而且他强调和他一起的女孩子都自己拎包，还说今天的女孩子很独立的。把儿子这套独立论说给爸爸听，爸爸不同意，反驳道：儿子，你妈妈是很独立的，除了拎包和开车！哈哈哈。

每天晚上吃过晚饭，儿子拉我去健身房。小镇的YMCA（基督教青年会）关门大半个月整修，我们可以到邻镇的YMCA去，但开车要十分钟，我懒，不想去。可儿子天天健身，雷打不动，还硬拖我去。想到只有一个星期了，我也就强打精神跟着儿子去。他总是要求开我的车子，因为我的车比他的车马力足，但总惹得我不停地说：开慢点、开慢点……

我在健身房，跑步的时间短，桑拿的时间长，加上女人的麻烦，洗完还要吹干头发等等，每次出来都看见他一个人乖乖地坐在大厅里等我。我问他怎么不洗个澡，他说家里帮他新装修好的卫生间不用可惜！呵呵！我笑他其实是不喜欢被人家看见他脱衣服。

我们母子两人一个星期里就这样平平淡淡地相互拌嘴相互做伴，他跟我说着话还会不停地回他朋友们的短信，心不在焉地敷衍我的问题，但是我很满足，想着这样平淡的时光很珍贵，我就更加满足了。

和爸爸说起我的这种满足，他也想体验一下。

周五的下午，爸爸特意请了半天的假，带着儿子和我，一起来到纽约曼哈顿哈得孙河对面的泽西城，三人看着夕阳里的曼哈顿的美景，走在河岸边的人行道上，不时地坐在人行道的椅子上发一阵子的呆，时光在这一刻完全属于我们三人，我们甚至都没有说话，就那么偶尔对着美景感叹一下，就很快乐了。

晚上，爸爸预订了一家河岸边的意大利餐馆，建议儿子在离开纽约地区前再吃一次纽约牛排，希望他记住与父母在一起的时光，记住这种特殊的滋味！

吃过晚饭，我们三人再一次来到河岸边，沿着河岸的人行道散着步，等着夜幕降临，等着看曼哈顿最美丽的夜景。

没有叮咛也没有唠叨，只有良辰美景，只有儿子陪伴着我们。我们希望能为儿子在家的最后几天添加一些美丽的颜色，并能让自己也牢牢记住这份美丽，这将是我们一起共有的美妙的记忆。

（二）准备好了吗?

儿子的行李箱一天拖一天地空着，物品散落在他房间的每个角落，他平常还算整齐的房间如今乱成了战场一般，我们给他新买的床单、被子、枕头都放在客房里，他自己的房间里两个大行李箱躺在地上，很多天了，还没填满。问他怎么回事，他说鞋子多，不知道带哪些好！

儿子是个鞋子控，这点是我这个当妈的问题，两个孩子从小就被我带着买各式各样的鞋子，结果就是他们也跟我一样成了鞋子控！这点爸爸至今也不能理解：你们要那么多鞋子干什么？对他来说一年两双鞋子就好，冬天一双夏天一双。

我知道儿子是鞋子控，就是没想到他的鞋子已然“泛滥成灾”，我和爸爸下楼到儿子的房间，数了一下，他竟然有五十多双鞋子！好几双都是全新的，从来没穿过。怪不得他不知道如何取舍了！爸爸抓狂了：你如果不知道取舍，我帮你扔掉！你要这么多鞋子干什么？儿子嘻嘻一笑：我喜欢嘛！老爸再说，儿子就说我：妈妈的鞋子比我多多了！呵呵，我赶紧劝先生：儿子自己赚钱自己买的嘛，每个人都有点癖好，你不是整天看那什么汽车杂志吗？我也不明白那有什么好看的！转头对儿子说：你选些要穿的鞋子带去学校，剩下的留在家里好了！结果，他装了两大纸箱的鞋子带走，足足二十双鞋子！

儿子在忙乱地收拾行李

其实，孩子除了鞋子上浪费了一些，其他还算节俭，小镇高中的孩子大部分都有苹果手机，唯有我们因为合同的约束，至今儿子和我用的手机都是那种第一代的Smartphone（智能手机），他也抱怨过，不过也耐心地等合同期到。小镇的很多孩子家境优越，衣装用品都是品牌专卖店买来的，唯有他常跟同学说他去那种品牌打折店买的衣服，与同学的牌子是同一个，价格却便宜一半。有时还会劝我别去那种太砍人的店，换一家一样的东西便宜很多。尤其是他自己打工赚钱之后，就更加懂得珍惜金钱，可看见漂亮鞋子就忍不住了！

在消费上面，我倒不是一味强调我们的下一代一定要艰苦朴素，时代不同了，我的原则是：只要条件许可，并且这条件是自己创造的，不片面追求品牌，那就可以享受些自己喜欢的东西。可能孩子这点接受了我的观念。他高中第四年开始打工，尤其是最后半年，做家教，从每小时几十块钱到后来上百块，他的收入直线上升。后来可能收入多了，一周至少有三天他和同学朋友在外面吃饭，他和女同学外出吃饭，很多时候都是他付钱。我们说美国男女均等账单平分的多，他会说他现在的收入比别人高，请女孩子吃几顿饭很自然。也罢，他自己赚钱自己做主，从某种意义上讲，这最后一年在经济上的相对独立，促进了他多方面的成长。所以，对于他将离家上大学，我竟然没有太多的担心。

他自己管理自己的收入和支出，把银行里几个账户管理得井井有条。学校里的学费和食宿账单直接寄到家里，我们直接付了，剩下的书本费、零用钱等全部是他自己承担。他说自己四年的零用钱和书本费都有了，不劳我们操心。这样的孩子多买些鞋子，有什么关系呢？只要他喜欢就好。

所以除了陪他们父子去了趟商场买了套床上用品，其他的衣、鞋、裤等基本上都是他自己料理的。从洗发精到沐浴液，从袜子到内裤，都是爸爸一手操办，儿子只管收拾好，然后，在离家最后一天的晚上，父子俩把两个行李箱和两个纸箱子，还有一堆床上用品都放进了车的后车厢里，我们全家就准备好了开车送儿子北上。

女儿跟别人说：我等不及哥哥要离家上大学去了，他的家具就是我的了！我听了笑翻，哥哥的家具都是男孩子用的，她根本不会喜欢也用不着！儿子临走前嘱咐爸爸妈妈：我的东西你们别动！我回来还要用的！

我觉得孩子不过是到外地读书去了，放假不是还要回来嘛，有什么好难过的。他从九岁的那年起，就一个人在暑假里背着一个网球拍去了上海，在上海过了整整两个月，后来的暑假他也有过一个人去中国陪祖父母的经历，所以，我一点难过的感觉都没有，更不觉得有太多的担心。他本身已不大需要我操心了，住在家里和住在学校似乎也不应该有太多的区别吧。（谁承想后来才体会到一切都不一样了）

就是以后找不到那个随时可以帮我开车的人了，还有那个常跟我嘻嘻哈哈、东拉西扯的大男孩，不轻易见到人影了。不过，不就几个月吗？放假了他就会回家来的。

（三）大学生宿舍

一早，先生就把我们全叫醒，大家穿衣梳洗吃早饭……怎么不见儿子呢？一回头看到他正躺在太阳房的躺椅上闭目养神地听着音乐，难道他也舍不得离开家？我赶紧举起相机，留下这一刻的感动。

在接下来的这一天，我的相机一直不离手，像个跟班跟在儿子的后面随时随地捕捉有他的镜头，现在回想我潜意识里是想留住孩子与生活了十八年的家庭剥离前的那丝依恋！

车子上了高速，两个孩子因为起得早，都睡了过去，唯有我和先生有一句没一句地说着话，我们不约而同谈起儿子小时候的趣事。

先生至今还记得很清楚，儿子两岁时一边玩一边对他说的话：爸爸，等我长大了，我开车带你去玩！爸爸问：去哪里玩？儿子回答：带你去看大鱼！那时刚带他去过水族馆看里面巨大的鲨鱼，所以他有看大鱼一说。爸爸感叹，时间过得如此之快，转眼孩子就长大了！我说起我怀着女儿时，儿子看我每天吃孕妇多种维生素对我说的话：妈咪，我也要生小孩！我逗他：你怎么能生孩子呢？他回答：我就吃你吃的那种药就能生小孩了。我忍俊不禁再问：妈妈生你可是肚子上划了一刀，你想开刀吗？他歪着脑袋想了想说：我嘟嘟（大便）的时候把小孩嘟出来。

在女儿出生之前，我怀疑过我是否还能像爱儿子那样再去爱另一个孩子，当然女儿出来之后，母亲的爱是天然的一样多，但可见那时我对儿子的那份爱已到了自认为饱和的地步！感觉心里已没有地方可以腾出来给另外的人。

三个半小时很快就过去了，中午时分我们的车子开到了儿子大学的校园门口。先生找地方停车，我和儿子下了车，他要去新生登记处登记，才能拿到学生宿舍的钥匙。他的好友已提前两天抵达学校，与他从加州赶来的父亲住在酒店里。俩孩子本来约定两家一块儿吃午饭的，结果，钥匙拿到之后，兴奋的大孩子直奔宿舍，一看更兴奋，连午饭也不想吃了。反而是我们家另外三个人饥肠辘辘受不了，跑去赛百味买了几个三明治对付午餐了。

说起宿舍，儿子对布朗的学生宿舍本是很失望的。在去布朗体验大学生生活前，他去过范德堡大学和华盛顿大学圣路易斯。那两所大学的学生宿舍一所比一所好，华盛顿大学的宿舍不仅崭新、面积大而且设施健全，到了布朗他被分在一个高年级大学生的宿舍里体验生活。那个宿舍楼又旧又乱，儿子直叹气，说如果按宿舍选大学，他绝不会选布朗！好在招生办的老师对我们说，今年的新生中有一大半将进入刚装修好的U字楼里，那里装修得非常漂亮舒适……儿子说再好也好不过华盛顿大学。

开始，儿子的同屋是一个美国男孩，可不知为何，那个男孩一直没有音讯，最后一个来自欧洲卢森堡的大男孩成了儿子的室友，两个大男孩互通信息在网上早有交流。布朗不允许学生自己搭配室友，所以儿子的好友与儿子的宿舍不在同一栋楼里。

跟着儿子找到布朗的U字楼宿舍，外表红砖的四层楼房，美观大方，爸爸忙着从车子里卸东西，妹妹懒洋洋的，提不起劲儿，唯有妈妈起劲地跟着儿子亦步亦趋。

果然是新装修过的，进门处和新电梯就令人眼前一亮，儿子大步流星带着我上了三楼直奔他的房间，楼道、会客厅、厨房……哇啦，打开了将属于他一年的宿舍大门，虽说赤着膊的房间空荡荡的，除了床和柜子没有人气，但还是看得出来，房间里一切都是簇新的，而且很宽敞。儿子兴奋得连忙拨打电话，跟他的好友报告：太好了，比华盛顿大学的宿舍还要好！

铺好床把衣服一件件放进衣柜里，儿子就开始琢磨那两个低柜子上面可以放一台电视机。爸爸说，楼下的娱乐室旁边有个家庭电影院，里面有台好大的电视，你干吗要自己买呢？儿子把他坚持带来的游戏机X-Box收进柜子，说周末可以请同学过来一起玩游戏机，在宿舍里比较方便，而且宿舍这么大，不用岂不是浪费！我说，儿子你是来读书的还是来玩的？儿子笑着说：读书也是玩，玩也是学习！而且妈妈你不是总教导我上大学要Have Fun（有乐趣）吗？嘿，他在这儿将我的军呢！爸爸说，电视机是浪费，这费用我可不管，如果你需要一台小冰箱，我可以帮你买！

他们的厨房在一楼，里面有台大冰箱，儿子说早餐不一定来得及去

儿子和他的室友

学生餐厅吃，准备自己买点牛奶和麦片，早餐自己吃了就去上课。那台大冰箱公用，可能不是太方便。可他跟他室友商量下来说暂时不用，先看看第一个月是否有需要再说。

室友因为是国际学生，要迟一天才能注册拿到宿舍钥匙，那天也住在酒店里，但两个孩子一通电话，儿子说已进宿舍了，那欧洲同学也兴奋地想进来，这边儿子的床刚铺好，那个同学也到了。同时出现的还有那同学特地从卢森堡送他过来的老祖母，老太太可能不大会讲英文，一直微笑着不大说话。还有位中年女性，说是孩子的婶母，跟我们聊了一会儿，她住在纽约，陪着这个大男生和祖母一起来的。男同学看上去憨厚纯朴，个子非常高，估计有两米出头，站在一米七八的儿子身边要高出半个头！我让两个孩子站在一起，为他们拍了张照片，那同学的婶母赶紧拿出照相机说也要拍照，好向孩子的父母交差！

房间里人多了，我们也想给两室友有个熟悉起来的时间，就跟儿子约好，晚餐时再见。我们走出了宿舍大楼，到小城的市中心闲逛。

晚上五点钟，有布朗大学招待所有的新生和他们的家庭成员的欢迎会和晚宴。

（四）离别依依

从大学生宿舍出来，我们带着女儿来到了普罗维登斯市的市中心，对这个市中心我们已算有些熟悉了，毕竟这是第三次来，第一次就住在市中心，来来回回在那里逛过好几次。

前两次在市中心发现了一家快可立，那是一家台湾人经营的珍珠奶茶兼快餐店，加州和纽约都有，没想到罗德岛也见到这种纯中式的茶店。进去一看，很多都是年轻人，估计像这样的大学城，亚裔的学生和中国的学生都不少，里面的生意还真不错。我们每次去那里，都会到里面坐一坐，喝杯奶茶，上上网。

这次又有了新发现，在不大的市中心地段，接二连三发现了两三家韩国餐厅，还有韩国人开的咖啡馆。韩式咖啡馆有一大特色，就是通常他们有很好的比利时华夫饼卖，我也是被那华夫饼吸引才走了进去。进去一看，咖啡馆的前面是卖咖啡和华夫饼的，后面却是可以吃韩国餐的。没走多远又是家韩国餐厅，奇怪了，难道这个大学城有很多韩国人吗？不仅韩国餐厅多，接着我们逛的几家时装店里的店主都是东方面孔，一问又都是韩国人，市中心那一片都成了韩国人的天下了。和小店店主聊天，问韩国人在此的人数，回答是韩国人并不多，可就是这一带不少韩国人开餐厅和开时装店。时装店里的衣服价格真便宜，式样还挺时髦的，估计都是韩国制造，想来也是做大学生的生意。女儿很喜欢那种很潮的式样，买了一件渔网装，还买了一双高帮鞋。

走在市中心的街道上，总看到一些街头艺术涂鸦。女儿非常喜欢这些她眼里真正的艺术品，我们只好耐心地等她拍下这些街边艺术，还抓住机会鼓励她好好读书，争取将来考进这里的罗德岛艺术学院。她对她自己的艺术水平充满信心，却对自己的学习成绩缺乏足够的信心，不过，从她的言谈举止来看，她也很想有一天能来这里读大学。

下午五点钟左右，儿子打电话给我们，说欢迎会马上就要开始了，我们急忙赶往会场。

布朗大学正式开学的时间是九月劳工节之后，但大学一般都为新生安排了各种各样的活动，儿子报了一个第三世界过渡学习的为期一周的新生学习班，欢迎会上校长和音乐系系主任的话都很精彩，他们的口号是：Come as you are，leave as you become.（带着个性而来，带着成长离开。）这句话非常精湛，不仅肯定了每个新生的个体性，也体现了学校所能提供给学生的教育。

欢迎会结束之后就是晚宴，铺着红白相间台布的餐桌一排排整齐地排列着，家长们和学生们自行选择座位入席。我们这一桌大家戏称为“加州桌”，不仅坐在我们这一桌的高年级的一个接待生来自加州的圣地亚哥，而且另外三家都来自加州：一家是儿子的好友布莱兹和赶来送儿子入学的李医生，他们来自加州硅谷；我左边坐着一个墨西哥后裔的学生，他告诉我他来自洛杉矶，爸妈要上班，机票太贵，所以他一个人前来；右边坐着一个文文静静的华裔女孩子，她的旁边是她文质彬彬的父亲，一聊才知道，这对父女原来也住在新泽西州，九年前搬到了北加州，住在旧金山湾的北湾。大家边吃边聊，很是开心，都是快乐的大学新生，也都是开心骄傲的大学生父母。

我和布莱兹的父亲说，这两个一起长大的好友真是有缘分，这份缘分应该会持续很久甚至一生。李医生半开玩笑地说：如果他们俩爱上同一个女孩子，那么就有可能成为敌人了！李医生三十年前也是布朗的本医连读生，那时还是七年制，他说那七年是他一生中最美好的时光，还遇见了同为本医连读的布莱兹的母亲……他说那位系主任的讲话真好，感动了他，因为他深有感触！在布朗读书的这几年确实成了他一辈子很重要的一段时光，后来所有的成果都可以说是布朗给他打下的基础！

儿子和布莱兹是一起长大的好友

晚宴结束，太阳还高，但是我们却没有太多的时间逗留，回家的路还有三个半小时的车程。我们与大家告别，再次来到儿子的宿舍，与儿子再有一段短暂的相处时间，他晚上还有活动，而

两对父子在布朗大学校园亲密地拍照留念

我们即将打道回府。

在停车场，我们一家告别，儿子先与爸爸拥抱告别，再与我拥抱告别。一直在一边看着的妹妹在我的提议下，终于走过去与哥哥拥抱告别，兄妹俩这一抱相隔好几年了，近几年两个人说话都不多，终于都感到分别在即，虽说都有点忸忸怩怩的，但还是很深情地拥抱了一下互道再见。

车子缓缓地离开了儿子的宿舍区，儿子的身影渐渐地远去，他对我们摇动着手臂，我也在车子里挥着手。先生有点儿吃惊地说我表现不错，竟然没有掉眼泪，被他一提醒，我也觉得很奇怪，那一会儿我心里确实很高兴，为儿子能有这一切美好的前途而高兴，为儿子将有一个美好的大学生涯而心里充满了感恩。

回去的路上，天一点点黑了下来，车子在高速公路上疾驶，我们三人都沉默不语，一下子就觉得少了一个人，就那样，若有所失的感觉一点点包围了我们……

（五）思念是歌

回到家已近午夜，太累，倒在床上就睡着了。

梦里又在横七竖八的街道上走，想回家，却总找不到回家的路……这个梦做了很多次，年复一年，梦里的场景不同，内容却是相似的。

蓦然从梦里醒来，当然又是急醒的，找不到家谁不着急呢！转头看看床头的钟，半夜三点，天还是黑的。倒下去想继续睡，却忽然想起卧室下的那间房间空了，儿子不在家了。这是头一个夜晚，儿子睡在大学宿舍里，不知道他睡得好不好，不知道他会不会像我一样日复一日、年复一年地做着那个找不到家的梦！

睡意就那样一点点走远了，我翻来覆去再也无法进入梦乡。先生大概被我的辗转反侧弄醒了，拍拍我：意思是“睡吧”。我嘟哝着：“睡不着，想起了儿子！”那边又拍了两下，就没动静了。

天渐渐亮了，我的眼皮终于发沉，在闹钟响过第一声之后，终于又睡着。

白天，一个人在家里，几次想下楼到儿子的房间去看看，最后都作罢了。不知为何，我想起二十年前的一件事，那时，先生的父母第一次来美国探望他，几个月后他们回国，先生开车送他们去机场之后回到家里，一个人坐在他父母住了几个月的房间里，就那么默默地坐在床边上，那个背影让我看到儿子对父母的依恋。

这么快，岁月就让我从子女的位置换成了父母的立场，一下子就体会到母亲对孩子的牵挂和不舍，二十年，仿佛一眨眼。

我不想下楼，不想走进儿子的房间，不想一个人默默地坐在他的床边……我开始坐在电脑前打字，写下那行字：共度好时光！从相机里找出不久前与儿子一起在泽西城看曼哈顿美景的那个夜晚，让那些美好的回忆充斥我的脑海……

可，不时地，那样一个想法会不断地跳出我的头脑：儿子走了！离开家了！以后就算回来，也是短暂居住了，他再也不会像以往那样每天都出现在我的视线里。

那样一下子，我忽然就很怀念那过去的岁月，孩子这十八年的点点滴滴就像放电影般浮现在我的眼前：那个小的时候因为胎位反了，头一直朝上，长着比一般孩子大的脑袋的小男孩，奶声奶气地叫着妈咪；那个一手拉着我的衣角不放手，另一只手紧紧攥着我的汽车钥匙，跟着我从超市出来的小男孩，从小就知道帮丢三落四的妈妈保管东西；那个在爸爸独自去了东部工作，知道帮助妈妈洗衣服，把衣服叠得整整齐齐摆放了一餐桌的大男孩；还有那个两手拎着行李箱照顾着出门旅游跟在后面的妈妈和妹妹的大男生；那个我跟他道别拥抱时我的头只能靠在他的胸口的年轻小伙子……

说不清我心里的五味杂陈，有高兴有骄傲有不舍有惆怅！

傍晚，先生回来，这个晚上，就成了我们谈论儿子的时光。当夜色降临，思念的心情越发浓烈，我开始给儿子发邮件，我写道：

Dear Son,（亲爱的儿子，）

Attached please see the photos I took yesterday, you may share with Blaze.（附件是我昨天帮你拍的照片，你可以与你的好友布莱兹分享。）

I was surprised that I was not in tears when I said goodbye to you yesterday. But you know what, I woke up at three o'clock last night and thought about the bedroom downstairs where my son used to sleep is now empty, I could not fall back sleep since then. （昨天我自己都很吃惊跟你道别时我没掉眼泪，但是你知道吗，昨天夜里三点钟我醒了过来，想到楼下我儿子住的房间现在是空着的，我就再也睡不回去。）

And I am in tears now when I am writing to you.（此刻，我给你写信，眼里满是泪水。）

写到这里，女儿过来找我帮她把一所学校的名字绣缝到衣服上去，看见我在那儿独自垂泪，吓了一跳，问我怎么了。我说想一个人静一静，我在想自己的儿子。女儿点点头，走开了。

我接着给儿子写信：

Just want you know I miss you. （就是想要你知道我想念你。）

Please take good care of you for me. （请照顾好你自己。）

Remember three things your mom want you to be in your four year college: （大学四年请记住：）

1. Be safe.（第一，安全第一。）

2. To have fun.（第二，尽享乐趣。）

3. Study well to became a better person.（第三，好好读书，成为一个更好的人。）

Love,（爱你的）

Mom （妈妈）

刚写完，还没有发出去，就看到邮箱里有封新进来的邮件，仔细一看竟然是儿子的。他写道：

College is good! （大学生活很好！）

Do you think those conditions looks reasonable? No annual fee.（你认为这些条件合理吗？无须年费。）（他想自己申请一张信用卡，把链接寄给我们看，让我们参谋是否合理）

Tomorrow we're going to have lunch with President Paxton. Looking forward to that.（明天我们要和帕克斯顿校长一起吃午饭，很期待。）

Miss both of you! （想念你们！）

看到最后那行字，我的眼泪成了决堤的河水，一泻千里！正哭得稀里哗啦，先生兴高采烈地过来说："儿子邮件来了！"一看我哭成了那样，赶紧拿面巾纸，一边递纸一边说："儿子想到我们，你高兴才是，怎么还哭呢！”不过想想我昨天没掉眼泪，现在这眼泪终于下来，他还是挺理解的：“那就哭一会儿吧！”

一会儿之后，我感叹：母子还是心有灵犀的，我这正写着呢，儿子的邮件就到了，可见我想他他也感觉到了，也在想我们呢！擦干眼泪我一点鼠标，把给儿子的信发了出去。爸爸也给儿子发了封邮件，让儿子周末找个时间给家里打个电话，我们可以好好聊聊。

接下来的几天，我发现这做母亲的和做父亲的还真的是不一样，比如说这做父亲的，想到的都是儿子的好处，越想越高兴，不仅没有眼泪，一想到就眉飞色舞的，还充满了憧憬：等过几年女儿也上大学去了，就我们俩，我带你去……敢情他对回到两人世界充满了无限的向往！可这做母亲的就不同了，总想到儿子的好来，这点和做父亲的差不多，可越想到好越不舍也越惆怅，眼泪常随着回忆情不自禁地流下来，想到三年后女儿再走掉，将面临那所谓的空巢期，不禁有些心惊肉跳！原来女人除了多愁善感之外，还容易自叹自怜！

收拾起有些零落的心情，轻轻地哼起一首歌：岁月如歌人生似梦，潮起潮落伴你漂泊，我的爱天长地久，但愿如梦的人生，醒来的你我依旧记得，清风细雨的日子，我甘心领悟寂寞，看冰霜如风景，听沧桑思念是歌……

2 匆匆太匆匆

送儿子上大学，仿佛就是昨天，还没感觉到光阴的流逝，时间就走到了接儿子回家的时候。

儿子大学一年级就要结束了，他说他的几个同学合租了一个储藏室，把宿舍的私人物品都搬了进去。大学每年的宿舍都在不一样的楼里，期终考试一结束，第二天中午十二点之前，就得把东西都搬空，否则按照每天一百五十元计算罚款！我们说那干脆把东西都搬回家吧，暑假那么长，又那么热，回家整修清洁都方便。

先生预备开车去接儿子，连女儿都不带去，说不能占位置，因为儿子的东西太多了，怕一车装不下。我说至于吗，我们车子够大啊。后来证明先生的考虑是正确的。

周五一大早我就坐上了去曼哈顿的汽车，虽说当天晚上先生会开车去罗德岛，我还是决定一早自己乘汽车照着儿子的脚步走一遍，体会一下他平常节假日回家的过程。

早晨八点半出发，一个小时后，到了曼哈顿的中城的汽车总站。看看时间还早，离我去罗德岛的汽车出发时间还有两个小时，就逛了两个时装店，买了两套夏装。再一看表还有四十分钟，就慢悠悠地走到地下一层的长途汽车出发口，那里主要有两种长途汽车：一种叫灰狗，很有名，全美国都有；还有一种叫皮特潘，也是我乘的从纽约城直达罗德岛的普罗维登斯的长途车。过去一看，排了挺长队，一辆车装得满满的，本来是十一点半出发的汽车，过了十二点才慢吞吞地离开总站。

汽车出了总站，马上经过林肯隧道到了新泽西这边，我正琢磨汽车会从哪条高速公路开过去，却见汽车转了个弯上了华盛顿大桥，又折回曼哈顿。真是搞不清为何如此，怪不得每次儿子都说那汽车老在纽约城里转悠半天。转回曼哈顿的上城，汽车向北开去，进入了纽约的车水马龙中，一路塞车慢行。车子里面热腾腾的，令人昏昏欲睡，后排一位先生走到司机旁请他打开空调。我坐在第一排，看见那个司机老先生，手忙脚乱地乱按按钮，噼里啪啦响了一气，空调始终不见动静。他看我定睛在他身上，嘀咕道："这车子是新的，我搞不清空调开关在哪里。"天啦，我晕！这司机看上去都到了该退休的年龄，对这新车设备显然不熟，我不由得开始担心这一路的行程。

这一塞几乎一直塞到纽黑文耶鲁大学附近，我本来与一位普罗维登斯的房产经纪约好下午三点让她带我去看几栋房子，这下好了，下午三点才到耶鲁大学这里，还有一半的路程要赶。汽车里不允许用手机讲电话，我只好发短信给先生，让他通知房产经纪，看能否晚点看房子，或者第二天早晨再看。后来因为说不准我几点到，房产经纪把当天的看房计划推迟到了第二天，这一波折，也让我体会到罗德岛非同一般的慢悠的生活节奏。

无论是加州还是新泽西州或者美国其他的州，看房子通常都是买方经纪带着客人看房子就够了，我从来没听说过卖方的经纪也得在场的规定，试想，卖方的经纪在每个想看房的人看房子的时候都得在场，这得增加多少工作量？问经纪为何有这样特殊的规定，回答是罗德岛的人不相信陌生人，只相信他们自己的经纪！

回头继续我的巴士之旅，好不容易过了塞车地段，车子速度快了起来，因为我坐在第一排，司机的窗子一直大开着，外面高速公路的各种声响都透过那个窗子钻进来，我感觉头都被吵炸了！那个老司机最后“嗡”的一声把汽车的风扇开了起来，但是我可以肯定不是冷气空调，因为一直都感觉黏糊糊的闷热。下午四点钟，车子接近了普罗维登斯城，又开始塞了起来，一点点蹭着往前。终于下了高速公路，进入市中心，忽然听到司机大叫：“你看到没？我不敢相信他撞上我的大巴?!”我什么也没看见，车上的人也没注意，可司机把汽车停了下来，车门开处，一个中年男人冲到车门口，立刻，司机和他，两个美国男人用你可以听到的所有的骂人话开始骂架，我用手机查了下地图，发现我订的酒店就在四五条街开外，可两个男人的骂架似乎一时半刻停不下来。车子后面的几位乘客走到前面，从打开的车门处走了出去，司机还在跟人吵架，车上的乘客走了三分之一，我也跟着人流下了车。

天空飘起了雨点，我按着手机的导航往酒店走去。十分钟后，终于进入了酒店的大堂，精神和身体一松弛下来，才感觉到肚子饿死了。大堂里的咖啡厅飘出的香气，令我一口气喝了一大杯咖啡还外带两块小甜饼！啊！终于到目的地了。

向先生报平安：我已进了酒店，这是我第一次乘长途汽车也将是最后一次！

儿子的短信也适时地来了，他说：考完最后一门了！正走回宿舍要整理东西。还问我在哪里，我说在酒店里，他有些吃惊地问：这么快就看完房子了？我苦笑地回答：房子今天看不成了，车子塞了一路。

儿子问我晚饭要不要跟他的几个好朋友一起吃，我说好啊，其实与儿子和他的朋友们一起吃晚饭，也是我这次来的目的之一。我急巴巴地要赶过去，兴冲冲地告诉先生：儿子请我吃饭，我一定要在晚饭前赶到！先生好笑：儿子请你吃饭？他的饭菜票可是我付的！还说他们学生餐厅一点都不好吃！说我乘长途汽车的钱都可以请儿子在外面餐厅好好吃一顿了！我说这趟旅行就是体验之旅，包括体验儿子乘坐的汽车和儿子每天用餐的餐厅。

被长途汽车折磨得筋疲力尽的我，进了酒店的房间真想好好睡一大

与儿子和他的同学合影

觉，于是发短信给儿子：我要休息一下，晚上六点半再去你们学校。

傍晚，走出酒店，往布朗的大学山上走去，没走多远，天上又飘雨点了，正好一辆公共汽车在我面前停下来，车头冲着山顶，我想都没想就上了汽车，问司机这公车能带我到布朗大学吗。司机肯定地点头说：两块钱。赶紧掏出两块钱给司机，汽车随即进入一个隧道，两分钟隧道的黑暗过去了，汽车又停了，司机对我说：你好，下车了！我哑然失笑，两分钟的公车，除了黑暗我还没体验出任何东西，就又该下车了。

朝着与儿子约好的地方走着，雨却越下越大，我尽量侧着身体在街道的屋檐下行走，透过雨幕，看见不远处儿子正对我挥着手，母子拥抱，那一刻，所有的辛苦好像都被忘记了。

问儿子怎么没带把雨伞，他说雨伞丢了。正好路过布朗的书店，进去买了一把印有学校名的大雨伞，对他说：儿子，这把伞，你可别再给我丢了！儿子撑着大伞，我挽着他的胳膊，我们母子俩走在雨中，往学校的餐厅方向走去。

那一顿晚饭，味道欠佳但很温馨，与儿子的几个朋友聊着天，又去他的宿舍与他的两邻居同学聊了半天，最后儿子送我回酒店，在酒店里又单独陪我聊了两个小时。

那天的晚餐桌上，我和四个年轻人相谈甚欢。四个人，三个出生在加州，一个来自弗吉尼亚。三个孩子是本医连读的大学生，并且这个暑假要一起去台湾的成功大学学习两周的中国医学和文化。

从学校的餐食谈到学校的住宿，他们第二年都将换宿舍，可以自己选择舍友了，儿子说吃完饭回到他的宿舍，会把他的新室友介绍给我。

他的新室友也是来自加州湾区，是一个美国出生的菲律宾裔，住在湾区菲裔集中的Daily City，两个孩子很谈得来，是在大学的派对上认识的。问儿子为什么不选他的中学好友布莱兹做室友，他的回答倒是挺成熟的：好朋友有时并不适合住在一起！他说那好友生性杂乱，宿舍里袜子衣服随地乱丢。我笑他整天不叠被子，够乱的了，他说：妈妈，在我的同学中，我算很整洁的了！哈哈哈！我大笑。

儿子宿舍隔壁的女舍友，来自洛杉矶，是美国出生的越南裔，是他谈了两个月女朋友的好友。说起儿子这段恋情，寒假时他还乐颠颠的，跟我说与一个韩国姑娘谈恋爱，女孩子出生在美国，四岁的时候跟着父母回了韩国，从此在首尔的国际学校读书。那女孩子很聪明，学校里全年级第一名，所以不仅大学考回美国，更进了布朗的本医连读。我看到两个少男少女寒假期间不停地两国视频，觉得挺好的，谁知他回学校一个月后，告诉我说他俩又做回普通朋友了。问他为什么，他说韩国女孩的好朋友，即这个越南裔的女孩子说他俩看上去不像男女朋友，就像一般的同学朋友。他于是仔细想想，觉得他们俩之间确实少了一种火花，做普通朋友更舒服。他令我刮目相看！我感觉儿子终于过了来者不拒、好玩获取经验这样的阶段了，知道自己要的是什么了！

儿子说了一件事，令我沉思：有个越南裔的女孩子家境不好，布朗提供所有的助学金之外，她还拿到一笔一年四千美金的奖学金。女孩子拿到支票，第一件事就是给父母寄了两千美元，还说下学年不在学校的餐厅吃了，可以省下一些钱来。她这样说和这样做，儿子说他很能理解。可是那个韩国女孩因为家境优渥，完全不理解。

坐在儿子宿舍的床上，与坐在对面床上的一对男女大学生聊着天，并看着儿子忙忙碌碌地整理打包自己的东西，很是愉快。越南裔女孩子问我：凯文妈妈，看见你儿子有这么多的鞋子，可能比你都多，你有何感想？我哈哈大笑，回答：他不可能有我的鞋子多的。我的感想嘛，就是父母对孩子小时候的影响是巨大的！我的一对子女小时候，我常拉着他们逛鞋店，导致了今天他们俩都跟我一样，喜欢买鞋子。

儿子的新室友问我：凯文学医，也是受你们父母的影响吗？我说我本人并没有学医，不过，我的父母甚至我的外祖父母都是医生，凯文的爸爸也是医学院毕业的。

对面两个孩子齐声说：怪不得。儿子在一边笑嘻嘻地说：家庭影响！

分别的时候，越南裔女孩对我说：我好喜欢你的时装搭配！呵呵呵，我告诉她：我很喜欢你的个性！

告别儿子的两个朋友，儿子送我下山往酒店的方向走，问他今晚预备做什么。他说一夜不睡觉，这是布朗的传统，最后一晚大家都不睡觉，彻夜狂欢，到早晨五点钟，大家一起去校园旁边的一个餐馆吃早饭。

大学第一年就要结束了，问他如果让他用一个字来描述大学第一年的感受，会是什么。他毫不犹豫地说：Fun！（乐趣！）再问他第二个感受，他说就是感觉时间过得太快了！他不想那么快成为高年级生，不想那么快就进入医学院苦读，因为大学新生的乐趣实在太多了。我何尝不觉得时间过得太快了呢，仿佛昨天他还是那个拉着我的衣角，一步一回头叫着妈妈的小男孩，可如今我挽着他的胳膊下山，他比我高出一个头，讲着他多姿多彩的大学生活……时间啊，真是匆匆太匆匆！

到了酒店，进电梯需要房卡，我一阵手忙脚乱，儿子看了又笑了：

妈妈，你还是老找不到东西啊！嘿嘿，我讪笑着，儿子取过房卡，很自然地插入电梯的槽中并按了七楼的按钮，上了楼他找到房间再插入房卡打开门，把房卡仔细地放在写字台上，对我说：妈妈，房卡在这里。我提起他三四岁的时候跟着我去超市，每次我都把车钥匙交给他保管，他紧紧地握住，买好东西一出商店，就会举起钥匙：妈妈，钥匙！他摇着头微笑着，似乎嘲笑着这永不改性的妈妈！

先生来电话，说还有两个小时，他开车就该到了。儿子说他就陪我两个小时，等爸爸来了他再走。

这两个小时里，儿子就躺在床上，一边给他同学朋友发短信，一边有一句没一句地跟我聊着天。

他先说到这一年的学习情况，十门课里，除了一门课拿了B，其他的科目应该都是A。总的来说，在这一群曾经都是高中最优秀的学生中，他仍然能身处上游水平，他觉得主要还是他自己的努力。他说比他聪明的学生不少，有几个真的是超天才，有着惊人的过目不忘的记忆力，但是有那样天赋的人毕竟很少，这一年来的学习经历让他的自信更加巩固，他觉得即使将来进入医学院读书的强度会更大，他也有信心能做好自己。

他反复谈到一点感受，让我印象很深。他说学校的学生中总有一些是Affirmative action（平权法案）进来的少数族裔（非洲裔和西裔居多）的孩子，可这些孩子通常也是学习拖车尾的孩子，读书读得非常辛苦，本医连读中也有少数几个这样的孩子，到了大四左右，很多都需要专门的私教辅导、补课，才能最终进入医学院。儿子认识一个专门为高年级生辅导的私教，这位私教就说他辅导的学生大多是少数族裔，不是光凭成绩进来的，有的学生甚至因为学习的压力而患上了忧郁症。

儿子对这些孩子充满了同情心，但同时又为亚裔的不公平待遇表示不满。他提到，布朗的很多课上，都会提到要为少数族裔争取权益，说到权益时，这些少数族裔似乎只包括非洲裔、西裔，但也会提到限制某些族裔的权利，而一旦提及限制，亚裔首当其冲，成为被限制的对象！

少年对此深为不满！我让他换位思考，如果他是白种人，走进加州伯克利大学，看到百分之七八十的学生是亚裔，会如何想？包括如今他们布朗的本医连读，里面有近乎一半的孩子是华裔！如果你是非华裔，看到这种现象，又会如何感想？当然，华裔读书好，华裔重视教育，大多数华裔在美国的生活都不错，华裔勤劳刻苦，等等，这些都没错，但是毕竟我们作为少数族裔，与其他的少数族裔相比，华裔的各方面太优秀了。中国有句俗话："枪打出头鸟！"你比别人好，自然遭人妒。这是人性方面的问题。当然，对于儿子刚觉醒的族裔之心，我还是多加鼓励的。

最让我欣慰的是，儿子开始参与并享受成为领头人的乐趣！他不仅被选为同学会的主席，而且被选为本医连读的社交议员，从大二开始履行他的权力和职责。

想当年，他是个说话都会脸红的男孩子，内向木讷，不善言辞，今天，除了做领头人，在众人面前演讲，在大学校园里，我不时看到别的大学生与他热情地打招呼、拥抱。再听到他对亚裔的这番维护之心，我相信将来他一定会尽自己的力量为相同背景相似族裔的人们维权出力的。

周六的早晨，我和先生在酒店的一楼咖啡厅吃了早餐，就准备去儿子宿舍帮他搬行李。谁知左一通电话右一个短信给他，都没人接听和回复，我们猜想他肯定是因为一夜没睡，此刻在补觉呢！先生着急，说中午十二点前要搬空宿舍，都九点了，这人找不到，怎么办？我当机立断决定直接去他的宿舍找他，果然，他正在那里蒙头大睡呢。

我们站在他宿舍楼下面，等他下来为我们开门，看见很多大学生都在忙碌地搬东西，住得远的孩子把东西往租的储藏室里搬，住得近的学生家长不少开着车子来帮孩子往家里搬东西。

进了儿子的宿舍一看，他东西整理了一半，还有一半没打包，昨晚肯定是玩疯了，根本没有整理！他说早上五点大家一起去吃早饭，吃完倒头就睡过去了，原本想八点钟起来整理的，谁知一睡就醒不过来，就连我们的电话、短信全没听到！

无奈，爸爸帮着把整理好的箱子往车上搬，我催促他赶紧继续打包，最后实在看不过去，干脆接手把他剩下的东西全部塞进两个纸箱子了事。回家一看多了个枕头，儿子还怪我把学校的枕头带回来了，说要罚款的，该我付罚金！真是吃力不讨好啊！

上午十一点之前，我们的大车被塞得满满的，还是做爸爸的有预见，如果带妹妹来，连座位都没了。问坐在一堆纸箱子中的儿子感想如何，他说他需要更大的空间！

十一点与房产经纪约好了看几栋公寓房，具体我会再写一篇罗德岛买房记。

看完房子，在市中心的一家中餐馆吃午饭，儿子说太想吃中国菜了。学校的学生餐厅应学生要求，新加了一些东方菜肴，有越南米粉，还有中国菜，但是越南米粉做得没有越南餐馆的好吃，中国菜则做得太难吃了。

车子在高速公路上疾驶，车窗外掠过的树林和荒野，让我们都意识到儿子的大学第一年就这样结束了。他满怀希望地述说着暑假将去浙江大学医学院和台湾成功大学学习中医知识的中国文化之旅，说着他大学第二年可能会学的一些科目和准备做的一些事情……

时间真是飞一样快，就如车窗外一闪而过的风景，你似乎还没仔细看清，它们就已经被甩到了身后！不过，就在这飞速掠过的过程里，孩子一天天地成长成熟，再过几个月，十八岁的孩子就要过十九岁的生日了！

我转头看向窗外，一片绿色的树木仿佛在对我说：春天的风景，这边独好！

3 最近的几件烦心事

第一件事

邻近的小城里出现了多起高中生自杀案。

2010年，我们从加州硅谷搬来新泽西，其中促使我最终下定决心搬家的一个因素，就是我们居住的硅谷小城，那一年里连续发生了四、五起高中生卧轨自杀事件。几乎隔一个月一起，到最后我们当地的居民都不知道如何是好了。其中有个自杀的孩子是我儿子的同年级女同学。

当初要搬来东部，我们夫妻三次飞过来看房子，开始都选在新泽西州排名第一的高中区，结果，俩孩子过来参观高中，说里面的工作人员傲慢无礼，都拒绝搬到那个区去。直到我们下定决心搬家，我们以迅雷不及掩耳的速度买了现在小镇的房子，全家搬了过来。没想到高中毕业考进了不错的大学的儿子对小镇三年的生活几乎全盘否定，对小镇中学的不喜欢全部表露在他的文章《美国的超级邮政区号》一文中（附文后）。

女儿这两天也告诉我她在写小说，写的是一个小镇的女孩子一辈子只知道那一方天空，一心想出去看外面的世界，但是她的父母固执地认为他们居住的小镇是全世界最好的地方……她说小说的名字都想好了，就叫“Dome（圆顶屋）”，一种无形的墙，像一个圆顶屋一样阻碍着女孩子的梦想。我听了评论道，好像是女儿对我们居住的小镇有看法。她肯定地说：“Yes！”

看来两个孩子对我们选择的这个小镇的看法都颇为负面。

然而，当我听说了发生在新泽西州高中第一名学区的三宗高中生自杀事件，我还是为选择了现在的小镇颇为庆幸！但是，这样的悲剧使我不由自主地回忆起几年前加州发生过的相似事件。

把一个孩子抚养成人是多么不容易的事情，而这些十七八岁的高中生，差一步就成人了，可他们却选择结束自己的生命！难以想象这样的抉择留给他们父母的是一种怎样的痛。

几年前的悲剧给我的震动是巨大的，以至于后来到了新州我和几位家长成立了父母与青少年沟通的共同成长小组，至今，我们已走过了三个年头，我们一起谈论孩子的学业，两代人的差异和沟通，等等。这次发生在东部的高中生悲剧，让我进一步意识到重视孩子的心理健康是多么重要的事情！青少年中的忧郁症也是杀手之一，同样应该引起我们成人的重视。

接二连三的，我们共同成长小组的妈妈们相互通报：哈佛一华裔大学生跳楼自杀身亡，某藤校又传学生自杀，自杀者又是华裔……

感觉坏消息不断，都说我们华裔厉害，藤校名校通吃，弄得别的族裔没办法不红眼，要限制华裔孩子上某些大学的人数……同为少数族裔，我们很少听到非洲裔或是西裔孩子自杀，当然，他们的孩子进名校的人数远远低于亚裔，但是，接二连三的悲剧传来，我们是否应该好好想一想，我们到底哪里出了错儿？在教育孩子方面，为什么会使得这样的悲剧发生？

我的儿子春假回来，提起他的好朋友，很有些不耐烦的样子，说他的朋友最近变得不可理喻，常说孤独，还说想回加州去，大学的一切都没有意思，说过几次不想活了之类的。我立刻警觉起来，对儿子说他这个时候尤其需要朋友的关心，不要把别人说的这些话不当回事，儿子说他开始也很重视，几个新结识的朋友轮流陪着这个男孩子，但是他可能心情太低落了，几乎得罪了所有的人，弄到后来没有人愿意陪他，包括他最好的朋友——我的儿子。小孩子的耐心都有限，还有点孩子气的自尊心，我对儿子说这个时候才是见真情的时候，你若能在一个人最黑暗的时候陪伴他，他会永远感谢你的。

就说这个孩子，也是亚裔，父母是第二、第三代华裔移民，一位外科医生，一位心理医生，家庭条件优越，可能从小生长在加州，猛然到了东部不习惯，感觉家人朋友都远离了自己，孤独感便由此而来。再加上大学生活的不适应，轻微的忧郁就随之而来，不想吃饭，足不出户，甚至不想读书，不愿社交，还会出口伤人，给身边朋友造成困扰，但是最痛苦的可能还是他自己。

我不断地对儿子说希望他成为一个更有意义的人，这包括能宽容待人，能原谅伤害他的人，真诚地对待朋友……儿子答应春假回去，会更多地帮助他的这个朋友。

我在脸书上注意到这个孩子的父母都在脸书上注册了账户，并且都是在最近开始频繁地与孩子互动。春假过后回校的一天，儿子的几个朋友包括这个同学一起到校外的餐馆就餐，庆祝这个孩子的生日，我看到孩子的爸爸贴了一张几个孩子共餐的照片，并在脸书上写道："十九年前，你的到来为我们的生活增添了一道绚丽的光彩！我们爱你，以你为荣！"我看了热泪盈眶。

儿子告诉我，学校已把这个孩子精神上的情况告诉了孩子的父母，看来家长也重视了，家长的爱的表达，或多或少都能减少孩子的孤独感，让孩子感到温暖。

第二件事

曾经看一部有关前总统布什（小布什）的自传电影，小布什在耶鲁读大学时，参加派对狂欢，玩一种游戏，输了，就把身体浸泡在冰水里，不停地喝啤酒。当时我记得评论说：Crazy！（疯狂啊！）

儿子寒假从大学回来，就谈到学校周末的派对里，酒精成灾，都是高年级的学生去买酒，低年级和他们这些新进大学的学生跟着喝。问他有没有喝，他说尝过一两次，那些伏特加实在不好喝，他并不喜欢。

想到他十六岁那年去欧洲荷兰游学，在那里，同去的美国孩子又喝酒又抽大麻（荷兰十六岁以上喝酒抽大麻是合法的），他不过尝了一口啤酒，回来说太难喝了。最后一年高中，小镇的高中毕业生也是不停地有派对，有些美国家庭就把酒放在桌上，任由高中生们喝，只是没收大孩子的驾驶执照，不让出门。记得有一次，他也是参加这样的派对去了，很快就开车回来了，问他怎么不继续派对，他说大家开始喝酒了，他就和几个不喝酒的同学回家了。

感觉他一直还算有自控能力，最主要是他不喜欢喝酒，不喜欢酒的味道。

不久前的一个周末，我给他发短信，问他有没有空和我们通个电话。通常每个周末他都会给家里打个电话，那是个周六的夜里，我因为周日有其他活动安排，就主动了一回。他一般也是会在很短的时间里回复短信，可是，那天我夜里十一点半发的短信直到第二天下午，他都没回。与爸爸一说，爸爸也开始担心了，发短信给他，仍然没有回音。我们俩都紧张起来，开始打儿子的手机，却一直无人接听。

父母在这种情况下是很容易焦虑的，结果爸爸忍不住拨了儿子好朋友的电话，当然也没人接听，现在的大学生好像都不大喜欢接听电话！无奈，只好发短信给儿子的好朋友，回复很快来了，说：别担心，他很好，我不久前还看到他睡在我朋友的宿舍里。在爸爸跟儿子的朋友联系的过程中，我已经发邮件、网上留言、短信告诉儿子我们很担心他，让他尽快给家里回音。

就在收到儿子朋友的平安短信没两分钟，儿子的电话来了。他说他正走在外面的校园里，往自己的宿舍去。我第一句话就问他昨天晚上睡在哪里。他故作正经回答：睡在宿舍啊！我心里的火“腾”的一下就升起来了：“I hate people lying！Especially my son lied to me！（我痛恨人说谎，尤其是我儿子对我说谎！）”那边沉默了三秒钟，他开始说实话：“我睡在同学的宿舍里，因为我喝多了！”问他喝到什么程度，他说玩一种游戏，输了就喝一个杯伏特加，结果他记不清喝了多少杯。喝完还好好的，与同学又一起去听音乐会，在音乐会中间，酒精的力道上来了，他被酒精打垮了，无法回自己的宿舍，就在同学的宿舍住了一晚，当然，他把妈妈的短信也忘得干干净净的了！

我是被他气得话都说不完整。他爸爸接过电话开始跟他说大道理，无外乎强调法律的规定，二十一岁之前不应该喝酒，儿子开始狡辩，说所有的大学生没有不喝酒的，还说他问过学校的保安，保安说只要他们关起门喝，不闹出事情来，学校是没有意见的！还说其他大学的大学生比布朗的学生喝得还要厉害，而且他是第一次喝醉，那天刚刚考完试，想轻松一下，总之为自己的行为开脱。爸爸说他自律力不够，受同伴影响。这句话让他激动了起来，我都听到话筒里他拔高的声音：“How could you say I'm lack of self-control？ If so，how could I reach this point so far？（你怎么能说我缺乏自律力？如果真是那样，我如何能走到今天这一步？）”

我接过话筒对他说：“如果别人做的事情使得你也觉得要那么做，你就是缺乏自律力！别以为你进了布朗就是因为你有自律力，能让自己不做某些事情，尤其是违法的事情，那才是真正有自律力！法律就是法律，我不在乎你们学校的保安怎么说，我只在乎法律是怎样规定的。如果今天你能这样规避法律的限制，将来有一天你真的成了医生，难保你不会也成为那些钻空子规避法规限制的人，你想想你能成为一名好医生吗？”他沉默了。

爸爸又把话筒拿过去，继续说醉酒对身体不好，他正在发育，酒精对肝脏有负面的影响，儿子又反驳：“你也醉过酒啊，我就有记忆……”

我很生气，责备儿子不仅没意识到自己的问题，还开始调转头来attack others（攻击别人）……那天以儿子向爸爸道歉并对我说他不会再醉酒了收场，挂了电话，我和他爸爸心里都不是很痛快，总觉得，美国大学生整个大环境不是我们做父母的这点担心和一番电话能改变的，十八岁的孩子免去了家庭和父母的约束，就成了闯入一个花花世界想尝试任何滋味的急先锋！即便是他不喜欢的东西，就像这酒精，儿子最后说他不会再醉酒了，因为醉酒的滋味并不好受，酒也不好喝，但是他非要自己亲自经历才会有这种结论！

其实偶尔醉酒这件事本身并不算太大，大的是醉酒之后的效应，比如，儿子就用说谎来对付我，因为怕父母担心。而每年醉酒后驾车丧生的人有多少？这当中青少年出事的比例很高，醉酒还会引起乱性，甚至引起死亡和自杀，这些才是最让父母担心的。

大学生喝酒似乎由来已久，而且这些年似乎并没有太大的变化，仿佛成了一种习惯和传统，从耶鲁小布什的时代甚至更早开始，到今天我们的孩子进入大学，还在继续。我不知道美国的大学管理者们到底怎么想这件事的，但从统计数据来看，十年来几乎没有变化，可见大学对此事是放之任之的。作为父母，我很困扰，对这样的大环境感觉无能为力。

4 儿子的暑假

（一）见习“医生”生涯

儿子在浙江大学医学院的暑期学习生涯开始了，寄来一张照片，穿着“浙医二院”的白大褂，挺像那么回事儿的！但他自己抿着嘴似笑非笑的，估计自己都觉得目前做医生还不合格。

据他说，每天他们上午上课，学习中医的课程，都是中文讲解，天知道他能听懂多少。中午在医院食堂吃免费餐。他拍了两张医院食堂的照片，一张小窗口，令我回想起很多年前在中国上学的时候，学校学生食堂卖饭菜的窗口。

一盘工作餐的餐盘上，白米饭配一荤一素两个菜，还有一碗清汤。走之前，他就听他的学姐学哥们讲，附属医院的食堂伙食不够好，估计那几个小美国佬，对这种太纯正的中国民间食物吃不惯，所以浙江大学发的那点零用钱，几乎全部给几个大孩子当伙食费在外面的餐馆里花光了。所以，见到图片，爸爸就问：味道如何？儿子回答：Not too bad!（还不错！）我早说了，喜欢吃中国食物的他不会觉得杭州菜不好吃的！杭州菜与上海菜和淮扬菜基本上属一个大菜系，他应该是吃得惯的。

到杭州的当晚，就有他同学当地的亲戚请两大孩子吃晚饭，第二天又带着去看杭州的美景。他十岁左右，我们曾经带他去过杭州，可他说都忘了，仿佛从来没见过那些美景似的。

寄了好几张美食的照片，最难忘的大概就是这中国的饮食文化！他还告诉我们那种红红的水果叫杨梅，很好吃，他从来没吃过！当然了！那水果美国可是没有的嘛。生煎包在上海吃过，爸爸的最爱，拍一张估计是想馋馋老爹。

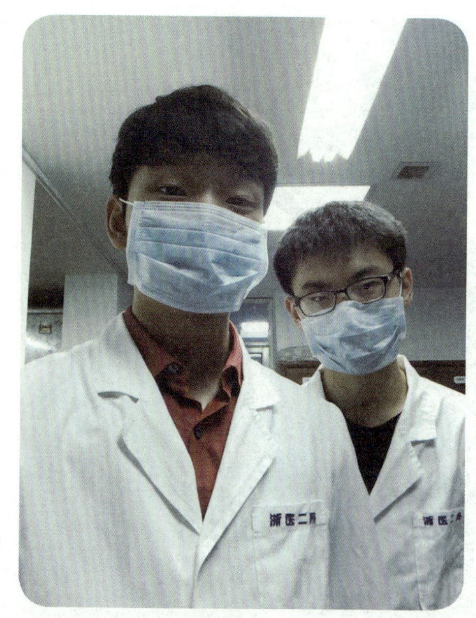
儿子在浙江大学医学院实习

（二）亲情之旅

儿子在浙江大学医学院的学习是从六月十六日正式开始的，他六月四日就去了中国。提前走，当然机票便宜一些，最主要也是能有段时间去陪伴外公外婆。

儿子对我的父母，尤其是我的两个母亲从来都是一视同仁，不分彼此，对他来说两个外婆，分别用南京外婆和镇江外婆来称呼以区别，除此之外，她们都是他心目中慈祥的外婆。

很多时候，我也自责，我的家庭的这一份小小的复杂，会不会对孩子造成心理负担？我有时会提起我童年的种种，反倒是孩子会搂着我安慰我说，现在不是一切都蛮好的嘛。每次回国，我的两个孩子一进外公家的门，就会欢天喜地地与外公外婆拥抱，都喜欢吃南京外婆做的菜。去到镇江，有一年，我母亲脊椎骨裂，躺在床上不能起来，他们俩自动地一左一右躺在外婆的身边陪伴她，我看了都落泪，可能从某种程

儿子在南京夫子庙

度上讲，我都做不到，孩子们却做到了！

儿子还没到中国，三位老人都盘算好了要这样那样，外公说要带外孙去哪里玩，还要陪他去杭州等等，我怎么劝都不听，说多了还不高兴。我只好对儿子说：外公年纪大了，天气又热，你不要让他到处陪着你跑，中暑什么的就不得了了！儿子回去之后，就再没听见我老爸提要陪外孙去杭州了，老父亲说外孙说天气热，不要出去吃饭，在家吃饭就好，外婆烧的比外面的好吃！最后是外公为外孙买了去杭州的高铁票，送他上了火车。电话里老爸对我说外孙什么都整理得清清爽爽的，不需要别人为他操心。

儿子要去镇江看望外婆，南京到镇江虽然很近，他自己说一个人去没问题，但是考虑到国外长大的孩子思维太简单，我还是请我在南京的舅舅陪着他一起去镇江。回国前出去买礼物，什么东西他都是一式两份，到了南京分好，给了外公一份，还有一份留着带去了镇江。

镇江的外婆让保姆烧了一个上午的菜，摆了满满一桌，儿子说很好吃，不过，太多了，根本吃不完！只是那天帮助外婆弄她的平板电脑，把她的中文笔画键弄没了，走了外婆才发现，写不成微信了，急电我，我这边鞭长莫及的，就让儿子赶紧帮帮外婆，结果，他那天跟我发了脾气甩了电话！我一气也连着两天没理他。

如今事过境迁，他说他主要觉得他那点可怜的中文不够用，尤其与我电脑上等于文盲的老母亲讲，那完全是对牛弹琴，他还觉得我既然说是很简单的一件事，我应该自己跟我母亲讲。其实他能不能解决问题对我来说不重要，我看重的是他的耐心，觉得他耐心不够！当然，现在反省起来，确实觉得无形之中把自己对父母的那份心转嫁到孩子身上，希望他能替我尽一份心，难免让他有了压力。虽说，外公外婆对他都很满意，但是他母亲对他的期望值可能更大！

无论如何，他能在令他想起来就激动的暑期杭州学习前，在我的家乡与外公外婆安静地生活这么几天，还是令我欣慰的。他说从杭州学习结束到去台湾之间还有几天的时间，他会去上海叔叔家住上几天。

这个中国暑假除了学习、见识，对他来说更是一趟亲情之旅。

（三）学习独立生活

在南京与我父母待了十天的儿子，独自前往杭州，开始了他独自一人的中国之旅。

其实，说是一人，也不尽然，还有他的两个同为本医连读的同学，另外两个同学比他去中国要晚一点，三人在杭州碰头。

浙江大学安排人分别从高铁站接了三个大孩子，把他们送到浙江大学医学院附属医院二院不远处的东河家园，三个人共享一套三室一厅的公寓，里面有厨房、卫生间，儿子说条件还不错，对他来说，只要有空调就行了，厨房肯定不大会用，三个人须合用一个卫生间略有不便，因为三人当中有一个是女生。

我们让他拍些照片让我们看看居住的条件，照片寄过来，倒是冰箱洗衣机都有。问他洗完衣服怎么办，他还知道要把衣服放在衣架上再挂到阳台上晒衣服，洗衣粉一个人买了，三个人用。告诉他中国的自来水不能喝，他说知道，买了矿泉水，还知道买大罐的。

大概外公跟他说提防小偷说多了，去杭州的前一天，电话里跟我们说做了个梦，身上的钱包被小偷偷了，惊醒过来。呵呵，令人发笑。

到了杭州，告诉我们说浙江大学两年前还发两千元人民币的零用钱给布朗的学生，这次经费砍掉了一半多，只发九百元了。不过，他说也够了，平常也没什么机会用钱，早饭通常都来不及吃，因为一大早八点多钟就要赶到医院去，其中一个孩子的亲戚送了他们一大包苹果，几个人来不及吃早饭，就拿一个苹果一边吃一边赶到医院里老师的诊所。

上课大多在那位老师的诊所里，一位老师教他们三个学生，老师不会说英文，而是用中文讲学，第一个星期，他说课堂上大约能听懂百分之五十，每天晚上，三个人一起在宿舍里相互研究老师的讲义，进一步弄懂老师白天说的内容。如果三个人都弄不懂，第二天再问老师。

中午在医院食堂里吃饭，晚上那一顿常常三个人在住的附近的餐馆里解决，偶尔也会在医院食堂吃。食堂里的东西都很便宜，一大碗排骨面才要八块钱人民币，他说一块多美金哦，一大碗面条还有排骨，还挺好吃的。

第一个周末，他发短信说正在苏州，有个室友的亲戚在苏州，邀请他们一起去玩，三个人便自己乘高铁去了苏州，住在苏州的亲戚家。我们问：三个人都住到别人家里去，会不会挤呀？儿子说：妈妈，他们苏州亲戚家好大啊，四层楼的别墅，比我们美国的家还大呢！结果好客的主人家陪着三个孩子玩遍苏州，还去了太湖，最后开车送他们三人回杭州。问儿子苏州好玩吗，他说好玩！再问他玩了些什么地方，他回答说看了以前那些有钱人家的花园！我的天！苏州园林到他的嘴里就是这样了！虎丘也不知道说，还是我看了照片说是虎丘，他连声附和：对对！

也是这一我们素不相识的苏州人家的做法给了我启发，对异国来的学生如此尽心尽力地引领，让他们对中国的印象又上升了一个层次。正好这个周末，新泽西州的一位文友跟我提起接待国际学生的事情，我满口答应，如果能尽自己的一份绵薄之力，给这些成长中的孩子有一点正面的辅导和引导，何乐而不为呢?

三个孩子走了趟苏州，感觉自己就是成人了，独立性上又加了一笔，而且感觉他们那点儿中文在中国旅行，完全没有问题。十八岁，是到了成人的时候了！

（四）学习中国医药

儿子终于走进了浙医二院的中药房，看到那些令他下巴差点掉下来的中草药，他拍的照片基本上都是令他惊叫的东西，比如：蝉蜕、蛇皮、水蛭……

告诉他他小时候我也给他吃过中药，不是那种中成药，而是实实在在正宗的中草药，用药罐子熬一个小时的那种黑黑苦苦的中药汤。他说还记得，那个味道真苦！那时我在加州遇到一个挺不错的中医师，她用针灸和推拿帮我治疗我长期对着电脑变得僵硬的后背和颈椎，有次跟中医师聊起那时刚发育的儿子消化系统可能不太好，她看了就说可以用中药调理，还开了一个月的中草药。每天我熬中药汤给儿子喝，现在想想儿子确实听话，那么苦的一碗中药汤，他捏着鼻子硬是喝了近一个月。

如今自己见识了中药里稀奇古怪的东西之后，他对我说："这些东西虽有治病的功效，但是我可能真的吃不下去！"我哈哈大笑，告诉他，他当年喝的药汤里也有那种小海马呢，他不是照样喝下去了！他大吃一惊说：妈妈你怎么从来没告诉我？我说：当初给你看过那小海马的，你忘了吧！

不过，比起我学西医的老爸和学西药的老公对中医中药的抗拒，儿子显然对中医和中药满心敬佩！他对我说虽说搞不清这些中药的药性，但是中国人用了这么多年治好了那么多人的病，一定有其道理！不错，这正是我想看到的一个有着开放思维的现代医学人！我相信中医中药到今天已经引起了西方世界的重视和认可，否则堂堂一所美国藤校的医学院是不会专门组织他的医学生前往学习的。

跟儿子用中文说"望、闻、问、切"，他"啊"了两声，没听懂！我笑他：你学的什么中医？这最基本的都不知道。再用英文解释一遍，他立刻明白了，说：对对，老师一直在反复强调这几点。

他们上课大多在中医师老师的诊所里，先上理论课，再跟着老师在诊所里看病，当然是老师帮病人看病，他们三个坐在一旁观看。问他学到些什么东西，他说太多了，以前不知道阴阳调和，也不知道人体和自然的密切关系，还说把脉很有意思。

说起把脉，我想起我家另外两个不是很相信中医的老爸和老公，但是记忆中，一旦我不舒服，以前在家里是老爸，现在是老公，他们俩都会做同一件事情，就是把手搭在我的手腕上：诊脉！现在想想，中国人，即使学的是西医西药，即使从心里排斥中医中药，但是受中医的影响却是无处不在。我从来就没见到任何美国医生会给我把脉，或者说给任何病人把脉。中医其实是中华民族文化中最精彩的一部分之一，我很高兴，我在美国出生、在美国长大的孩子能对此心存敬意并愿意学习。

（五）探访太婆

知道儿子要去杭州，我交给他一个任务：去探访我外婆的妹妹。

说来我都没见过这位年逾九十的老人，因为我小的时候并不知道她的存在。

我的外婆是我这一生最重要的亲人之一，她是那个让我懂得爱的人，她让我童年的记忆里永远有着一抹温暖的阳光。

可是，她20世纪80年代就去世了，到今天，她已经离开这个世界三十年了！这三十年里，每当我春风得意的时候，我会想起她老人家，希望她能分享我的荣耀和快乐；这三十年里，每当我挫折灰暗之际，我也会想起她老人家，想起很多年前的夏夜，她搂着我睡觉时一只手轻轻地在我的背上拍着……我多么希望那只拍着我后背的手再回来！甚至我现在的信仰，都是受她老人家的影响。她去世前我赶去见她最后一面的情境，总会在不经意的瞬间出现在我的脑海中：白色的绣着红色十字架的床单覆盖着她的身体，使得她和我永远地分处在不同的空间，天人永隔！

三十年的时间不长也不短，外婆对于我来说永远地走了！三十年的路途怎么样都该走得很远了吧？可她又始终留存在我的心里！

去年一个偶尔的机会，听我母亲说起她有个姨，也就是我外婆的妹妹，我称为姨婆，已经九十岁了，生活在杭州，我的阿姨、舅舅们还特地跑到杭州去探望他们九十岁的小姨。我当时听了就心里一动：外婆不在了，但她的妹妹还在！她的妹妹身上一定有我外婆的影子，看不到外婆，若能看看外婆的妹妹也好啊！

儿子在杭州看望太婆

知道儿子暑假要去杭州，就跟儿子说起我外婆的故事，其实儿子已听过很多次了，知道妈妈嘴里的外婆是个怎样重要的人！所以，当我让他去探访太婆时，他立刻就满口答应了。

到了杭州，他自己跑到商店问商店里的人，年龄大的老人家送什么东西好，别人介绍他买一套礼盒，里面是那种营养补品。等我问他准备好去看太婆了吗，他说礼物都买好了！

只是他有些不确定该怎样介绍他自己，太婆年龄大了，不可能直接去找她，我让儿子跟太婆的儿子联系，我叫太婆的儿子表舅，让儿子叫表舅公，这中国的称呼本身就比英语要复杂得多，说了几次，他都没弄明白，我再解释，越解释越绕越糊涂，让他说：我妈妈的外婆是你妈妈的姐姐……他几乎要崩溃：妈妈，能不能简单点儿！我心里叹气：唉，儿子，你中文怎么这么糟糕呢?!

最后我只好自己给这位我从没见过面的表舅打电话，联系上了，表舅很热情，马上说要去接我儿子见老太太。行了，不用小ABC再费劲儿绕弯解释了！

儿子拍来的照片，我一打开，眼泪就狂流，虽说姨婆与我的外婆不完全相像，但还是有外婆的影子的，那种感觉好特别好复杂！仿佛外婆活了过来，或者说好像外婆从不曾离去！

儿子发短信：妈妈，看到照片了吗？

我回复道：看到了，太好了，谢谢你，儿子！

那一刻我忽然明白过来，我让儿子去见姨婆，不仅是完成我想念外婆的心愿，而且在我的心里，我是多么想让我的外婆能看一眼她的曾孙子啊！她如果活到今天，看到这么大这么懂事的曾孙，会是多么开心的一件事啊！

儿子去了杭州，看见了太婆，也等于让我的外婆看见了她的曾孙了！

（六）生日快乐

儿子要过十九岁生日了，这次又在中国，而且是一个人在杭州。

他九岁生日也是在中国过的，那一年，第一次把他一个人放飞回中国，在上海，外公外婆爷爷奶奶共同为他庆生，老一辈人对他说是过十岁生日，因为中国人算虚岁。

我跟他说杭州有个餐厅叫楼外楼，离他住的地方不远，可以请他的另外两个同学一起去楼外楼吃寿面晚餐，回来跟我们结账就好。儿子的爸爸有个大学同窗在杭州，他就给儿子出主意，去他大学同学家吃晚饭，自己拿个蛋糕过去。他大学同学的大女儿在新泽西州立大学读书，我们也是逢年过节接小女生到我们家来。儿子觉得他爸爸的主意好，因为让他去正规餐厅点菜，有点难度，首先那些菜单上的中文菜名，他就搞不大清楚。

儿子在杭州度过了十九岁生日

这样，生日之前，他给我来了两条短信，问：妈妈，你说的那家蛋糕店叫什么名字？我说有家台湾人开的叫元祖，还有一家连锁店叫克里斯汀。最后，他却听了表舅公的建议，在老字号的老大房买了一个蛋糕拿了过去。

儿子爸爸的同学家还有个小女儿，跟我们家的妹妹差不多大，又请了另一个他们孩子的同学，所以总共五个孩子加上两个大人，算是为他庆祝了十九岁的生日！

十九年前的那一天，他来到这个世界，比预产期足足晚了两个星期，这个孩子生来就是个不急不慢的性子，连出生都是如此。催产对他一点儿用都没有，任你一次两次地催，他照样躺在妈妈肚子里睡大觉！猪年出生的小猪猪，从小就好吃好睡，我们一家开车出去，哪怕是很近的路途，上了汽车没两分钟，他就可以睡着，车子停下来，他又活蹦乱跳的了。这种随时随地都能睡觉的个性，倒是十分适合他自己选择的医生职业！

十九年来，他给了我们无与伦比的欢乐，从小就省心，不用我们多操心，自己晓得安排自己的事情，偶尔让我们生气，总是他先道歉。一直由衷地觉得：有这样的孩子，是我们的幸运！

儿子，祝福你，感谢老天让你成为我们的儿子！

祝生日快乐！

（七）中国的医院

儿子基本上隔一天就会跟我们在微信上用语音聊聊天，等同于打电话。

这次儿子回国，发现了微信最大的好处：免费通话和视频。视频有时不大清楚，而且苹果手机的屏幕很小，也不是看得很清楚。

他回国前，我们帮他的手机开通了中国的长途电话功能，每分钟通话只需要几十美分，但到了国内，他很少用手机直接打电话，几乎都使用微信，因为微信是免费的。我们大多用微信的语音通话功能。

儿子微信通话说：去另外一家附属医院新建的医院，随主治医生查房。会说“查房”了！哈，让我想起多少年前我老爸动不动就说的话：“今天一早要查房！”每次看电视剧《实习医生格蕾》，看见那些主治医生权威性地带着战战兢兢的实习医生查房，就想：当年我老爸还是蛮威风的！呵呵呵，真希望自己也穿着白大褂，威风八面地说着话！唉！我的医生梦啊！

儿子在杭州的最后阶段，学习中医针灸，当然他们只是看不动手，若想动手只能在模具上试验。

老师还带他们参观杭州的中医中药博物馆，他们最后一周还遇到几个从德国来学中医的大学生。到底都是年轻人，在一起就兴奋，晚上就找了间酒吧去喝啤酒看世界杯比赛，还跟我强调他们在中国喝酒是合法的！不过，他也就点了一杯啤酒，说太贵了！哈哈，幸好那些给外国人喝酒的酒吧价格高！他说还吃到了很想念的也很好吃的汉堡！

看他寄来的新建的医院的照片，感叹今天的中国医疗设备的先进，更想起去年回国时听我老爸说南京的鼓楼医院新建的建筑堪比五星级宾馆，而且开业的那天，大厅里还摆放了一台价值连城的三角钢琴等等。虽然为国内的硬件设施的先进而高兴，却也想是否有这种过于追求奢华的必要。当然医院造得美轮美奂，让病人和医生身处其中都心情愉悦，

儿子在浙江大学医学院附属第二医院实习

儿子与实习医院的医护人员合影

但毕竟是救护机构，也应该以舒适和适用为首要考虑条件。也许，他们也是如此考量的，也许，是我多虑了，总觉得国内有些机构过于追求豪华和气派，着实令人费解！

无论如何，这三十年来，中国的巨大变化是有目共睹的，也是可喜可贺的。想当年我几乎是在医院里长大的，小小的我可以随意在爸爸工作的医院里乱窜，一会儿跑到药房要一粒驱蛔虫的糖或者钙片吃（甜的），一会儿跑到妇产科睁大眼睛看着血淋淋的小婴儿从妈妈的身体里钻出来，或者干脆搬张高脚凳到手术室里，站在上面看爸爸做手术……记忆最深的就是大冬天，看见爸爸卷起衣袖把双手泡进冰冷的酒精桶里…… 回头再看看儿子寄来的这些照片，这变化何止翻天覆地啊！

写这篇文章时，儿子正在杭州到上海的高铁上，他在浙江大学的中医学习已经结束了，将去上海叔叔家住几天。就要前往台湾了，让我们跟着他看看他在台湾能见识到一些怎样的人和事。

（八）杭州—上海—高雄—台北

本来我是准备陪伴他走这段路途的，想他一个大孩子，一个人走这些城市，不同的社会环境，怕他应付不来。可他和他几个布朗的同学约好台北见，就对我说我不用陪他去了，妈妈跟着好像有点尴尬。我干吗惹人尴尬，不要我去我还省钱呢！

可是状况还是接二连三地出来了。

首先，他周三在杭州火车站发短信给我说：他们（指火车站）不让我买周六的火车票，说只能提前买两天之内的车票。当然了，我跟他说过的，这是国内的规矩，谁让他记不住呢！我知道他周五在浙江大学的中医学习就结束了，于是对他说：为什么不买周五晚上的火车票呢？比如晚上八点钟的火车，杭州到上海很近，只要一个小时，晚上九点叔叔去接，时间上也正好。这么一提醒，他就说：好像这样也蛮好的，行得通。

折回去再排队，顺手拍了张排队的照片给我看，说：你看，这么长的队！真烦人啊！我说：这是中国！这样的队算短的了，一会儿就到了！

每次我去火车站我老爸都喜欢提醒我：钱包管好！包包拉紧！……我大概也被影响了，怕他钱包也被小偷摸了去或者出意外，就对他说买到票给我发条短信告知，他说好。二十分钟过去了，没有消息，我耐心地又等了二十分钟，还是没有消息，我就有点儿担心了：你还好吗？那边没有回音，又等了十分钟，我又发了条短信：你回复啊，别让我担心你。还是没有任何动静。莫非他的手机被小偷摸了去？正胡思乱想着，短信来了：对不起，妈妈，我刚才在洗澡。他都回到住处了，外面一热，他就忘了该跟他妈禀报一下了。

周五的晚上七点多钟，他整理好行李从杭州站出发去上海，他们三个同学也从那天分道扬镳，一个是乘火车去了苏州，还有一个第二天乘飞机去太原，估计都是利用在中国的最后几天探访亲友去了。儿子顺手拍了张杭州的老火车站候车室给我看。

到了上海，我就不担心了，他叔叔从虹桥火车站接了他，车子直接开到麦当劳，因为他说太想念麦当劳的汉堡了！刚过去的周末，我们带着两个俄国中学生在纽约城的下城逛，正好逛到华尔街。那里有个酒吧，人潮汹涌，不仅里面挤满了人，连酒吧外面的小广场都挤满了人，大家看着电视在欢呼。我们凑过去一看，原来是世界杯足球冠亚军决赛，德国队夺冠。儿子来电说这个晚上他和叔叔都不睡了，彻夜看球赛，哈哈！在美国从来没看到他对足球感兴趣，回一趟中国，看来影响蛮大的，连足球赛都迷上了！

大概熬夜的关系，第二天他便在叔叔那里呼呼大睡。等到他那里晚上了，我跟他联系，问他第二天去台湾都准备好了吗。他说不要准备，去就行了！再问从高雄到台北怎么走，他说乘大巴士去！再问为什么不乘火车，巴士站在哪里。他说同学说的汽车比火车便宜，其他就一问三不知了！但他也不急，说到了高雄再上网查看！孩子毕竟是孩子吧！

到了这个地步，我只好插手接管了。

他在上海呼呼大睡的时候，我把知道的情况一条条写给他：

第一，不要乘汽车，乘火车！如果你想省钱，不必乘高铁，就乘普通的快车就行。火车票只需七八百块台币，汽车也要五六百块台币，但火车舒服，而且台北火车站一下来，走十分钟就是你们订的国际青年旅社。

第二，从高雄国际机场到高雄火车站，乘地铁既快又经济。在台湾，地铁被称为捷运。大约八站路到高雄老火车站，不要到左营站，那是高铁站。

第三，在地铁里不要坐在蓝色的“博爱座”上，那是给老人儿童的。不要喝饮料和嚼口香糖，否则会被罚款1200台币。

第四，台湾火车上的便当值得一吃，不仅口味不错，而且已成了台湾特色之一，不算贵。

第五，台北站出去之后，往中山路的方向走，看见中山路，往行政院的方向走，大约十分钟就是你们的住处。到了报平安。

第六，你需要用台币买地铁和火车票，我给你的台币够吗？不要想着省钱，该用的尽管用，回来找我结算就好。

第七，任何平常生活上的小需求，如果不知道去哪里时，就找711便利店，台湾很多，在那里你可以免费上网，上厕所，买便当，预订火车票，等等。

隔天一早，他起来去机场的路上看到我发给他的几条注意事项，跟我说：别担心，妈妈，没事的。

他中午十二点的飞机从上海浦东机场飞高雄，下午两点抵达高雄国际机场。我们是深夜两点，早已进入梦乡了。手机深夜轻响两下，我立刻醒来，知道儿子到高雄了，报平安呢，打开来一看果然是。一颗心放下一半，很快，又一轻响，他的短信说：你给我的台币太老了，不能用!

我是一九九六年去的台湾，看我的伯父，那次没用完的几千台币就懒得换，带回了美国，原本以为还会去看伯父，没想到四年后伯父就去世了，我也就再没有踏足台湾。儿子走前，我把那些台币都给了他，没想到成了老古董！不过，儿子很快又有短信来说，到机场货币兑换处把老钱换成了新钱，可以用了。

我反而没有睡意了，干脆发短信跟他聊天。

他问我：这么晚了，你怎么不睡觉？不是跟你说了别担心，没事的！

不过，因为知道我醒着，也知道我肯定还会担心他，他也干脆就报告他每一步行踪。

“刚进了地铁！里面好空哦！没有多少人，跟大陆的拥挤完全不一样！”随手又拍了张地铁照给我看。一张地铁票35元台币，大约一块多美金。

问他台湾第一印象如何，他说还不错，台湾的网络速度比大陆的要快多了，就是外面好热哦，比杭州上海还要热！再问他中文够用吗，在机场要换钱还要问火车的情况，他大笑说感觉还行。

过了半个小时左右，我问他到火车站了吗，他却说已经坐进去台北的火车里了，八百四十块台币的火车票，晚上八点半抵达台北。

那时已是清晨四点钟左右了，我只好睡觉去了。我跟他道晚安，告诉他也放轻松一下，去买盒便当边吃饭边欣赏外面的景色吧。

早晨醒来一看钟，已经快九点钟了，哎呀，儿子该到台北了，赶紧打开手机查看，里面有两张他在火车上拍的照片，没有其他消息。

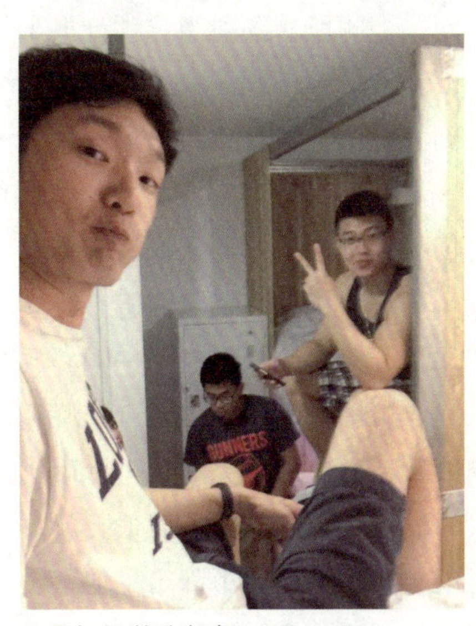

儿子与同学游台湾

我发短信过去：到台北了吗？几分钟过去了，没人回应。又发一条：儿子，你在线吗？

回音了：到了，等两分钟。

不止两分钟，大约十分钟后，他短信说：妈妈，到青年旅社了。非常好！我很喜欢。

据说很多国外的年轻人尤其是大学生世界各地地跑，都愿意住青年旅社，有的地方需要护照才能入住，那里基本上都是各国年轻人，价格便宜，也干净，有点像大学宿舍的环境，上下铺，公用卫生间。儿子的美国同学帮他们四个同伴订的这家台北国际青年旅社位置很好，就在中山路上，旁边不远处就有夜市和各种餐饮店，交通也方便。只是四个大孩子，只有儿子一个人会说中文，另三个，两个是美国的白人，一个是华裔第三代，完全不会说中文，儿子说他们都指望他做翻译呢！四个孩子都是布朗本医连读的孩子，两个已经在医学院里就读了，儿子和他的好友布莱兹暑假完了之后，也要进入大学二年级了。四个孩子都将到台南的成功大学学习中医。

看着儿子拍的现场照片，我的一颗心终于放回胸膛里了！对儿子说：Good Job！（做得好！）

再次感觉孩子长大了！

（九）台湾印象

四名美国的大学生结伴到台北玩，第一天去了中正纪念堂、台北101大厦，还晓得在鼎泰丰吃午餐，晚上八九点回到青年旅社，儿子发了几十张照片给我看，同时告诉我他的腿都迈不开步了！

他洗澡之后躺在床上休息，我一边看他拍的照片，一边有一句没一句地发短信问他问题。

我问：为什么迈不开步呢？难道一直在走？

他答：没有啦，大多乘地铁，但是也走了很多路。腿都酸了。

我问：觉得台北怎样？

他答：非常好！城市不是太大，但是人们非常友好，所有的东西都很规范化和有组织性。

我问：跟大陆比呢？

他答：我就是跟大陆比才这么说的。

他又补充：在外面游玩，很容易看出哪些游客来自大陆。他们中的一些人欠缺礼貌，常常喜欢挤在一起。但是，从整体城市建设来看，台北不如上海（繁华或现代），甚至比不上杭州。

我问：你有没有做你三个同学的翻译？

他答：有时候。但大多数服务中心的接待员都会说英语。

（以上我们母子的对话均为英文，我完全直译过来。）

从一个生在美国、长在美国的十九岁少年的话中可以看出，他对大陆和台湾有自己的看法，我认为这些看法还算是比较公正的。他看到了大陆的高度发展，整个城市的现代化和华丽的外表，他也清楚地看到人民素质在一些方面有待提升，当然也能感受到同为中华文化的那份熟悉。

正如我十八年前去台湾，我的第一印象就是那里是如此熟悉，所有的人都那么友善亲切和蔼，让我感到亲情友情和乡情，虽然那并不是我的故乡。我那时最喜欢把台湾与香港比，我痛恨第一次到香港感受到的那种陌生、冷漠和势利，台湾给我的那种亲切感让我觉得似乎回到了自己家里。而且不论在哪里问路或者问任何问题，别人都是耐心地解释，笑脸相迎。

虽说相隔十八年，我和儿子对台湾的印象竟然如此地相近！

难以想象，四个美国孩子竟然还知道去鼎泰丰吃午饭！问他点了些什么菜，他的回答更让我跌破眼镜，点的都算是鼎泰丰的名菜名点：小笼包、烧卖、菠菜、面条和炒饭。

儿子在台北中正纪念堂前留影

问他晚饭会去哪里吃，他说准备去夜市。我提醒他夜市里的人基本上都不会说英语，他嘿嘿笑着说他的中文进步多了，绝对没问题的！看来这趟中国之旅，让他对自己的中文自信心也大大提高了一步！

（十）吃在台湾

吃在台湾，我十八年前去台湾深有体会。

记得在高雄下了飞机，坐我堂哥的车子到了台南的伯父家，伯父一见面，马上吩咐伯母：下楼买碗鳝鱼面来给毛毛吃。虽说我飞机上吃得蛮饱的，可那碗鳝鱼面我还是吃得见了底。那以后的一个多星期，基本上从早到晚，我的伯父和伯母会不断地端出不同花色的美食到我面前让我尝，那短短十天的台湾假期，我长了至少五六斤，都是被伯父伯母的爱心给喂出来的。

印象深刻的美食在台南的一条街，好像就是台南庙街，那里的小吃各式各样，根本吃不完，我吃过生蚝煎。生蚝煎，又称蚵仔煎（台湾人叫“哦哇煎”），庙街上的店家，就当着你的面，把新鲜的生蚝肉敲出来，与菱角粉和水调在一起煎成饼，敲一个鸡蛋进去，再加一些生菜和一点甜辣酱，很好吃！几年前我去荷兰，发现荷兰人早餐吃的煎饼与之非常接近，再一查证，果然，台湾曾经被荷兰侵占。还有一种面包做的美食，名字很怪，叫“棺材板”，但是很好吃，也有殖民地的影子在里面。

在台湾成功大学的校园里

台湾本地土色土香的小吃就更多了：万峦猪脚、大肠面线、控肉饭、割包、盐酥鸡卷等等。我大伯母是台湾本地人，她喜欢介绍我吃各种各样的热带水果，莲雾、释迦、榴梿……我就是那一年在那里第一次吃榴梿并爱上了榴梿。

记得在台南逛过一次夜市，一个堂姐家住在离夜市不远的地方，她赋闲在家无聊，就在家里的那栋小楼的底层开了间冰店。台湾的刨冰真好吃，花色很多，那天我在堂姐家吃完刨冰又去逛夜市，买了一堆乱七八糟的东西，很开心。

到了台北，那时我的大堂哥在台北军校任职，他陪着我逛夜市。堂哥高高大大，军官味十足，我挽着他的胳膊逛夜市，觉得平生第一次又找到了哥哥的感觉，特别满足！不记得买了什么或者吃了什么，只记得挽着堂哥的满足感！哈哈哈！

岁月如梭，十八年转眼过去，伯父已作古，昨晚老父亲来电话，说与台南的大伯母联系，告知外孙到台南学习。提到我最小的堂哥刚过五十岁了！想起我的堂哥，那个英俊潇洒的军人，今天不知是什么样子了。

儿子逛台北，也喜欢逛夜市，连着两晚，跟同学一起逛士林夜市，拍了很多美食照，不过都是看看而已。问他吃了什么，他只知道吃面吃肉！我说他傻帽，他嘿嘿地笑，还让我把台湾名点用中文写下来，他好去寻找尝尝。

问他喜欢台湾吗，他说喜欢，如果让他选择在大陆还是台湾居住，他说宁愿住在台湾！虽说大陆的大城市比台湾看上去繁华，但是他喜欢那里人们的友善。不过，他又补充：上海的女孩子比台北的女孩子漂亮！

儿子说要乘高铁去台南，普通火车太慢了，估计是被大陆的高铁惯出来的。到了台南，他发短信告诉我，台湾的高铁跟大陆无法比，大陆的好多了！

（十一）台湾成功大学

儿子住进了台湾成功大学的学生宿舍，电话里说比杭州的公寓宿舍条件差多了。杭州住的是公寓楼，一个人一间房间，很有隐私性。可成功大学的学生宿舍不仅小，还得两个人共享一间房间。浙江大学还发给他们一点伙食费，成功大学不仅一分钱没有，他们还得自己交空调电费！这人啊就是不能先甜后苦，而且任何事情不能比较，一比较就会分出高下。我说他在布朗的学生宿舍也是两人一间，杭州的公寓是属于附属医院的，基本上是给医生住的，学生宿舍当然没法比。

不过，儿子说台湾的食物确实可口，他们一行去的近十个大学生，没有不喜欢吃的。据儿子说早饭一般都在街道上的小摊位上买，肉包子四十台币一个，蛋饼二十五台币，算成美金都是一两块美金的价，很便宜。午饭一般在成功医学院的附属医院的餐厅吃便当盒饭，一个便当一两百台币，也还好。晚上同学一起到住处附近的餐馆吃，大学校园附近餐馆很多，价格也说得过去。最主要是好吃啊！

儿子自己买了一大盒奥利奥饼干，放在那里等肚子饿了或者嘴巴馋时吃。美国这里早晨的时候我给他发短信问他在哪里，他说同学几个跑到KTV在唱卡拉OK，我惊讶这群孩子被台化的速度真是比乘火箭还要快！哈哈！

成功大学是一所综合性的大学，紧跟在台大后面，其理工类和医学院比较出类拔萃。著名的毕业生，二十世纪五十年代有丁肇中，六十年代有吴伯雄，七十年代有我们熟悉的龙应台。

问儿子上课的情况，他说那部分比较枯燥！本来以为是学中医，成功大学自去年开始改成西医了，看他拍的一张照片，老师似乎正在跟他们讲合同之类的主题。不过，是用英文讲课，布朗来的近十个学生，其中有医学院的低年级生和他们本医连读的本科生，大部分都不懂中文，一半是美国非华裔的孩子。课堂上还有一半是成功大学的医学生，基本上一个布朗的学生配有一个成功大学的医学生。上课的老师英文很好，他们几个美国去的孩子听课自然轻松得很，而成功大学医学院的学生跟着学习，英文听课似乎完全没有问题。听说台湾的医学院用英文上课很普遍。

儿子对台南的印象是：好小的一个城市哦，跟杭州和台北比，几乎什么都没有；热得要死，一会儿又刮台风了，出不了门，只能待在屋里！

他还说想家了，在外面晃了一个多月，终于想回家了！

（十二）游玩台湾的夏威夷：垦丁

周末台湾时间早晨七点多钟，儿子发短信来说在火车站！这个时间他能爬起来赶到火车站，肯定是几个同学又结伴出游了。果然，他说去垦丁，别人告诉他们垦丁是台湾的夏威夷，海边的风光美丽无比。所以，八个同学一起从台南坐火车到高雄，再从高雄去垦丁，在垦丁住一个晚上，玩两整天再回去。

垦丁的酒店、来回的交通加两天的游玩都安排得很像样，他不忘随时更新苹果手机上联网的照片，让我看到他们在沙滩上看日落和在垦丁街头品尝美味。

我用中文在短信里跟他说：垦丁的小杜包子很有名，里面是奶酪，很好吃。还有垦丁卤味，你要尝尝。对了，别忘了给我带一包真正的凤梨酥回来。

过了一会，他的英文回信来了：Uhhhh，what are those？ I don't understand！（嗯，这些是什么意思？我不明白。）

在大陆待了一个多月加台湾两个星期了，这点中文还是没明白！真令人泄气！

我回了几个惊叹号过去，他大概认真研究了一番，又回我说凤梨酥有了，他们参观药厂时，药厂送给他们每人一包，他说尝了一块，还蛮好吃的。

从垦丁回到台南，儿子打电话回来，说旅游也很累，这次玩够了，累到想回家了！

问他游玩当中，感受最深的是什么。他竟然告诉我是感觉人民币真值钱！他用一千多元人民币可以换七千元台币，用好久都用不完！呵呵呵，笑死我了！这种感觉倒真是很新鲜，在我们年轻的那个时代，可能绝对不会有这种感受!

(十三)在台湾学习西药

在杭州学了一个月的中医，虽说一知半解的，但因为就在医院里面，可以见习一些临床的实例，儿子说还是蛮有意思的。尤其是针灸、推拿和中药，对于他们来说都很新鲜，在中医诊所里看中医师为病人看诊，也让他们体验到一些做医生的乐趣。

到了台湾，原本以为是接着学中医，只不过是用英文讲解，这下可以更加明白一些，没想到成功大学自两年前已把这个暑期美国学生的学习班从中医中药改成了西医西药。

老师都是用英文讲解，上课的内容全部有关西药，从西药的研究开发讲起，到西药的临床试验和通过药物检验局检验，一步一步地讲解。儿子说很枯燥！我说他老爸现在每天就是做这枯燥的新药研究呢！他说这么枯燥的工作他肯定做不来!

上课的老师带着他们去台中参观台湾优生生物科技，这是一个家族企业，以制药业为主，他们的老师就是这个家族的一分子，老师的母亲是这家企业的总裁。

药厂还送了这些美国孩子每人一包台湾特产凤梨酥。儿子一看凤梨酥，就想起我托他买的礼物［我让他给我带一包真正的台湾凤梨酥回来，里面的凤梨应该还能吃出新鲜凤梨（即菠萝）的味道和纤维出来，美国这里中国超市买的凤梨酥根本不能吃，木渣渣的除了甜味没有任何其他的味道］。他拿了一包，高兴地说，给妈妈的礼物有了！人家听了，又多送了两包给他！我说：看到了吧？中国人都喜欢对父母好的孩子，你说给妈妈，人家一感动就多送了两包给你。

这凤梨酥真的很好吃，手工制造，奶油的醇香加上菠萝的清香，一口咬下去，可以吃出菠萝馅的菠萝口感！吃完了余味还在嘴巴里回旋。

参观完药厂，又顺道去台中看了东海大学，东海大学的校园真是美丽无比。

儿子从台北飞回来了，两个月的时间，看上去没有多大的变化。我感叹：你吃了那么多美食，也没机会去健身房，怎么不长肉呢？

回到家，他说：“回家真好！” 不过，在家里待了没几天又说想早点回学校，想他的朋友们了。

这个暑假，用儿子自己的话说：“非常值得！”

5 大孩子学做菜

读大二的儿子从学生宿舍里搬了出去，开始了他十分兴奋的独立生活。

然而，独立生活的第一个难题，似乎就是有关生存的吃喝拉撒睡里的第一位：吃。

其实，在他高中阶段，我就教他做过几个菜，比如美国芥蓝炒肉丝、炒饭、意大利通心粉之类的，但是男孩子在这方面似乎就是不上心，他说全忘记了。

这下怎么办？我只好“舍命陪君子”，趁他开学的时候送他去学校，与他同住了两个星期。本来说好，一天学做一个菜，两个星期，至少可以学会十几个菜了。可他一会儿与同学滑雪去了，一会儿说要开会，待在学校餐厅吃了，一会儿要与同学看电影兼在外吃晚餐，我跟他能好好待在家里做晚饭，大概只有四五个晚上，所以，也没办法教他更多。

问他想学什么菜，他说：鸡汤面、炒饭、意大利通心粉、烤鸡、红烧肉……

基本上都是我平常做给他喜欢吃的那几样。

儿子在大学公寓厨房里做菜

鸡汤面很简单，但熬鸡汤对他来说难度太大了，就买了一堆现成的鸡汤罐头。还有那种韩国的细干面。告诉他，平常少吃，偶尔救急可以做这种面条吃。

炒饭的用料，我给他买了一些美国超市里切好的牛肉丝，告诉他把牛肉丝再切成小丁，用酱油、料酒和芡粉拌匀，过油锅，再学打鸡蛋和炒鸡蛋。炒饭的时候现炒点杂蔬菜，饭要用冷饭炒，炒到没有冷饭块，所有的材料混起来，加酱油和葱花。那是他的最爱！跟他说牛肉可以用猪肉或者香肠和鸡肉取代。

今天中午他打电话来，告诉我学校因为大雪关门一天，他也就待在家里不出去了，自己想炒个饭吃，跟我核对一下步骤。核对完了，很快，照片就传过来了，这次完全是他自己独立做的，我一眼看去，少了葱花，跟他说了，他很惊讶：哇，妈妈，这你都看得出来？我忘了放葱花！

我偷笑，这真是小意思了！问他：味道怎么样？他说还是比我做的差一点。我说：你下次放葱花试试看。他说，少点葱花不会差别那么大吧？我趁机教育他任何事情做好了和做得更好，有的时候，就差那么一点点的用心。他说他下次一定会记住放那该死的葱花！

我发现手足之间的影响是巨大的，听说我特地去罗德岛教哥哥做饭，妹妹忽然也对做饭感了兴趣。我们约定，一周教她做一道菜。上周教的是法国吐司、煎咸火腿和蛋，这周教的是美国南方夹心面饼，都是早餐。女孩子就是不一样，一教就会，做得有模有样的，而且创意十足，夹心饼里夹了巧克力，又夹了草莓。都是她的主意！我开玩笑地对妹妹说：没准儿你遗传了妈妈做菜的天赋，做个大厨也不错嘛！她还答应下次做给她爸爸吃。爸爸听了虽没吃到，却笑得合不拢嘴巴。

6 长大成人承担责任

儿子上了大学之后，就让我们渐渐感觉到孩子真正长大成人了！

这个成人，不仅是指年龄，更是心智，还有法律责任！

过了十八岁，就该自负法律责任了。和他谈起这些，比如违反法规喝酒的事，从开始的“别人都这么做”“没什么大不了的！”的争辩，到今天“知道了，我会注意！”的和平讨论，我们更与他提起当他和妹妹小的时候，我们曾找律师做过生前信托，其中有一条就是当他年满十八岁，他就可以担起责任，不需要祖父母辈的监管，但他需要监管未成年妹妹的生活。他听了，先说：“你们不会有事的！”然后又说：“如果有事，我肯定会照顾妹妹的！”

大学第一年如飞过去，他从兴奋地体验离开父母的生活到慢慢地适应并开始学会自己生存。当然这里的自己生存还不能说是完全的，毕竟他还需要父母为他付学费和生活费。大学第二年，他开始在学校里做助理，帮教授批改作业，自己赚零花钱。这一点，他从高中就开始，不需要我们操心。

一来为了减轻他就读医学院的生活压力，二来也算是我们小小的投资，在他还要居住至少六七年的城市，我们幸运地买到一栋银行出售的公寓，这个过程历时大半年，从今年初到刚过去的这一周，我们几次以为没希望了，谁知道正应验了那句话：该是你的就是你的。前几天儿子代表我们去签字了，省了我们开长途车特地跑过去签所有的文件。

这件事，让我们觉得孩子真的长大了，是个大人了，可以在法律上代表我们父母做一些事情了，当然，我们必须给他法律允许的委托。他签字前，要办公证委托书，交代他房产交易签字时需要注意一些什么问题，他仔细地听着，听不明白的地方会发问直到弄清楚为止。看得出来，他也很高兴呢，觉得自己是个能担当的人了。签字之后，立刻电告我们拿到一串钥匙了，房产经纪和律师分别给我们电话，异口同声夸赞他是个非常认真懂事的年轻人，我们听在耳里当然是喜在心上。

告诉他我会过去找装修工人做一点工作，也会去配买家具，他说不急，反正还没到他要搬进去的时候。等到暑假前，会有很多大学毕业生卖家具，到时候他可以去买点。他还说住在当地的好友已经说要送他一套沙发，他倒是知道如何省钱地安排这一切。

买的公寓有三间房间，他已开始在他的朋友中寻找同屋的室友。拿到钥匙的当天，我们就以他的名义给公寓接上了水电煤气，我对他说：儿子，你有一个自己的家了，你需要好好计划所有的开支，自己担起这个家的所有家务和责任！

有朋友问起如何训练孩子用钱花销，写这篇短文的目的也是给一个示范，也许我家的例子并不适合所有离开父母的孩子，但是，对我的孩子来说，我是把他四年本科的杂费（学费和住宿伙食除外）一次性给了他，让他自己计划支配，给他充分的信任！我们不大管他的花销细节，平常只偶然问问他每月的花费是多少，大致花在哪里。只要合理我们都任由他自己做主。大学第一年，他自己的账户上只出不进，谈了三个月的恋爱，无疾而终，开玩笑说谈恋爱太花钱，暂时不谈恋爱了。大学第二年，他在学校有工作有收入了，每个月都会告诉我们花了一些钱，不过，还存了一些钱，晓得收入要大于支出。我们很高兴他知道怎样计划合理地安排自己的金钱。

我们一直认为：孩子成年之后，大学本科毕业，就该负起自己的责任，包括经济上的责任，即使我有，也只在不妨碍我自己的生活质量之外，才给一些类似带有投资性的资助。这不是父母自私，而是给孩子成长的空间，事实上也是让他们知道承担责任比提供无限的金钱花费对他们的成长更有意义。

儿子在布朗大学校园里表演嘻哈舞

我知道有一个美国家庭，就读医学院的孩子也是贷款付学费，四年之后，父母将孩子欠银行的钱付清了，但并不是就此算了，长大成人的孩子不需要向银行付6%的利息，但需要向父母付3%的利息。这样不仅在经济上帮了孩子，让孩子学会了经济独立，而且也让孩子对减少了一半的债务心存感激；对于日益年老的父母，也算是一种小小的投资回报。我不敢保证我们会这么做，但是，我们确实有如此考虑，哈哈，不过，请认识我儿子的人别泄露天机！

让孩子学会管理自己的金钱，学会慢慢地独立生存，学会慢慢脱离父母自己承担自己的一切，我认为是一个孩子大学时代主要学习的内容之一。

7 大学二年级的Slump

又听说了一起哈佛大学二年级生的“sudden, unexpected death”，（对不起，我都不忍心用中文写出这三个字）。我脑中一下就出现了不久前曾经听我的孩子跟我提起的一个词“slump”。

先说这个离世的哈佛孩子，因为是华裔，故而，华人群中肯定也要议论一阵子了，更因为他跟我孩子同姓，我看了心里止不住地一阵阵疼痛！这是个优秀的孩子，光看看那篇简短的英文报道就知道，哈佛生就不提了，他还是一名基督徒，曾经被他就读的高中评为2014年最佳学生！

我不清楚他离世的具体原因，但是因为我刚与两个读名牌大学的孩子度过了一个愉快的假期，在旅途中，听着他们谈起大学生们嘴里的一个专有名词“slump”，当时我还觉得挺好玩的，现在想想，这可能是一种较普遍的现象。

话说我们在长途车里，小小的空间，大家各自的谈话都能听得十分清楚。

前面是我们两个成人，一个开车，一个在听后座两个大学二年级生聊天。

布朗大学生说：我真高兴，二年级过去了！

伯克利大学生说：你也有这种感觉？我有一阵子觉得一点都不想读书，还翘课！

布朗大学生：我的好朋友有一阵子整天躺床上，哪里都不去，饭也不吃，床头就一罐巧克力酱，饿了就挖一勺子往嘴巴里送，医生说他好像有躁郁症！我……我也拿了一门B！

伯克利大学生：那你比我好多了，我荡掉一门课呢！

坐在前座的我吃了一惊，回头，瞪大眼睛：你们说什么？

干儿子赶紧安慰我：干妈，你别担心，我下学期重新拿这门课，现在我自己付学费了，一定不会不好好读的。

儿子对我说：妈，你听过"slump"这个词吗？这是Sophomore（大学二年级生）的通病！

那是我第一次听说。这两个孩子都是很优秀的孩子，都或轻或重出现了这种猛然下落的坠落感！我的看法是，这些大孩子经过高中最后两年的拼搏，进了名牌大学，进大学的第一年，处在兴奋和新鲜之中，派对一个接一个，他们都睁大新奇的眼睛走进一个令他们无法安静下来的世界！到了大学二年级，所有的新奇都成了旧事，也就从那最兴奋的高点直落下来，年轻人可能会问自己：我到底要做什么？这一切又有什么意义？大多数迷茫一阵，也就是这个所谓的"slump"。到了三年级，有了目标，大部分都找到了自己想学的专业，又忙碌起来。

但是，这个哈佛二年级生的谢世，也许可以让我们这些家长警醒一下，了解到孩子大学四年里有那么一个低谷的存在，在孩子大学二年级的时候，可以多关心他们、开导他们，关注着他们平安地走出低谷。

其实，人生是由一个又一个低谷组成的，每走出一个低谷，我们都变得更加坚强。经年以后，回头看时，会觉得一切原来都不算什么大事，反而有一种美好的感觉。但是，要让一个十八九岁的人明白这点，并不容易，有时，我们说多了，反而起到相反的作用。可是，作为过来人的我们应该了解到：一个年龄有一个年龄的烦恼，即使在未来的岁月里回看前面的烦恼，并不是个大事，但当我们处在那个时段，有时确实觉得难以走出那个困境。

作为父母，只要了解、理解加关注，陪伴着孩子成长就好。

8 拿红包，磕头啦！

曾说过我家的传统：过中国年，大人给孩子压岁钱，孩子给父母磕头，双方互谢。有些人不一定喜欢，我强调：这是我家的传统，你无须认同更无须跟从。

说来开始是好玩儿，孩子小的时候，过中国年，我们给他们一个红包，对小小的孩童说："来，给爸爸妈妈磕个头！"孩子也是觉得好玩儿，跪在地毯上，就磕了个头，大家哈哈大笑一番，很开心的一刻。

随着孩子的成长，这个好玩的习俗成了我们家过中国年的一道风景。有时候，中国年，大人上班孩子上学，还没意识到就过了，推迟到周末，几家一起庆祝，大多也是大人海聊，孩子海玩，大家一起海吃！慢慢地，这中国年，成了我们两个大人把电视调到中文台看一看中央电视台的春节联欢晚会，就算过年了。对于孩子来说，中国年唯一让他们觉得特别的就是我有时会做一些年菜，比如蛋饺、素什锦、发菜猪手之类的，还有就是红包了！

今年过中国年时，儿子已去上大学了，我寄了一张支票给他，用红包包好，跟他说这是过中国年的红包。女儿在家，但是一直没问我们要红包，以为她忘了，却听到她对她的小朋友们说："我的红包还没拿到呢，我爸爸妈妈可能还没准备好。”红包要准备吗？问女儿她以为爸爸妈妈该怎样准备红包，她说不是要磕头吗？哈哈哈，太好了，还记得这茬儿呢！

于是，趁着儿子放春假回家的一个夜晚，把两个孩子都叫过来，说中国年虽过了，但你们红包拿了，头也要磕的，对不对？两人都猛点头。

儿子向我们磕头

我在地板上铺好垫子，先是儿子，跪下来就是三个响头，干净利落。然后他说：“谢谢爸爸一年来帮我付大学学费，谢谢妈妈夏天的时候带我和妹妹去中国游玩和演讲……”儿子说完，爸爸回谢：“谢谢你做我们的好儿子，感谢你一贯的自律自主，我们以你为荣！”妈妈忙着一旁拍照录像。

轮到女儿了，女儿和狗正一起在毯子上玩得不亦乐乎，接过红包咧嘴一笑，说：“谢谢爸爸妈妈有时候能替人Consideration（着想）……”我插话：“有时候？”她很肯定：“Sometimes，not always！（是有时候，不是总是！）”我和她爸爸相视苦笑。爸爸对女儿说：“谢谢你做我的女儿，你是我唯一的女儿！……”我插话：“你儿子也是唯一的，老婆也是唯一的！怎么一到你说女儿就思维混乱呢？”女儿对我挥挥手，我赶紧闭嘴，继续听老爸对女儿说：“你让我体会到做父母的不容易，也体会到有女儿的父亲是多么幸福！希望你快快乐乐，健健康康……”

我这个做妈妈的当然也得说几句，一边说一边随手按着相机的快门，记下我们家里的这快乐一刻！

9 儿子和他的好友

三年前，我们还住在加州，儿子最好的朋友之一布莱兹，也是他加州初中三年和高中第一年的同班同学，邀请儿子为他的巴松管独奏音乐会钢琴伴奏，儿子欣然同意。

演奏会在旧金山市富丽堂皇的音乐厅里举行。那时，孩子的爸爸已一个人调到东部工作了，我这开车胆小鬼，在旧金山湾区住了二十年，却从来没敢自己驾车进过旧金山城。正担心怎么跟着儿子听听他们的音乐会，布莱兹的妈妈打电话给我，说他们家开的是一辆小型的面包车，可以多一个我的座位。

就这样我认识了布莱兹一家。布莱兹的爸爸我已认识有段时间了，有一次，我在我家小后院里烧烤，招待儿子的几个同学好友，布莱兹的爸爸特地到我家后院一看，对我当时在烤的韩国牛仔骨很好奇，说味道很香，一再问我在哪里买，怎样腌渍入味等。我们挽留他留下吃晚饭，他说要去打拳，肉烤好，他告辞打拳去了。

儿子告诉我们布莱兹的爸爸是斯坦福医院的胸外科医生，因为要常做心脏手术，需要一个好的体力，他一周去拳击馆打五次拳以锻炼体力，我们送儿子去过布莱兹家几次，他们住在湾区的Las Altos Hills的小山包上，他家的地几乎是那个小山包的整个山顶。这位胸外科医生对我儿子后来坚定不移地学医起到了很好的促进作用，儿子后来不仅成了健身房的常客，更和布莱兹一起被布朗大学本医连读先后录取，再次成为同学。

那次在去旧金山音乐厅的路上，我和布莱兹的妈妈闲聊，才了解到他的妈妈已是第三代华裔，也就是说她本身就是ABC，一口流利的英语，一点儿口音都没有，而且与之交谈很快就可以发现，她的思维正如任何一位普通的美国人一样，完全感受不出任何亚裔的东西，只有在注视着她那张东方女人的面孔时，才觉得这原是一个有着百分之一百中国人血统的美国人。

一谈才知道，布莱兹的妈妈也是位医生，她的谈吐和见识也是典型的美国医生的样子，唯有一点，在音乐会结束时，我们大家一起在后厅庆祝，布莱兹的父母拿出带去的好几瓶不错的红酒，还有布莱兹妈妈亲手做的甜点和食物，其中有一道是中国食物：春卷。就是那一个个小春卷透露了这个家庭还保有的中国味道。

回去的路上，我们谈起我们一家很快要搬到东部，布莱兹的爸爸告诉我，他是在纽约的布鲁克林长大的华裔，他的父母是第一代香港移民，所以他会说流利的广东话，但是完全不会说普通话。布莱兹的妈妈因为是第三代华裔，故而完全听不懂也不会说中国话，但是，布莱兹的父母在山顶的住宅旁边，还为他的外公外婆买了一栋住宅，中国人孝敬父母的观念在第三代华裔身上依然存在，这点让我在后来与他们家更多接触时更加感触深刻并且深以为安慰。

我们搬到东部的第一个冬天，布莱兹告诉儿子，他们一家那年的圣诞节要回纽约与他的祖父母一家一起度过，两个孩子约好要找机会见面。

那年我老父亲也正好住在美国，圣诞节的前一天，我们开车送儿子去布莱兹纽约的叔叔家里，让俩孩子见面，我们预备带着老父亲去那个小镇逛逛，晚上接了儿子再找个地方吃圣诞夜的晚餐。送儿子去的时候，才发现布莱兹的叔叔家里人满满的，加上姑姑和祖父母，一大家人过圣诞节。他们看见我们也是一家人来，就极力邀请我们一起过圣诞节，让两个孩子也可以好好聚一聚，就这样，我们逛完小镇就去了他叔叔家过圣诞节。

这样，我们才算真正了解了布莱兹家，那真是一个比较成功的中国移民的家庭！布莱兹的祖父在香港时就是医生，祖母是护士，刚移民美国时也很艰苦，但是勤劳而聪明的中国人啊，就这样一点点在另一块土地上安定了下来。老布莱兹医生不仅自己在美国重新执业做医生，而且把他的五个孩子中的三个培养成了美国医学院毕业的医生，其中两个儿子娶的也是医生，所以家里除了两位老人，还有五位医生，整个医生之家！

与这一大家子接触下来，让我印象最深的有两点：一是他们对父母的尊敬和兄弟姐妹之间的相亲相爱，那种中国大家庭间的亲密无间在这个三代华裔的家族里体现得完美无缺！二是他们不像现在的那些新移民，以嫁娶外国人为荣，相反，他们的第二代家庭成员几乎都是嫁娶的ABC华裔，也就是说这些成功的ABC医生，娶的太太和嫁的丈夫也都是与他们有着相似背景的ABC。我想这也是为什么这一家子让人感觉尊老爱幼、和睦万分。除了他们互说英文，他们的举止行为都是典型的中国知识分子的样子。

那天我们第一次见到布莱兹的姐姐，这个女孩从小瘫痪，坐在轮椅上，可是绝顶聪明，她的医生父母对她疼爱有加，并且鼓励她自立，她高中毕业，考取了斯坦福大学。在一群活蹦乱跳的青少年当中，她静静地坐在那里，不时地发表几句评论，她的弟弟妹妹对这姐姐的评语很重视，我想正因她一直受到应有的尊重，才能有着一般人没有的自信。从这个女孩子的身上，我就感到布莱兹父母育子的成功之处。

很多时候，我会想，我的孩子以及将来他们的孩子会是怎样的？从布莱兹一家三代身上，我看到一个我所乐意见到的情形，我希望我的孩子也能像布莱兹的父亲那一辈那样，虽说着地道的英文，却也有着中国

儿子与好友布莱兹在纽约相见

人值得传承的东西。

今年，儿子和布莱兹都高中毕业，两个孩子都想学医，布莱兹提前申请了布朗的ED（Early Decision，提前决定），今年初，我们都知道这孩子被布朗本医连读录取了，当时儿子被斯坦福拒了，被拒的孩子自然就有了情绪，觉得我们作为移民第一代没能给他任何帮助。因为布莱兹的父亲是布朗毕业的，布莱兹作为Legacy（后代）很轻松就进了布朗，孩子便从那轻易之处去理解这件事。后来的RD（Regular Decision，普通录取），他也被布朗录取了，两个孩子欢天喜地，布莱兹的父亲李医生开玩笑地对我儿子说：将来你的儿子也可以Legacy进布朗了！我们更是教导他：不要只看别人挑担容易，只要自己做到最好，机会会给准备好的人！

两个孩子都想在布朗开学前一周参加学校的一个专门为新生举办的

训练班，布莱兹提早一周来到纽约，住在他的婶婶家里。本来说好要到我家来住几天，后来要去看望他的祖父母和叔叔等，就约好两个人在纽约见面。

周末，我们送儿子进城，在中城的一家礼品店前，两个孩子再次相聚。三年里，他们断断续续一直有见面和联系，两个人都喜欢跳街舞，两个人都想要做医生，两个人都考进了布朗大学和布朗医学院……这是怎样的缘分！

中城的礼品店是布莱兹的婶婶的父母开的，一楼的礼品店有各种各样的旅游纪念品，二楼如商品储藏室一般，有些杂乱，三楼和四楼豁然开朗，并且装修得美轮美奂，是布莱兹婶婶父母的住宅，整栋楼都是那对老华裔夫妇的产业，这就是典型的中国第一代移民的生活！他们勤劳聪慧，从最底层做起却做到最好，积累财富，积极培养子女，给子女最好的教育，我从他们身上看到很多的闪光点。再回头看着布莱兹和我的儿子，他们肩并肩站在阳光下，充满了朝气和自信。布莱兹的婶婶开玩笑地招呼他们：两位医生，请上楼吧！这难道不是华裔第二代和第三代的代表吗？他们虽然没有经历过我们曾经经历的艰辛和苦难，但是他们一直在学习在成长，在这样一个自由和充满积极向上的氛围里，我们有什么理由不相信他们会成才，会做得比我们更好?!

（另一篇有关俩孩子的文章见前面《繁忙的周末——首场考试和末场音乐会演奏》）

附录 儿子写的三篇文章

1 美国高考（译文）

美国大学录取过程是有些神秘而又模糊不清的。该系统的结构要比中国高考制度难理解得多。这篇文章的目的是展示美国大学录取的决定因素和与中国各所大学之间的差异。

我从最近的中国之旅中了解到，中国学生的高考分数是最终决定他考上哪所大学的重要因素，当然他的户口所在地也是另一个因素。课外活动和领导力似乎并没有对入读名牌大学有任何影响。但在美国，这些却是起决定作用的。

这并不是说，学习成绩和考试成绩不重要，事实上，恰恰相反：一个学生的成绩单和高中的平均成绩分数是大学招生人员考虑该学生是否有资格被该校录取的先决条件，也就是说，好成绩和好的考试分数给了招生人员一个该学生可以跨过“予以考虑”的门槛。但是我们也听到一些取得完美的满分2400（SAT）和高中平均分数全A（4.0）的优秀学生被哈佛大学和耶鲁大学拒收的故事，要获得任何名牌大学的青睐，学生不仅需要一个漂亮的成绩单，也要有丰富的课外活动和展现其有卓越领导力的履历。

让我们从课外活动谈起。这些活动包括参加一些俱乐部或户外活动的组织，还包括在周末做兼职工作等。强调这些活动的目的是希望学生不要把自己完全埋在教科书堆里。顶尖大学分析说，申请大学的学生对社区服务的奉献和对某种爱好的热情，可以让申请人的个性和性格跃于纸上，这要比申请表格上单纯的分数和文字生动得多。任何课外活动中的领导职位也会增加申请人简历的含金量，名牌大学几乎都普遍地以他们能培养出领军人物而骄傲。

就填写申请表格本身而言，这个过程是漫长、烦琐而艰巨的。美国大多数大学都接受共同申请程序，这是一个在线的申请程序，它可以将申请表发送到多所学校。通用的申请程序通常在网络上的更新发布时间是8月底或9月初。申请大学的学生把身份、成绩等相关的情况，包括在学校里的排名状况（如适用）、参加的课外活动、得到的奖项等信息输入进去。然而，对于申请学生来说，最大的压力源于要写论文。通常要求申请人写一篇500字的短文，可以写任何他们想要表达的东西。许多人错误地把这项要求看成是作为补充强调自己的学习成果或者赞美自己的机会，其实招生人员已经通过其他部分了解到一个学生的学习成绩和水准，作文的目的是给招生人员一个了解学生本人的机会。自我赞美天才或者说自己热衷阅读百科全书，这样的描写是一种浪费笔墨的行为。这是一个展示个性和激情的机会，要写已经改变了你生活（命）的东西，或者影响了你的人和事。如果招生官在两个同样优秀学生之间难以取舍，个人论文的精彩与否可能会起到最终花落谁家的决定性的巨大作用。

大多数学校也有一个单独的补充部分。补充部分基本上是一组额外的简答题或论述题，学生需要完成，以适用于特定的学校。这些问题每所大学都不一样，但一般都会问及为什么申请学生希望被这所特定的大学录取。这部分的目的是确保申请学生除了了解到学校的名声或排名之外，还知道学校更详尽的情况。这部分其实是申请大学过程中最费时的事情。我在申请大学的过程中，就写了十五篇这样的论文分别投给不同的大学。

对于那些有兴趣进入专职专业课程的学生，即同时被本科和研究生院录取，更须写一些额外的论文。这里主要说的是法律预科和医学预科，这些额外的补充论文通常会要求申请学生回答为什么选择这种特定的职业，并且展示该生有着怎样的热情可以把这种连续性的职业教育进行到底。这些特定的教育程序是为那些清楚地知道自己将来何以为生、何以作为自己的终身职业的人设定的，那些已经在相关的行业或组织做过义务工作或做过研究和实习的人，被录取的机会就要高一些。但这些专业连读科目的录取率始终都在5%以下（与哈佛的6%录取率相比还低），所以当你申请这些连读科目时，不要期望太高。

当大学院校招生工作结束时，作为申请人一定是精疲力竭却又很高兴——一切终于结束了。对于那些想申请美国大学的学生，我希望我这篇文章对你们能有所帮助！

在此我祝你们好运！

2 巨大的转变（译文）

到目前为止，我生活中最令我感到震惊的改变发生在高中到大学的过渡期间。这个阶段，我经历了从孩子转变为成年人，哈哈，当然，要真正“成年”也应算在大学结束之后。大学在我的期盼里属于很私人化的东西，似乎没有其他任何生命阶段可以相比。鉴于我到目前为止只有一个学期的（大学）经验，我体会到最大的转变是独立自主。很多人在最初几年可能没有完全发展到可以独立生活（我很可能不会），但独立的意识和个性在大学期间的重要性可能相当于高中期间所强调的学业成绩或课外活动（的重要性）。

高中第四年的第一学期，申请大学过程的兴奋过去没多久，高中的生活就变成了许多学生的包袱，没有动力继续努力学习以取得好成绩，大部分学生的各科分数和刻苦读书的程度都在急剧地下降，曾经试图每场考试都能取得优异成绩的勤快变成了只要能毕业就好的懒散。在大学放榜后的一个月左右就更糟糕了，我有几个全A的同学高四的第三季度成绩下降到B甚至更低。

所有这一切听起来蛮可怕的，但大多数人经过一段时间后也能渐渐找到平衡。大学放榜之后，感觉就像高中阶段即将结束，只要等到夏天过去大学生活开始，我们的生活将会无限美好。几个星期后，你会发现那美好仍然是那么遥远。可能离离开地狱般的高中只有一学期之遥，但一个学期仍然是四到五个月的辛苦（读书）。对于我个人而言，这最后一个学期还是跟以前一样紧张，但不同的是：这种紧张几乎一点都不值得。我辛苦读了三年半的书终于得到了很好的回报，为什么还要再辛苦半年才能毕业？我恨不得那会儿就能结束那种辛苦。

没办法，我只能跟其他人一样磨洋工，结果还不错。高中毕业后的那个暑假是我读中学之后最轻松的一个暑假。有两个暑假你可以什么都不做，无所事事：高中毕业后的那个夏天和大学毕业后的暑假。这两个暑期是难得的漫长，这两到三个月无须负起太多的责任。如果不充分利用这两个阶段的空闲，你会发现，这样可以躺下来轻轻松松没有压力的机会在将来那是少之又少。

高中毕业后的暑假是独特的，它充满了天真和无限的期待，盼望着新生活的开始。我很少会在暑期中期待暑假早点儿结束，但是，那个夏天我就是如此地期盼着。我是如此地渴望早点儿（进入大学），我报名参加了一个为期一个星期的大学开学前的预科教程——第三世界的过渡计划。所以我（比预计）早离开了家，离开家（至少部分地）独立生活对我来说是如此兴奋的一件事情。但结果是，我一点都不喜欢那个预科教程。教程组织混乱、经营不善，所以头几天我就跟我新结识的几个朋友一起在校园里到处闲逛，几个同学在我美丽的、崭新的学生宿舍的地下室里过夜。白天，我们跑到校园外几个不同的餐馆里品尝美食。虽然这几天无所事事，但确实是令人难以置信的满足。

当新生入学仪式结束，校园内的学生人数明显成倍地增加了。每天约50~100次“你好，很高兴认识你！”的问候不断，到了后来，面孔和名字都成为一个模糊影子。除了铺天盖地的新同学，新生入学可能是我大学四年中最高兴的事情。从冰淇淋社交联谊活动到教授主持的专题研讨会，都在最大限度地为我们提高社交、增进同学间的相互认识的机会。在那种场合里，几乎每个人都情绪高昂，所以你到处都会被微笑的眼神迎接着。

但迟早，要回到现实中来。上课开始也是兴奋的，毕竟，大学是教育的一种高级形式，对不对？大学教授应该比高中教师更好，上课的主题应该是无限的并且更有趣的，而课程应带出每个学生全面隐藏的潜力。这些是我很愿意相信的，并且在最初依然相信的。我真心喜欢我选的那些科目，并最终决定学习那些科目。这些科目包括人类学和计算机入门科学。但这两门课在学期中遭到我的痛恨，尤其是计算机入门科学已被证明是我学术生涯的祸根。我每周花20～30个小时编程序、“抓虫”调试程序，却不知道自己在干什么。最终，我不得不放弃继续选修这门课，因为我根本无法弄清楚如何编码最后的那些项目。如果早能意识到，就可以省去我在电脑屏幕前来来回回浪费的这么多时间，那一刻心中猛然一惊，自尊心彻底粉碎。原来走出舒适区之外探索一个从没探索过的事物是如此累人。我那么急切地跳上马车就跑，相信无论多么艰难，凭借我是一名大学生都能够过去。对于一个大学新生，很容易说“我想选修这门课和那门课，只要深入学习就能掌握那个研究的领域”，计划很容易，执行却并不容易。课堂仍然是老一套地令人沮丧，既费时有时又无聊。

大学与以往最大的区别不是纯粹的自由，随心所欲；而是我不得不去适应，最终发现什么是我最喜欢的，这个需要重新评估事情的优先次序和个人的生活方式包括独立性。在家从来都是愉快的，但不论我父母给我多少自由，我还是不得不认识到，我必须遵守他们的规矩。不论他们说什么，我都有倾听和尊重的义务。这并不是说我不喜欢这样，但在大学里远离家庭的这种生活方式让我觉得过得更自在。

这种忽然间增长的自由度导致了一些事情。大学最初的几个星期完全是兴奋和充满乐趣的状态。周末的舞会甚至在平日里也常有，大部分大学新生在一定程度上体验了什么叫夜生活。就寝时间几乎普遍都推后2~5个小时，大家都沉浸在新结识朋友的兴奋中。酒精是不可或缺的，虽然大学和家长们都愿意相信（孩子或学生不会喝酒），大部分学生最终都会在深夜外出期间至少少量地喝过酒。即使那些乖孩子在高中期间从没有沉迷于舞会甚至从来没有饮过酒，最后都会成为这种趋势的牺牲品。但这个阶段不会持续很长时间，大约两到三个星期后，舞会变成了老旧的重复的事情，酒精也变得不太吸引人了。或早或晚，每周例行公事又恢复了常态，每天去图书馆做功课，每周去健身房锻炼来保持体态又成为正常的事情。

总之，大学本身就是走向成年的阶段性过程。很多人说教育水平之间的过渡，重点在高中和大学间的差异。但作家大卫·福斯特·华莱士曾经说过："一个真正的世界一流的教育不是关乎知识，而是教导学生学习如何思考。"在大学里，我首先得学习如何在舒适的家之外安全地生活。因此，大学真的只是一扇门，一扇通往未来几年让我们学会把握更好的机会并使得美梦成真的大门。

3 美国的超级邮政区号（译文）

三年多前，我们从加利福尼亚州搬来新泽西州，为了两个孩子能接受最好的教育，我们一次次飞新州在好的学区里寻找住宅，最终选择了山湖镇，这个美丽的小镇给了我非常安逸宁静的三年。儿子考进不错的大学使得我对山湖镇更多了一份感激，可没想到儿子的感觉却与我的相去甚远，他从大学回来度寒假时与我提到有个Super Zip，谈了他的感想。我觉得在加州出生和长大的孩子对东部这个小镇存在着一定的看法，看得出来他对加州湾区充满了感情，对山湖小镇的观感颇为负面。我请他把他的感想写出来，不是为了鞭挞富人区，也没有责备山湖镇的意思，我只是觉得有一点很有意思：父母竭尽全力为孩子创造条件，而孩子却不一定认同我们所认为的好条件是好的。不过，能跟儿子谈论这些还是挺让我欣慰的，至少我觉得这种不同的经历令他成长，也是对他个性的一种锻炼。

——海云

“商业内幕”最近发布在其网站上的一幅地图，名为“美国的超级精英生活在这些邮政区号”。二十个邮政编码地区被列为美国最精英和富裕家庭最为集中的区域，这些区域因而被称为“超级邮政区号区域”。其中一个邮政编码是07046，那是新泽西州山湖镇的邮政编码。

在过去的三年里我一直住在山湖镇，所以我可以证实新泽西州的这个小镇是多么的“精英”（或者说“富有”）。我第一次在网上偶然看到我的几个山湖镇高中同学张贴的文章，诸如：“我的上帝！山湖镇太棒了！”“耶！我们是有钱人！”他们似乎找不到更好的表达方法。但是正如我的许多朋友一样，我质疑山湖镇被标记为美国最“贵族”的区域之一，这样的标记本身真的好吗？

在搬来新泽西前，我们家住在帕罗奥多，那是硅谷的心脏地带，高科技公司如苹果电脑、惠普和特斯拉汽车公司，以及像史蒂夫·乔布斯那样的著名人物还有许多诺贝尔奖得主都在那里。房屋的价格是全美国最高的地区之一，学校始终排名在全美国的前100之内。不用说，许多住在帕罗奥多的人家被誉为是极其富有和成功的家庭。帕罗奥多，却令人惊讶地不在“商业内幕”列出的超级邮政编号区域的列表中。

原因是什么呢？最可能的答案在于社会经济的层次。帕罗奥多的富人可能比山湖镇那些富人的资产要多，但超级邮政区号区域取决于那个区域的财富平均水平。山湖镇通常被看作是新泽西州最富有的小镇，这又取决于：这百年小镇几乎所有的居民都有着高收入和价值百万美元的私宅物业，其中有许多私宅建在镇上的几个风景秀丽的湖泊岸边。与此相比，帕罗奥多的富人尽管可能会更富有，但那个城市存在着不同程度的经济地位的群体。从我们帕罗奥多的家过去两个街区，就有一个拖车公园，居住着二十几户移动房屋的居民。帕罗奥多的公寓和镇屋（townhouse）也比山湖镇多得多。因此，帕罗奥多的平均收入相对就比山湖镇低，于是，美国的超级精英行列邮政编号区域就把帕罗奥多撇除在外了。

在一个有超级精英（或富有）邻里的环境下成长，对未成年人来说，我的经验是：我的帕罗奥多的同伴比山湖镇的同龄人更开明和更具有包容性，山湖镇的学龄孩子较为保守也很浮夸。山湖镇最大的问题是18岁以下的人中90%~95%来自富裕家庭，他们大多数从小就在物质上被宠坏了。一直到进入高中之前，这些孩子只认识其他富裕家庭的孩子。消费习惯和金钱观都是在这个年龄段渐渐形成的，并且会极大地影响他们后来的言行举止。“山湖镇泡沫”常用来形容这种因早期生活方式而造成故步自封、思想不够开放的人。许多我的同龄人从出生到高中一直生活在山湖小镇上，当他们离开小镇去上大学时，很多人发现自己迷失了，对于新进入的世界完全没有准备，因为那个世界跟他们习惯了的世界不一样。

在山湖镇高中的第一年我还发现一个有趣的现象。如前所述，山湖镇的小学和初中都只是为山湖镇居民的孩子设立的，但山湖镇的高中部却接受邻近的布恩顿小镇居民的孩子，那个小镇在富裕程度上与山湖镇相差颇大。两组（来自不同的城镇的孩子）之间的敌意在高中的头一年或两年中是显而易见的，山湖镇的孩子认为来自布恩顿镇的同龄人都在某些方面不如他们。如果你来自山湖镇，你可能有几乎用不完的金钱去商场消费，你的社会地位几乎是帝王般的骄傲。如果你来自布恩顿小镇，你可能很少或者根本没有这样的能力去奢侈。随着时间的推移和两个地区学生的逐渐相互了解，这些差异变得不那么明显，但我从来忘不了同学面对面却凭着各自居住地区的不同而另眼相看的那种感觉。

这个观察的结论是，在山湖镇做一个普通人的标准要比在其他地方严格得多。所谓“怪异”的人在这里是被主群体避免的，在背后取笑这些“怪异”的人的频率比他们在其他地区频繁。直至高中四年级初，我都是一个害羞的人，不知道如何与人打交道，结果是，我被认为是这些“怪异”的人中的一个，而且我发现，这里所有的社交障碍比我在加州时多。我也有朋友，但我从来没觉得像在加州冈恩高中那样无拘无束。我的班上有几个男同学或许有些不寻常的女性化或者是同性恋，他们向我表示对山湖镇这样的环境的极度的不满和挫折感。其他同学会迅速地审判和歧视他们，快速地传播恶意的流言。而帕罗奥多恰恰相反，加州绝大多数人整体上对同性恋人士是普遍接受和尊重的，从这点上你可以看出一个过于保守和过于审视评判他人的社区的不足之处。

还有些不只是山湖镇常见的，其他社区也有的现象。在这里非法使用大麻很普遍，性行为开始于高中低年级生也被认为是正常的。在多个场合，我看到同龄人在学校停车场，甚至在学校的盥洗室里吸大麻，而其他同学正在课堂上课。同样，我听到很多高中一、二年级女生吹嘘和谁有性关系，而他们并没有使用避孕药等，当然，这样的事情可能在低收入居民区更频繁，但是，令我奇怪的是，这样的事情在这里不仅被接受而且被认为是“酷”的行为。

在超级邮政区号区域，消费文化也有很大不同。似乎你在衣服和配件上花费越多，你就越被认为是上层的人。我购买东西之前都会试图找到最便宜的（但仍然好看的），但山湖镇我的许多同龄人并非如此。我有朋友听说我经常在马奢尔购物时甚至当面嘲笑我。他们频繁出入的购物地点包括J. Crew、拉弗劳伦及布鲁克斯兄弟等专卖店。有一次，我提出要带一个朋友到马奢尔，这样我可以证明给他看，他可以找到他喜欢的东西但只需要付大约1/3或者一半的价格，但他拒绝了，他说，他永远不会踏进像马奢尔那样的商店。浪费金钱和贵族主义对我来说就是如此地骇人听闻，更不要说另一个事实，即我的男同学支付150美金买来的衬衫在我看来是如此地丑陋不堪。

在学术方面，山湖镇学区被评为是新泽西州前10名的学区之一。老实说，我也难以置信。是的，人群中确实有聪明的人，但大多数山湖镇中学的学生是以体育为中心的，大多数人的成绩处于平均水平甚至低于平均水平。可以这么说，我在加州冈恩高中学习比在山湖镇高中学习要难得多或者说更具有竞争力。山湖镇需要家教提高学习成绩的学生人数比邻近社区高得多。另外一个一直困扰我的事情是学校喜欢吹嘘其荣誉生的占比很大，但很多学生是用作弊的方式获得（此荣誉）。我不是唯一注意到这件事的，我的好几个朋友都提及过考试时自己是如何和其他同学合作（作弊）的。虽然大多数的AP和荣誉课程不会遇到这种大规模作弊，有些老师只是没有足够的能力来发现或者是不关心也不干预。

我严重批评山湖镇文化的方方面面，是因为我发现自己对大多数山湖镇人认可的价值观不认同。山湖镇本身是美丽的，社区是紧密而友好的，学校的设施和工作人员整体上也相当不错。我发现的问题主要是青少年方面。当然，我所列出的个案并不是普遍的，也不是说所有山湖镇的人都自以为是贵族，瞧不起他人，喜欢论断他人，不诚实等。确实，我对山湖镇的看法大多数是负面的。帕罗奥多也有很多富裕的家庭，但却有着多样性（或多元化），这种多样性的人口结构，更容易促进青少年拥有接纳和包容的心态。山湖镇上超过90%的居民是白种人，他们是新泽西州最富有的人群。我相信，这样的环境导致了山湖镇的一些青少年与我相异。我不能说由“商业内幕”网站列出的其他超级邮政编码区域都类似于山湖镇，但我的经历使得我对这种所谓的“超级区域”即财富集中的富人区不屑一顾。生活在一个超级区域中的感觉其实一点都不超级！

养儿，让我们做父母的尝到
为人父母的乐趣。

养儿育女大不同

［美］海云 著

Different Parenting for Boys and Girls

SPM 南方出版传媒
全国优秀出版社
全国百佳图书出版单位
广东教育出版社
·广州·

目录

三 女儿，你能不能慢点长大

四 母女情深

附录 女儿写的两篇文章

爸爸的小女儿

小时候的女儿，虽然不像儿子那样听话，比较任性，也比较爱折腾，但是，她的古灵精怪和不按常规出牌的脾气，也让做父母的我们尝到了不同的惊喜和体验。毕竟她还年幼，大多数时候除了哭闹之外，这个家里最小的成员，自然还是集全家的娇宠于一身。

1 爸爸的小女儿

我也曾是爸爸的“Little Girl”。儿时，“聪明，漂亮”是爸爸常挂在嘴边夸我的话语。少女时，爸爸耳提面命：“二十一岁前不可以谈恋爱。”男同学寄到家里的信，我从来都收不到，爸爸总是在我没看之前就把它们焚烧干净。女儿是爸爸心中的天使，这世上根本难以找到可以与之相匹配的人。所以，二十一岁我来美国前，都没有谈过正式的男朋友。这之前无论是喜欢我的还是我喜欢的男生，统统被爸爸否决了，理由是：“你还小！”出国上飞机前，爸爸犹犹豫豫，吞吞吐吐地说：“找男朋友，最好还是找个中国人。”那时的我，唱西洋歌曲，听西洋音乐，穿奇装异服，满嘴的英文，整个前卫女孩的形象。别人指着我几斤重的榔头皮鞋问我爸爸怎么教女儿的，爸爸回答：“那是时髦！我女儿的审美观，你们这些老古董哪里会懂。”我笑得捂住肚子叫痛。

出国以后，第一个月住在几乎与中国人隔绝的牛奶场，休假的第一件事就是冲向中国城大吃一顿中国菜。还记得走在唐人街狭窄的马路上，看着马路两边晒太阳的老头老太，听着他们说我几乎完全听不懂的广东话，我热泪盈眶。那一刻，我才意识到自己骨子里的中国情结。接下来的几年，我自己180° 大转弯，听中国音乐，交中国朋友，学烧中国

菜，最终还嫁了一个中国男人。奇怪，这次爸爸不再觉得这个戴眼镜的男人不顺眼了，也许，远在天边的女儿有个人可以依靠了，又是个中国人，总算了了一桩心愿。

结婚以后，回国探亲，先生是个在家待不住的主，“外面的世界太精彩”“狐朋狗友”，喝酒吃饭，很少会老老实实待在家里陪陪他的父母。而我，无论在哪儿，爸爸总紧跟在后。在家跟前跟后，我外出购物，他帮我拎包；我去喝咖啡，他坐在一边喝白开水……父亲恋旧，家里什么东西都不愿意扔，谁说他他与谁急，而我每次回去，总会大刀阔斧地清理他的东西：从换窗帘到换家具再到换房子，他一一接受。我扔他的东西，他一声不响，却拿出他保存的我小时候剪的辫子和掉的牙齿给我看。我红了眼眶，知道在爸爸心中，一切的老旧都珍藏着他对女儿爱的记忆。婆婆看到我们父女情深，酸酸地说：“女儿是父亲上辈子的情人！”先生听了，耸耸肩膀不置可否。

等到我们女儿降临，先生大概才明白了他母亲那句话的真谛。在他眼里，他的女儿是世上最漂亮的，连哭声都是最好听的。只要女儿一哭，她爸爸就担心她肚子饿，立马把她塞给我，哪怕我在一分钟前才刚刚喂过奶，他仍然不放心，拿着奶瓶自己上阵，结果人工奶进去，母奶自动减产，我还被怪奶水不足。女儿一点点地长大，爸爸一天天地发现女儿的更多优点。女儿小时候，两只眼睛一笑眯成一条线，我常开玩笑说他们父女俩真是一对眯眼宝，爸爸会说：“单眼皮好看，东方特色，将来啊，追我们的人要大排长队去。”女儿长大一点，眼睛倒成了圆溜溜的了，爸爸又说：“瞧瞧我们的大眼睛，就像两颗大葡萄，真美！”提醒他曾说过的东方之美论，他扮失忆：“我说过吗？”让你没辙。女儿喜欢涂涂画画，随手涂鸦，她爸爸都视为珍宝，不仅办公室里到处放着女儿的大作，家里还裱好框好挂在墙上，更甚则是把女儿画的巴掌大的小画，寄回国给祖父母辈，还大言不惭地说等将来女儿成了大画家，这些画可就成无价之宝了。儿子和我泼他的冷水：“那些在金门桥下的公园里为游客画像的艺术家，半天售不出一幅画，恐怕肚子都吃不饱

吧？”爸爸说：“没事儿，女儿你尽管画。没钱？爸爸养你一辈子！”

父女俩在家里整日上演你亲过来我亲过去的戏码，女儿叫爸爸“爸比”，我说：“怎么成芭比娃娃了？”爸爸马上接口：“这是女儿对我的爱称！”爸爸叫女儿“心肝”，叫得又亲又软还拖长音。有时女儿睡着了，爸爸还会坐在床边傻傻地看。问他看什么，他只说：“cute，cute！（可爱）”那一刻，我想这个世上也就是女儿——唯一的女人，无论丈夫怎样对她好，我都不会嫉妒，反而心里甜甜暖暖的。有时女儿恃宠而娇，耍脾气过分了也会惹得老爸发毛，控制不住地对着女儿一吼，那就捅“马蜂窝”了。女儿看到平日里千依百顺的“爸比”对她横鼻子竖眼睛，眼泪立刻如断了线的珠子，噼噼啪啪地往下掉，有时伤心得说不出一句完整的话来。爸爸在我们的煽风点火下，决心好好管教女儿，把她关在书房里反省，但坚持不了一会儿，就忍不住开门进去。不久，你就可以听到爸爸低声下气地赔不是的声音，再过一会儿，你就可以看到两个人亲亲抱抱地出来，爸爸想尽方法“博女一笑”，女儿当然也就破涕为笑了。

一次与两朋友聊天，她们也有两个差不多大的小女儿，一说才知道，她们的女儿与爸爸之间也是这种“亲不断，理还乱”的关系，心肝宝贝似的小女儿们都是爸爸捧在手上怕摔了、含在嘴里怕化了的最爱，做妈妈的说起来都是摇摇头一脸的无奈兼一脸的笑容还有一脸的骄傲。

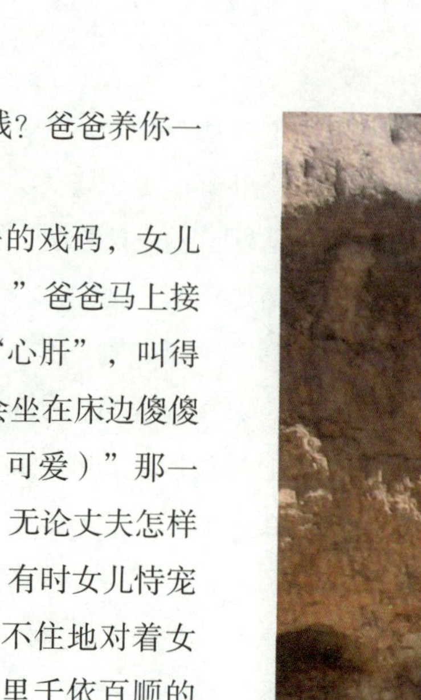

爸爸与女儿在拱门国家公园

2 成长的烦恼

女儿八岁。受哥哥影响，最近沉溺于玩Yu-Gi-Oh!（游戏王）卡，还有Pokemon（宝可精灵梦）卡。小女生玩这些男孩子玩的东西，兴致盎然，乐此不疲。

这天她向哥哥“烧包”（show off，炫耀），从书包里拿出一本装贴得整整齐齐、漂漂亮亮的排列有序类似相册的卡册，里面一页页各式各样的Yu-Gi-Oh!（游戏王）卡和Pokemon（宝可精灵梦）卡。哥哥“哇”的一声，羡慕之余马上想到这本卡册从没见过，遂问妹妹哪里来的。妹妹说是班上的一个小男生送的。哥哥认为没有男生不喜欢Yu-Gi-Oh!（游戏王）卡的，何况又装册得如此漂亮，肯定是人家的心爱之物，怎么会送给别人呢？那种怀疑的语气刺伤了妹妹炫耀的心理，加上哥哥又嚷嚷要告知爹地和妈咪，妹妹马上快手快脚地把卡册放回书包里，委屈中眼圈有点发红。

儿子的高声嚷嚷吸引了我们大人的注意力，一看卡册，觉得儿子的话有道理，也开始怀疑女儿卡册何来，是不是拿了别人的，或是问别人借的。女儿一口咬定是一个叫Elias的小男生送给她的。爸爸和哥哥站在她身边，一边一个都在问：“Why?（为什么？）”为什么别人把这么

好、精心装成的卡册送给她？她答不上来，我也疑心大起，这下变成了全家“审问”。越问她也就越答不上来，她结结巴巴变化着说法，一会儿是“He gave it to me（他送给我的）”，一会儿又成了“Maybe he just let me borrow it for a couple of days（他可能是借我两天）”。

大家各抒己见，哥哥说：“Impossible!（不可能！）”理由是人家肯定是很喜欢这些卡才会把册子装得那么好看，结论就成了是妹妹拿了人家的东西。爸爸说，男孩子的东西怎么能拿？借也不行！将来长大了，人家投其所好，小女孩吃亏都是因为糊里糊涂的……我想会不会女儿被他们这样一弄，反而说不出真话来了。于是请他们安静，拉着女儿的小手，坐下来轻声对她说：“你告诉妈咪真话，不论是什么，我都不怪你！”她眼泪汪汪地看着我说：“我已告诉你了，是他送我的！”我深吸一口气，问：“真的吗？”她回答：“See? I know you won't believe me!（看吧！我就知道你不相信我！）”然后开始大声哭泣表示抗议。我觉得事态模糊不清，想到不能让孩子养成随便拿人东西的习惯，我决定去她学校一趟，弄个水落石出。女儿说：“Fine! You go ahead check it out!（好吧！那你自己去弄清楚吧！）”留下我们三人站在那里，她上楼进了自己的房间。

第二天，我和女儿一起来到她的学校。在操场上，女儿指着一个小男生告诉我他就是Elias。我在他的面前弯下身，拿出女儿书包里的卡册，和蔼地问他：“这是你的卡册吗？”他点点头，我又问：“是你借给我女儿的吗？”他回答：“I gave it to her.（是我送给她的。）”我想那会儿我的思维并没有跟上我和他对话的节奏，我继续傻傻地问：“Why?（为什么？）”小男生愣了一秒钟，耸耸他的小肩膀：“I don't know… I just want to give it to her…（我不知道……我就是想送给她……）”看着围过来的几个同学，小男孩的脸开始一点点地涨红，猛然，我意识到错误，赶紧拍了拍他的肩膀，对他说：“Oh, Thank you very much for the wonderful gift!（啊，谢谢你送的这份美好的礼物！）”然后把卡册还给站在一旁的女儿，有点灰溜溜地离开了女儿的学校。

兄妹俩在练空手道

去上班的路上，我不断地问自己，什么时候开始竟对任何人都不再信任？什么时候开始把许多简单、纯洁的事看成复杂和丑陋？

回到家和先生说起，我满心愧疚，觉得伤了女儿的心，让她觉得不被信任，还无形中让一个小男孩处于尴尬的境地。我唉声叹气了一个晚上，先向女儿道歉，再自己静坐反思。先生倒不以为意，坚持女孩子不该随便收人礼物，他嘴里不断说的是："长大了，遇到这样的事，她怎么办？"也许做父亲的担心女儿这方面也是正常。然而，只是这件事对我意义重大，至少让我建立起对女儿的信任，也让我意识到女儿不再是个"Baby"，她正在成长。

为人父母，陪儿女一起成长，有诸多快乐，然而烦恼也不少。我决定把这些成长中的烦恼记录下来，权当是做父母的学习过程，做子女的成长经历。

3 小舞后

女儿从五岁开始习舞，在我们家附近的一所儿童舞蹈学校里学习芭蕾舞和踢踏舞，一个星期一次，一次一个小时。小小的她很喜欢在那里跳来跳去，班上的同学也是从小一起成长的。开始的时候，她很喜欢芭蕾舞，因为芭蕾舞的蓬蓬舞裙穿起来让她有种小公主的感觉；慢慢地，她更加喜欢踢踏舞，因为她可以无拘无束地自由发挥，还说要去学嘻哈（Hip Hop）舞。她个性较为自由散漫，嘻哈舞也许更适合她。只是我觉得她还小，芭蕾舞可以训练她的基本功，所以还是让她同时学着芭蕾舞和踢踏舞。

初看他们美国老师教舞，我真是在一边干着急，因为他们并不是很注意基本功的训练，反倒是好玩为主。学习三年了，还没学会几个像样的动作。每次我去看她们练功，心里就着急，看到她们弯腰手不碰地，提腿脚不绷直，老师腰上横肉一圈，班上的同学也是好几个小胖丫头，我总爱说："你们这是练的哪门子功，我像你们这么大，一下腰就手到地了，天天都要一字马练劈叉的。"女儿眼里明显的不相信："妈咪，你跳过舞？"唉唉，罢了，不提也罢。

我们小的时候，那叫作宣传队。小学时，我可是宣传队里跳舞老师最喜欢的小女生。那一年，我的外婆来接我去她家，正逢父亲再婚，

父亲答应放行，但说好那是最后一次，下不为例。我上学的学区正排着会演的节目，我还记得我们跳的舞名为“一分钱”，我演那个在马路边捡到一分钱交给民警叔叔的小女孩。去了外婆家，见到久别的母亲，却错失了那次演出的机会。后来代替我出演小女孩的那个女同学被南京市“小红花”舞团挑了去，多少年后我想起来心里还有种空落感。她们那年夏天跳的那支舞，拍的照片被放在我每天经过的照相馆的橱窗里，我每次走过都不忍去看，因为那上面中间双手举着一分钱的女孩本应是我。现在想想真是蛮好笑的，小女生的心思啊！

女儿舞蹈学校每年六月都会有一次会演，女儿已参加三年演出了。孩子们跳了一年，就这一刻，穿上漂亮的舞裙，在正规的舞台上翩翩起舞。舞蹈老师也会在这个时候，趁机露露舞技。当然，我们做家长的都需要帮孩子们买漂亮的舞裙，还要捐钱给学校以赞助学校租下的剧场。不过大家都心甘情愿，为了孩子，也为了自己一年的付出（接来送去的），剧场里还人头攒动的呢。

舞台上，穿上七彩舞衣的孩子们感觉就不一样了，小孩子们有种小舞星的光芒，爸爸妈妈们坐在台下也有种“吾家孩子初成长”的喜悦。老师们，尤其是那几个胖胖的老师，竟然也能跳跃如飞，演绎出足尖上的美丽，真是让我刮目相看，也让我认识到在美国这个社会里所鼓励的一种自信的美和从心底里散发出的对自己的兴趣无比热爱的美，即使先天条件不那么完美。

每年我都是自告奋勇地充当“Back-stage Mom（后台妈妈）”，和女儿与她的同伴们一起在后台的化妆间里帮她们换服装，化化妆，维持秩序。小女生们像小鸟叽叽喳喳地说个不停，既兴奋又紧张。跳芭蕾舞规定头发都要束得高高的在头上盘个结，老师要求用很多发胶把碎头发粘在头上不能用发夹，但总有些糊涂的家长给孩子夹了一堆红红绿绿的发夹，结果当然是要拿下，我们几个后台妈妈要做的就是帮她们弄好头发。

跳芭蕾舞和跳踢踏舞不仅服装不同，舞鞋也不一样，连发饰也需要有所变化。在换服装的时候，这些小女生不是这个找不着衣服，就是那个不见了舞鞋。等她们跳完两支舞，不仅她们放松下来，我们这些后台妈妈也是大大松了口气。

女儿在舞蹈表演前穿着演出服留影

4 与女儿逛商店

最近上班精神高度集中，到了周末，精神一下子松弛下来，人变得很嗜睡。从星期五晚上开始，对着我以往很喜欢看的科幻片，看了一半就熬不住，上楼头一挨枕头就进入了梦乡。

周六一早被先生吵醒，但过一会儿我便接着睡过去，十点钟才懒洋洋地起床，全家去一家广东茶楼饮茶吃点心，回到家又想上床。家里每个人都想办法怎样让我不去睡觉，女儿决定陪我去逛商业中心。

在商业中心里牵着女儿的小手逛了一两个小时，我开始享受女儿像个小尾巴跟着的窝心感觉。我在“Nine West”店里买鞋子，她告诉我：“妈咪，你看那上面说买一双另一双半价。”那好吧，就买两双！我拎了一双银色又拿了一双同式样的黑色鞋子，准备付账。女儿指指我手中的黑色鞋子，说：“妈咪，你为什么买一模一样的鞋子呢？”我说：“不同颜色呀。不是你告诉我买一双另一双半价吗？”她先提醒我家里我那些众多的黑色鞋子（我是有点过于喜欢买鞋子而且很多时候喜欢买黑色的鞋子），又指指旁边一双蓝色的便装皮鞋，建议我换成那双。那种蛮鲜艳的湖蓝色，我配什么裤子好啊？她告诉我配牛仔裤！她还要我穿上照照镜子，镜子里的湖蓝色鞋子还真不难看。我采纳了她的建议，

她高兴极了。

接下来我们逛的每一家店，她都要发表她的建议。

在“Van Husen”店里，八岁的女儿告诉我那些衣服是给老先生老太太们穿的，而一进“Bebe”的大门，女儿就说她喜欢那件印着“Bebe”字样的短短的黑色夹克。嘿，小小的人儿，还蛮有时尚的观念。我买一件长长的棉织T恤，女儿建议我外面加一件短短的白色小外套，一再强调她的同学们都喜欢这么穿。

给她买衣服时，也由她自己挑选式样和颜色。我也吸取了以往的教训，以前没征求她的意见就买回来的衣服，她不喜欢的话就会一直躺在她的衣柜里。衣服挑好，她不仅知道配鞋子，而且顺手拿起一顶帽子和一条裤子，说这样配起来才好看。旁边一个妈妈模样的人看到了，对我眨眨眼会心一笑。

母女俩一起逛商店

大商场逛了一半，我拎不动了，看见女儿还精力充沛地跑来跑去，我对她说："我们让爸爸来接我们吧！妈咪拎不动了。"女儿倒是很体贴人："妈咪，我陪你坐坐吧。"正好经过一家面包店，走进去，女儿吃着甜点，我坐在那里看着商业中心来来往往的人群，喝着我的苦咖啡。

一个懒洋洋的周末，女儿主动请缨陪我逛街，我被女儿的贴心感动，想到自己小时候没有母亲相伴的日子，忽然有种眼湿湿的感觉。我捧住女儿的小脸，疼爱地亲吻一下，自言自语："没有女儿的母亲是人生一大欠缺！"

甜点吃完，我便打电话让先生来救驾，上了车，看着我们大包小包的，先生问我："怎么样？女儿第一次陪你逛街，是不是以后都用不着我啦？"我还来不及回答，女儿已经叽叽喳喳地把从我买鞋到她买衣服的每一件事都跟她爸爸讲了一遍，我就在女儿的述说和他们的欢笑声中又开始昏昏欲睡。

5 拼图木屋感恩节

今年的感恩节，我们是在圣何塞南面一个叫Morgan Hill（摩根山）的小镇的山脚小木屋中度过的，孩子们很雀跃，因为可以住阁楼。小木屋只有一房一厅，还有一个卫生间加一个小小的厨房，最主要是有个小阁楼，大人在阁楼上站都站不直，可是孩子们相当喜欢！当时去看时就是被他们鼓噪着，看着确实有那么一点回归自然的样子才花了那一笔银子。

其实，我们人类早被娇惯坏了，就像去露营，说是回归自然，真的让我风餐露宿，根本适应不了。所以老美的原则是：设备要齐全先进。说穿了，也就是去呼吸一下新鲜空气。

孩子们带着他们新买的X-box，进了木屋就直奔客厅，电视接上X-box，便整个人儿进入那虚拟的人与外星人的战争中。大人就惨了，电视看不成，网也上不去，电话都不通，跑到外面看星空，黑黝黝的山上星空格外明朗，银河系像一个倒扣的小船清楚地在头上悬挂着，浪漫不到两分钟就给山里寒冷的夜风吹得跑回了木屋。

第二天是感恩节，把两个孩子从电玩上拖下来去小镇转了一圈，买了做好的火鸡晚餐，回到木屋，找到一个大家玩的拼图游戏。五百个硬

母子三人在圣诞树前留影

纸块可以拼成一个美丽的图案，要的是耐心和细心。以前总是看到美国老太太老先生们在那儿杀时间般玩这种游戏，从没觉得这种游戏会引起自己的兴趣，没想到一玩还真上瘾了；女儿像只小蜜蜂，嗡嗡地飞来飞去，拼出那串图上的葡萄就坐不住了；儿子一路耐心拼下去，陪着我几乎用了一天的时间把那个图案一块块地镶嵌了起来。

回家的路上，女儿对那拼图念念不忘，说：“妈咪，我们去买一个一千块拼块的拼图回家再玩，好不好？”我很高兴，他们能和我一起安安静静过了这样一个拼图感恩节。我希望很多年以后，当他们看见老先生老太太坐在那里玩拼图游戏的时候，会想起曾经和我一起在木屋里度过的这个拼图感恩节。

6 女孩和画

小女生和绘画好像有种天然的联系，我想可能是那种年龄的女孩子极富于幻想，而绘画又是一种非常能表现那个幻想的世界的一种艺术手段。我身边的很多朋友的女儿，包括我的女儿都是在这方面既有天赋又有所表现。

我小时候大概太迷唱歌跳舞，对绘画反而没有那么热衷。但是，我很喜欢做绘画老师的小模特儿。那时的我，长着一张娃娃脸，头上扎两个小辫子，脸上的笑容很阳光，我想这可能是老师喜欢把我叫到办公室做他的小模特儿的原因。我斜靠在老师办公室的玻璃窗边，金色的阳光柔柔地照着我的半边脸，一动不动，很享受地让老师画上半天。

有一幅小女生擦窗子的宣传画曾经在家乡的各大中小学的橱窗里出现，我很骄傲地告诉我所认识的人：“那上面的女孩是我们美术老师画的我！”得到的反应大多是：“不大像你哦！”我自己仔细瞧，也觉得不是特别像，那时不明白为什么老师照着我画了半天，却画出个不太像我的人。今天，当然知道，艺术的再创作，本身就包括了很多创作人自身的体验，之所以称为“再创作”，就是加入了艺术家对生活的提炼。

女儿从小就喜欢涂涂画画，三岁的时候送她学画，老师说她的色彩

女儿参加比赛的画作

感特别好。但是，后来读到一篇文章说孩子最好不要太小时学画，因为有可能会扼杀她的想象力，所以，我们又把她从学画的课堂里退了出来。

以后，她自己涂涂写写直到六岁在中文学校里再次学习用蜡笔油画棒画，每次她的涂鸦都是老师的示范，她在学校里的水彩画也被送去学区展览。

两年前，八岁的女儿开始正规学画，第一位老师是我的老乡，一位来自江苏省戏剧协会，过去从事舞美工作的专业画家，女儿跟从他学国画和油画。开始还行，女儿尽得老师的赞扬：聪慧、极有天赋、有爆发力、有创意……但是，那老师是位典型的中国老师，教育的方式也是极典型的中国式教育。他喜欢学生待在他的画室里自己练习，时间越久越好，学生越努力，老师越开心。我们家公主哪是个自己会努力的主！她

通常两个小时的上课时间还没结束，老师让画的画一画好，她就开始游来荡去，坐不安宁了。她开始向我描绘老师的种种“劣行”：很响地打饱嗝、不停地吐痰、说话时唾沫星子飞舞……老师倒是蛮喜欢她的，说她是天生的艺术家苗子，只是需要好好磨炼、安静下来，不能“太闹了”。

后来我们搬家，新家正好与一朋友家不远，朋友的丈夫是这里艺术学院的美术老师，在家里开办了儿童美术课，这样，女儿就顺理成章地转了老师。新老师是西方教育做派，女儿马上就喜欢上了，一周一次的美术课成了她每个星期的盼望。问她新老师相较于旧老师如何，她说新老师好太多了，从不会像旧老师那样很响地在课堂上当众放屁！我差一点笑岔了气。不过，新的老师也真是非常有办法，一年下来，我们家调皮难搞的小公主，被他调教得素描画得规规矩矩的不说，而且他是唯一一位老师（包括她所有的学校老师）说她是个极乖巧听话的学生。我也闹不明白，慢条斯理的老师怎么把我们家的刁蛮公主给训练得如斯服帖的。后来提到搬家不舍时，她最大的不舍就是她的绘画老师！

女儿的小学把她的作品推荐到学区，学区集中了小学生和中学生的优秀艺术作品后在我们这个小城的艺术馆中展出。我们收到邀请信，当然是全家去观展，看着大厅中间女儿的作品，做父母的我们除了欣慰当然就是骄傲！

7 与女儿一起画画

去年秋天，女儿开始正规学画素描。其实画画，尤其是盯住一个东西画半天素描，本是件有点枯燥的事情，当然，这是我的一点亲身体会。我看了女儿的几幅素描，觉得挺有意思，便不耻下问：“女儿，妈咪可不可以跟你学画素描？”女儿很雀跃，因为她可以当老师了。

女儿找来一个小碗，往里面放了一个苹果和一个梨子，放在桌灯之下，对我说：“开始吧！”

怎么开始？女儿没讲，我也不好多问，只好有样学样。跟着她先画轮廓，再画光影。我们俩都停了笔之后，女儿伸过头来一看我的画，咯咯咯笑出声来。问她有什么可笑，她三笔两笔在我的作品上画了一个翅膀，原因是我把梨子画得不着底儿，悬在空中，干脆给加上翅膀，梨子可以飞了。

自从这个“欲飞的梨子”之后，我自认自己与素描确实隔着“千山万水”，再不提有朝一日有机会背着画架走四方之梦想了。

女儿还是比较宽容的，一再鼓励我：“妈咪，你继续学啊，再多画几次，你画的梨子就不会飞了。”

女儿的画作

女儿的画作

8 女儿小学毕业了

这一天，从早到晚忙于穿梭在我们家“小姐少爷”的两个毕业典礼之中。

好几年前，儿子女儿从学前班升至小学一年级，也有类似的毕业典礼，不过，那多半是哄孩子和家长们开心的。儿子小学毕业时，我们正好安排了全家回中国的旅行，错过了学校的庆典。那会儿想：小学毕业嘛，庆典能怎样？没想到这次参加女儿的小学毕业庆典，你还别说，花样还真多，不失为人生中的一大亮点。

女儿的小学在家门口，我们一早就赶了过去，从学前班到四年级的孩子们全都坐在草坪上，后面的几排椅子是为家长们安排的，大家全部入座之后，五年级的毕业生排队入场，他们不坐而是站在了台上。按惯例大家对着国旗宣誓，然后是校长讲话，接着才是五年级的孩子们表演诗朗诵、唱歌和致辞。这当中当然少不了老师和家长的穿插讲话。

等到班主任老师一个个点名让五年级的毕业生走过台子领毕业证书之后，校长宣布五年级的孩子们已正式从小学毕业属于初中生行列了，然后一个年级一个年级宣布晋升，四年级上升为五年级，如此类推。看着女儿小小的身影，真的很难相信她已经小学毕业了！我们家从此不再

女儿和她的小学毕业证书

有小学生了！日子正像飞似的，送女儿上学前班好像还是昨天的事，转眼她就小学毕业了！

最激动人心的时候来了，一年级到四年级的小朋友们围起一道长长的人墙通道，学前班的小孩子们手里捧着鲜花，站在通道的最前面，五年级的毕业生一个个跳跃着穿过通道，同时接过学前班孩子的献花，还有众人的欢呼和祝贺，小学毕业庆典做成了“英雄凯旋”的样式，我相信他们对此一定永生难忘！我都不记得我们小学毕业时是否有过任何庆典。时代不同了，现在的孩子是多么幸福！

学校庆典完毕，老师和家长在旁边的公园里再次为孩子们庆祝，老师让比萨店送了一大堆比萨过来，每家再做些沙拉和甜点带来分享。我前一晚就在家准备，家里最后一名小学生的毕业典礼如何能马虎？准备了给孩子们的点心，再准备给大人的美味，还得请半天假，理由是：“我们家的小姐小学毕业！”同事一听都道贺，万分地理解：“这很重要！你千万不能错过了！”

在美国公司里，包括身居要职的高管们，为了儿子的一场球赛或是女儿的一个表演请假前往者，绝不在少数，而这样的人往往赢得大家的尊重，因为有人情味。想起我们小时候，很多同龄的孩子都是祖父母辈带大的，父母哪里去了？他们中大多数并不在高位，从事的很可能是些不起眼的工作，却把那点工作看得比孩子重要得多！现在想想其实是他们那一辈人的损失！记得有个朋友的父母，在国内身居要位，离休后来美国带孙儿孙女，曾经感慨地说是来还债的，大概就是指当年没能尽到父母的责任现在以祖父母来尽心。听了有些感动也有些心酸！有些东西失去了是无法找回的。所以，让我们这些做父母的都能为孩子尽心尽力，将来没有后悔的机会！

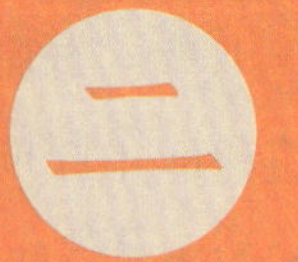

贴心小棉袄

随着女儿慢慢长大，那个敏感却不善表达的小女孩一点点地学会了用不同的方式来表达自己。她很小就显露出她的绘画天赋，在色彩和音乐方面，她都有异于一般孩子的敏锐和领悟力，她敏感、善良，也不愿受拘束，有时甚至有点多动，表现在课堂上，她喜欢做小动作和与同学讲话，不注意听讲……我们送她去学琴、学画，也送她去足球队……

1 女儿和爸爸

我们家的公主常常被老师投诉，无外乎是不听指令，爱做小动作，自说自话。因为她功课一直都很好，我们对老师的投诉也就左耳进右耳出。我常对担心女儿的爸爸说：“没事儿的，我小时候成绩报告单上最常见的一条就是：喜欢做小动作！可我今天不是好好的吗？”

女儿自从转到这所小学，老师是位和女儿爸爸差不多年龄的中年男子，个性也相似，很随和但很唠叨（女儿觉得）。女儿可能被两个男人烦透了，采取消极抵抗的方式，也就是你们说你们的，我做我的。两个大男人都被她弄得筋疲力尽，一见面就成了“忆苦思甜”会议。

一次，我跟着家里的男人去见学校的男人，发现女儿的话一点没错，老师非常喜欢“lecture（开讲座）”，讲座一开二十分钟停不下来，简单的一个问题，他翻来覆去说半天，我都烦了，更别说一个十岁孩子了。家里的男人也是个慢性子，外面的男人二十分钟讲完，听者就觉得事情严重到天仿佛要塌下来的地步，回到家又是至少二十分钟再教育。我建议他们换种方式。老师家长这样长篇大论收效甚微，为什么还要一而再再而三地乐此不疲？

话说回来，老师是位极负责任的老师，也许也意识到是换种方式的

时候了，他制订了一个与我们联络的方式。

每天，对于女儿的家庭作业和表现，他让女儿自己写在一个笔记本上，女儿回来给我们看，家长看完签字，有问题也可以写回去让他知道。女儿可能根本从心里拒绝这种两方监视她行为的“小动作”，她不是把这个本子落在学校了，就是忘在家里了，气得她爸爸整天为了一个小本子，跟前跟后嚷嚷不停。女儿一气之下，干脆，你们不就是想看签名吗？她会！她拿出她的绘画天赋，模仿老师和爸爸的签名，惟妙惟肖，这下两方相安无事过了一段时间。但是，小孩子毕竟是小孩子，她不知道总是签名不留言也不正常，等引起大人们的怀疑，一追究起来，发现两个四十多岁的大男人被一个十岁小女生牵着鼻子走，这下把他们俩气得快发疯了。

家里的男人已经觉得无路可走了！“我怎么就有你这样的女儿呢？什么事情都敢做啊！你说你两年前就偷刷我的信用卡上网玩游戏！今天你又会仿签名了，哪天你把我卖了我可能都不知道呢！”我在一边是又好气又好笑，想把我观察的几点说出来，可根本插不上话。做爸爸的好像被气糊涂了，也不知怎么就扯到医学的角度去了，他认为女儿的丢三落四和注意力不集中是儿童多动症的症状。于是，接下来的几天他忙着去医院，从医生那里拿了一堆纸，无非是让家长和老师回答一系列有关孩子的问题。我才知道美国医生诊断孩童多动症是根据家长和老师回答的问题做出的结论！

老师的回答反而属于没事儿的那种，也就是大部分的答案都不属于多动症孩子的症状。家长的问题，我答一份，爸爸答一份，我的答案肯定受他影响。三份答案送进去，做爸爸的回来沉痛地对我说：“女儿可能有多动症！”我的回答是：“So? What’s the next step?（下一步该如何？）”他说医生建议父母去上学习班，然后再带着孩子一起学习。

其实呢，我们家的情况我看得很清楚，做父亲的平常比较宠女儿，属于那种“我家女儿什么都好”的爸爸，女儿呢自然被宠成了“我可以做任何自己想做的事情”的女孩儿。一旦女儿“无法无天”太过分了、

犯错了，做爸爸的又把错误看得过于严重，一下子弄出很多规章制度。两分钟后，只要女儿对爸爸一发嗲，爸爸立刻把所有的规定忘到脑后去了。所以，如此循环，周而复始。

我曾经说出我以上的看法，做爸爸的虽然心里赞同，但嘴上却辩解："你说得容易，你也来做做爸爸试试看！你对儿子不也迁就得多……"我想想好像也是，相对来说，我对儿子几乎有求必应，譬如儿子现在有点像我，看见漂亮的鞋子就想拥有，上次他又托我帮他弄了一双鞋子回来，做爸爸的指着鞋柜最上面满满一层儿子的各式鞋子对着儿子大叫（差点失控）："你要这么多鞋子干什么？"

我们各自有各自的问题。只是，儿子本身很乖，自己的事情自己管理得井井有条。女儿却很刁蛮，常常弄得我们哭笑不得。她的小脑袋瓜子又转得极快，一会儿东一会儿西的，你若跟着她转，保准转晕！我和儿子基本上属于"旁观者清"的地位，在她那儿"转圈"的当口，总能清楚地指出她的问题，所以她对哥哥又敬又怕，对我则采取"笑脸相迎"的软化政策，只有那个做爸爸的还被她忽悠得乐在其中，弄到最后，爸爸却对女儿极"崇拜"！说不过女儿，成了"我女儿是做律师的料！"；跟不上女儿的变化，成了"我女儿反应就是快！大律师就得有这种脑子！"。别晕啊，我们家整天充斥着这种言论！

直到最后做父亲的也吃不消了，老师的投诉加上女儿的难缠，他开始找原因或是借口。也不知为何他就想到儿童多动症了，其实问卷的结果有点模棱两可。我跟着他去了一次儿童心理诊所，心理医生问了我一些问题，最后建议做爸爸的去上课，于是乎，每周三他开始了"爸爸学习班"的课程。

几个星期下来，也不知道他学了点什么，问他有没有用，他说非常受用，具体仍不详。倒是女儿，有次问我："妈咪，爹地干什么去了？"我回答："上课去了。""学什么啊？是不是我有多动症？"女儿有点担心地问。我斩钉截铁地告诉她："你没病！爹地是去学怎样做个好爸爸！"

六月初，女儿小学毕业了。女儿的老师对我们说不知道什么原因，毕业前女儿一下子变好了，上课也不做小动作了，也开始听指令了，好像变了个人似的！女儿的爸爸那天比中了头彩还开心，一个晚上都在念叨：“Miracle!（奇迹！）”

奇迹倒未必！孩子的习惯大多是父母养成的，所以，当孩子有问题时，如果我们只盯住问题本身，往往很难解决问题；而当我们从自己身上找原因时，孩子会有样学样，问题便迎刃而解了！

2 孩子长大，父母变老

今年是我们两个孩子“里程碑”的一年，儿子进高中了，女儿也挤进了初中部。

第一天，上学回来，儿子说：“高中真大，从一个课室走到另一个课室，腿都走酸了！”有那么厉害吗？他又不是不锻炼之人，怎么走几步就喊腿酸呢？

等到我们去参加高中部的“Back to School Night（返校之夜）”，才算真正理解儿子的话。美国的学校从小学到中学，开学没几天后，都会有这种所谓的“返校之夜”，主要是让学生家长了解学校的教学情况。从晚上七点钟开始，我们听完校长的介绍，便开始一个教室一个教室地跑，儿子有七门课，那意味着两个小时的时间，我们要去七个不同的教室兼听七位老师介绍七门不同学科的主要内容。

八点钟不到，天已完全黑了，校园里的黑暗中人影憧憧，都是疾步赶场的家长们。我们从校园的一头走到另一头，除了有找不到教室的心急，还有浅一脚深一脚的跌跌撞撞。终于走完七个教室，已是晚上九点多，吁出口长气完了一桩心事，正想回家，发现手电筒不知丢在何方。等找到手电筒，骑上单车摸黑回到家里，果真两条腿像灌了铅般沉重！

女儿上初中的第一天，也找不到教室！美国的小学和我们小时候的还算比较像，是固定的教室，老师（类似班主任）虽说每年换，但至少一年之中，没什么大变化。如今，进初中了，初中部虽说没有高中部大，但是已经没了固定教室，上什么课去什么教室。女儿第一天的第一堂就是音乐课，拎着她准备继续学的黑管，她茫茫然不知往哪里去。带着她进了学校办公室，音乐课名单上却没有她的名字！ 等查出学校的失误，弄清要去的教室，赶到那里已然迟到了！

初中部的学生开始有自己的储藏箱了，小女生喜欢把自己那块小私人空间打扮得漂漂亮亮的，可是还没习惯好好看护。不放心女儿的爸爸抽空跑去学校一看，女儿的储藏箱箱门大开，她根本没上锁！几天下来，女儿说她非常喜欢初中部，因为太自由了！那么大的地方，她随便跑，随便坐在哪里吃饭都可以！重要的是她又交了几个新朋友。

选老师时，哥哥警告妹妹自己以前的那位数学老师是位非常严厉的老师，他的意思是像妹妹这般自由散漫的人最好还是选个宽松一点的老师，妹妹不服气了，哥哥行她也可以！她硬是选了那位以严格出名的数学老师！但她也清楚如何拉关系，第一天上课结束，她对老师自我介绍，问老师是否还记得曾经教过的那个是她哥哥的男孩。她说出哥哥的

儿子上高中的第一天

女儿上初中的第一天

名字，毫不意外地老师张开双臂一把拥抱住了她。她回来得意地告诉我们她知道老师喜欢哥哥，于是她借哥哥一点光，也会让老师喜欢她的！

孩子读小学时，孩子的父母基本上都是黑发满头的，有的父母生孩子早，看上去自己还像大孩子一样；孩子进了初中部，我们再去开家长会时，发现初中孩子父母的头发就开始“掺色”了，有的孩子父母还青丝满头，有的孩子父母已花白了头，想来那花白头发的父母，十有八九上初中的孩子是他们最小的孩子，大多数父母不再是“青春焕发”的模样了；到高中部去这么一瞧，那里的父母除了明显的人到中年，有些年纪大或显老的，看上去像是祖父母似的。除了叹一声“岁月无情”，只能安慰自己：孩子总是要长大的！

3 贴心小棉袄

中国有句俗话：女儿好，女儿是妈妈的贴心小棉袄。

以前，爸爸还和我们在一块儿的时候（那会儿爸爸一个人从美国西部调到美国东部工作），女儿大多是黏着她爸爸的。他们俩一会儿好一会儿吵，反正女儿不大来找我，除非万不得已，比如说问中文课的问题。爸爸走了，女儿一下子失去了黏的对象，开始缠上了我！

首先，爸爸前脚走，她后脚就把自己的小枕头放在我的床上，美其名曰“陪我睡觉”。每天晚上到了钟点，就督促我“上床”，她调好闹钟，看一会儿书，要我陪睡在旁边，然后是我提醒她该睡觉了，她才关了灯。但是我不得走开，可以用电脑，通常她是在我写作过程中睡过去的。

每天下午放学回家，她总会打电话给我，告诉我哥哥回来晚了或者是又招呼同学回家玩了。哥哥却很少会想到给我打一通电话！

周末，无论我是逛街还是采购，她都会紧贴左右，帮我出主意拿物品。我和朋友约好喝咖啡，她也要掺和其中。我说：“我们大人在谈事，你小孩子又听不懂，咖啡你又不喝，去干吗呢？”她说：“我带上自己的功课去做，不吵你们的。我不喝咖啡，喝水就好。”没办

母女俩在国家公园的缆车上

法，只好把她捎上。

她哥哥想参加一个志愿者活动，让我星期天一大早送他去另外一个城市。她听到了立刻反对：“那意味着妈咪一星期每天都要早起，没有休息！”她扳着指头数给哥哥听：“星期一到星期五，妈咪早起帮我们准备便当，还要送我上学！星期六一早妈咪要送我去打羽毛球，星期天妈咪可以多睡一会儿的，如果那么早送你去活动，妈咪一周七天就都要早起了！”哥哥被她说得哑口无言，我在旁边听得眼泪都要掉下来了！哎哎，妈妈的小棉袄！

爸爸走了没多久，女儿生病了，我有点六神无主了。一通通的电话打给护士，心神不定的，她虚弱地躺在床上安慰我：“妈咪，不要紧的，我睡睡就好了！”她病好了，我却病倒了。幸亏女儿的爸爸及时回

来了，女儿拿着做好的功课让爸爸查看，爸爸看完了，问她要不要也给妈妈看看，她说：“不要了，不要让妈妈再累了！”一句话又差点把我的眼泪引出来。

以前那个任性顽皮的小丫头在她爸爸走了之后一下子就变得懂事了。这也许是爸爸远离之后的最大收获。

我的感冒没完全恢复，上班上了一半就觉得不舒服，只好提早回家休息。女儿下课回来，看到我工作用的电脑开着，马上知道我回来了。她轻手轻脚地开了我的房门，走到床前揽住我的头颈，就那么无声地搂住我，我的眼泪也就无声地流了下来。过了一会儿，儿子也回来了，还带了他的两个好朋友。还没进家门，站在门口打我的手机，说：“哎，妈妈，我可以带两个朋友回家吗？”听到我沙哑的声音他才想起来问：“噢，妈妈，你现在在哪里？”女儿气冲冲地出去说哥哥：“看不见妈妈的车子停在车道上啊？你吵不吵人啊？”

一直说儿子懂事成熟，但要说贴心和疼人，那怎么都是女儿啊！没有女儿的父母，真是人生一大遗憾啊！（别怪我哦，就让我陶醉一下吧！）

4 女儿的家庭观念

我们家十岁的妹妹从小就是个马大哈，常常丢三落四的。小的时候丢的是玩具，大一点了，那更是什么都丢，小到她心爱的文具，大到过年长辈给的压岁钱。

今年初，爸爸奖励她中文学校考试拿A，给她买了个iPod。她自己挑的颜色，爸爸又给了她一张五十块钱的卡，可以下载歌曲。她辛辛苦苦忙了好几个星期，下载了一大堆她喜欢的歌，整天iPod不离手。

我们去露营，她当然是带了随身听去。在露营俱乐部，她和哥哥打桌球，随手就把iPod取下放在沙发上。等她桌球打完电视看完，起身就走。回到露营车里想听音乐才发现iPod不见了。折回俱乐部去找，已不见了踪影！

眼泪汪汪、伤心欲绝，爸爸心软差一点就要答应第二天再去买一个iPod给她。我适时阻止了爸爸的娇宠，对她说希望她吸取这个惨痛的教训！她自己也是心疼万分那许多首花了她很多时间下载的歌曲。

哭也好吵也好，我们坚持下来了，没给她再买新的。同学有时拿出老式的随身听，她会酸溜溜地说："我本来有一个最新式的，我下载了好多很好听的歌在上面！"别人再问她怎么不见她用，她只幽幽地说：

“丢了。”

自从女儿的爸爸赴东部工作，女儿好像一下子成熟一点儿了，丢三落四的习性改善了很多。每周一和周五，学校有音乐课，我早晨有时忙得头昏脑涨的，不记得提醒她该带上什么。送她去学校时，才看到小小的她背着硕大的双肩书包，手里还拎着装有黑管的盒子。每周二和周四，她有体育课，她不喜欢穿笨重的跑步鞋，总是穿着她的Converse球鞋，一手拎着跑步用的旅游鞋。我担心她会把鞋子遗忘在学校，可是，这样担心的事至今还没发生过！

女儿的进步我看在眼里真比吃蜜糖还甜。还有一个多月，女儿要过生日了，我想奖励她一下，给她买个iPod，可是又不愿意让她觉得太容易了，于是在和她讨论如何办生日派对时，建议她：“妈妈要送你生日礼物，如果你想要一个iPod，这是个好机会！不过，因为你之前丢失过一台几乎全新的iPod，这次这样：你自己出50元美金，剩下的我帮你付。如何？”女儿雀跃万分。“苹果”专卖店里一转悠，她改变主意了：“妈咪，我可以买iPod Touch吗？”她原来那台是iPod Nano，哥哥有台iPod Touch，哥哥从小就把自己的东西看得牢牢的，我和他一块儿出门，都是把车钥匙交给他保管，他从不会让人失望。想来妹妹是想和哥哥一样，要买就买一台更好的。

我回答她：“当然可以！不过，你要考虑好哦，iPod Nano卖150美金，你只要掏50美金就可以；iPod Touch要200美金，你需要拿出100美金才行哦！”这是我两秒钟内想出的对策。果然女儿犹豫了！任何人都一样，包括小孩子，当花的不是自己挣的钱时，他要最好的！当需要自己掏钱时，他才会开始现实地权衡利弊！女儿的小钱包里有175美金，她还有个银行户头，里面是她从小到大收到的礼金。

看她犹豫，我逗她：“你花了100美金，还剩下75美金呢，而且你爸爸每月都给你零花钱，很快就涨上去了！况且你还可以从银行里取钱啊！”她想了半天说：“I’ll save for my future family!（我不想花太多的钱，我要为自己将来的家庭储蓄！）”将来的家庭？我吃惊得下巴差一

点掉下来！她又说：“$100 can buy my kids 100 Mac Chickens!（100美金可以给我孩子买100个麦鸡堡！）”我大笑不止！“那你银行的钱准备做什么？”她想都不想就回答：“That’s emergency money!（那是紧急备用金！）”呵呵呵，十岁的女孩子已在为她将来的家庭和孩子做准备了。说给爸爸听，爸爸对女儿说：“养家庭和孩子是你未来老公的责任！你的钱你自己用！他还应该再给钱你用！知不知道啊？”唉！传统的中国爸爸！

5 体验美国学生的科学营

（一）

本来是不放心丢三落四的女儿第一次单独离家外出，加上想到这也许是我最后一次和孩子一起体验美国学生的科学营，我便想报名加入家长志愿队，可是因为我一直担心没有假期定不下来，学校也没有给我明确答复，直到最后一刻，有个美国学生的志愿者父母因事取消，我才算顶替了上去。

女儿参加科学营的第一天

每个学区不一样，有的学区是小学五年级的孩子去科学营，有的是初中六年级的孩子才去。美国学校专为孩子们设计的科学营通常会让孩子们离开家过几天集体生活，一般来说，科学营都是和自然科学相关的。孩子们在

老师的带领下，来到大自然中，了解自然科学的种种，主题包罗万象，涉及地质、海洋、生物、植物等等，同时让孩子们首次体验远离父母过集体生活的感觉。

儿子五年级时我们还住在圣何塞市，那里的学区是小学五年级的孩子前往这里的国家公园进行科学营活动，儿子回来说非常喜欢。六年级时他转学到我们现在居住的小城，这个小城的学区是初中六年级的孩子才去科学营。幸运的儿子能够参加两回科学营。据说，科学营的经历很多孩子一辈子都记忆深刻！

儿子一直对科学甚感兴趣，包括初中三年级的生物课中解剖牛的眼睛，大多数同学都不敢动手，他带头勇挑重担。如今进了高中，最感兴趣的科目仍是生物。故而爸爸总爱自豪地说儿子遗传了他的基因。

女儿一直对科学课不是非常感兴趣，学校的科学营她却是非常起劲，因为可以离开家过几天独立的日子，她是想好好去玩儿的。

不过，我跟着众多孩子一起过了四天，别说孩子们玩得疯，连我都觉得好像又回到童年，重新体验了人与自然之间的种种乐趣！

本来报名做志愿者的我是有私心的，就是想就近照顾女儿，可是领队老师故意把所有的家长志愿者和他们的孩子分在不同的宿舍和团队，我有时一整天都看不到女儿。更令我沮丧的是，我抽空跑去女儿的宿舍看望她，她却并不欢迎。平常偶尔在路上碰见她，她就装作没看见我似的，拉着她的同学好友飞奔而去。

既然如此，我也就权当去度个小假，放松心情，完全专注在我所志愿帮忙的十二个孩子身上，和他们一起爬山观摩学习，你猜怎么着？I had so much fun!（我玩得太开心了！）

女儿学校六年级的孩子总共约有两百人，每十二到十五个孩子分为一小组，由科学营中的老师带领，加上两到三个孩子家长的志愿者帮忙。我们小组十二个孩子，科学营的老师是斯坦福大学地球科学专业毕业生，一个知识渊博、英俊爽朗的加州本地小伙子，他大学毕业后跑去欧洲和南美做了两年地球生态考察，回到家乡投身于儿童教育的科学营

行业，是一个满腔热忱极喜欢孩子的年轻男士。

我发现在美国选择教育行业尤其是针对儿童教育行业的成人，绝大多数是真心诚意地喜爱孩子，不像在中国，很多受过师范教育尤其任职大学以下院校的老师，很多是无奈地接受那个为人师表的行当，并不是出于心中的热情。这实在有天大的区别！因为，当一个人心里热爱一种事物，他就会全身心地投入，而从他的言谈举止中，旁人都能感同身受！

我们去的科学营坐落于太平洋海岸金门桥的北面，名字叫“Headlands Institute ”。那里风景优美，营地面朝海洋和沙滩，背靠绵延的山麓，红色的屋顶白色的营房就坐落在海涛声阵阵的山坳中。清晨，橘色的阳光从山峦的那一边缓缓升起，把山顶的青草绘成一圈柔和的金边，海鸥悠长的鸣声掠过，那里宛如世外桃源！傍晚，太阳像一个

旧金山科学营营地

大大的橘子一点点没入海水深处，雄鹰展翅在山间盘旋，海风送来时断时续的大海特有的味道。深吸一口湿润的海边空气，听着孩子们叽叽喳喳的嬉闹声，感觉生活真的很美好！

（二）

抵达营地的第一天，我们（家长志愿队员）被分散到各个营地宿舍，宿舍绝大多数是二三十人一间、有上下床的大通铺。小女生们嘻嘻哈哈开心地把自己的睡袋放在自己选的床铺上，我选了个上铺，也想体验一下学生的生涯，心里却在打鼓：晚上别睡了！这么多张小嘴巴，不知几点才能安静下来。

事实证明，美国的孩子大多数都很遵守纪律，每天晚上九点十五

科学营的老师和学生们

分，营地老师进每间宿舍读故事书，九点三十分准时关灯。后来的几天，因为白天爬山的疲劳，我几乎都是在老师的读书声中沉睡过去。第一晚故事还听了一半，记得说的是一个想飞的男孩，至于后来怎样飞上天去的，我没听完就睡着了。第二晚故事说的是一个农庄，农庄里发生了什么事，我一无所知，因为我去了“苏州”……

虽说我比孩子们入睡得快，可是每天早晨我却是第一个起床的人。每天天还黑着，我会自动醒来，手表指针准五点三十分。我利用难得的安静，梳洗停当，走到外面呼吸清新的空气，坐在木凳上，看着晨光一点点地亮堂起来，六点四十五分，我打开所有的电灯开关，孩子们陆续起床。

科学营的第一天，我们家长志愿队员很快地被分到各个小组，与小组的学生和营地科学老师见了面，立刻就投入学习之中。那天我们是在沙滩上吃的午饭，大家围坐一圈，各自介绍自己，孩子们也是被打散分组的，很多并不熟悉。大家互相认识了之后，老师说我们的主题是“watershed”，中文应该是“水域”的意思。老师在沙滩上拖出一条蜿蜒的河流，再把孩子们分成三组，各占据河流的上中下游，让孩子们在河流的附近规划建城。十岁的孩子想象力令我吃惊，他们不仅知道拦河筑坝建电站，还知道开垦农田种粮食，还有两组孩子甚至想到建垃圾回收站和引河水灌溉农田，居民住宅和市政建设就更不在话下了。老师所指的正是河流上下游之间的关系，怎样对环境最好，比如，垃圾回收站要建在远离河流的地方，拦河筑坝最好不要在上游，这样中下游的居民不会面临水源缺乏的问题……

傍晚，在吃了一顿丰富有营养的晚餐之后，大家聚集在小礼堂里，营地的老师又给我们上了一堂生动的“珍惜粮食”和“废物回收”的环保课。餐厅的洗碗间前，放着三个废物桶，三个孩子作为值日生站在前面，严格管理废物是否被扔进正确废物桶中。一个桶是放“Landfill”废物的，如用过的餐巾纸之类的，被直接送往山里填进垃圾深洞之中；一个桶是“Composts”，即可被做成有机肥料再被植物吸收的，比如苹果

皮和香蕉皮之类的；还有一个流质废物桶，装孩子们没喝完的果汁和牛奶。第一天晚上，三个桶里的分量都差不多是十斤，二百多人的团体还算是不错的，不算浪费太厉害。如果接下来的每一天，尤其是填山垃圾逐渐减少，营地对此会有奖励。你还别说，孩子小真的很容易引导，接下来，孩子们自动组成餐巾纸伙伴，即两个孩子把餐巾纸一撕两半分着用。大部分的孩子都知道食物吃多少拿多少，每一天的填山垃圾都在减少，有机肥垃圾却越来越多，那是因为孩子们在营地老师的指导下，吃了越来越多的水果蔬菜，连我都深受影响，觉得那几天吃得很健康，身体里很干净。

说起吃，不得不提一件事：每天的午饭我们几乎都是在野外吃的，每天爬山之前，老师领来大家的午餐，无外乎面包、三明治肉和蔬果之类的，一包包都交给学生，学生们分别装进他们的双肩背包里，一路自己背着。往往是在一个风景美丽的地点，大家围圈席地而坐，面前放一块头巾的方布，我们三个大人戴上手套，分发食物给孩子。大家一边吃一边谈心得，令我印象深刻的是，他们从不鼓励孩子多吃，而且他们非常重视食物的健康性，所有的蔬果都是有机的，专门由一个指定农庄种植，完全不用农药，所以，苹果都是连皮吃的。老师提起有个苹果核俱乐部，加入的会员必须能够吃整个苹果（连核），立刻，有两三个孩子跟着老师一起慢慢地连皮到肉带核全部吃得干干净净。我试了一下，只能吃皮，核仍无法下咽，最终没能成为会员。

国家公园里的规定是：你除了脚印不留下任何东西，你只带走拍的照片，不带走一草一木。所以，我们吃完了都要用塑料袋装上苹果核、面包碎之类的带回营地。

还有一件事让我印象深刻，就是我们小组的十二个孩子中，有一个是素食者，第一天老师不知道，带的三明治火鸡肉，她不能吃，连面包里有蜂蜜，她也不吃。有同学半开玩笑半好奇地问："你为什么成为素食者？"小女生自然地回答："这是我人生的选择！"老师一边让大家尊重别人的饮食习惯，一边马上打电话去营地，让营地的人员特地为素

女儿和她的同学在科学营做游戏

食的她送来可以吃的食物。以后的每一天，老师都注意要照顾到那个素食孩子的饮食。当中有一天，我们大家的午餐都是素的，完全没有荤腥，我还担心有些孩子会不习惯，没想到，爬了半天的山，再吃清爽的希腊面饼夹奶酪和素菜，味道特别好，连平常不大吃素菜的女儿也对我说很喜欢吃希腊面饼夹奶酪和黄瓜。以至于我回来后第一件事就是直奔Whole Foods Store（有机食品店），买了一包希腊面饼和有机奶酪，以后我两个孩子的有机午餐也有了。

（三）

在科学营的第一个夜晚，我们和孩子们一起去“night hike（夜晚徒步）”。看着黑咕隆咚的夜空，我以为是真的要爬山，正好海边的夜晚又飘起了细雨，又冷又黑，我心里发毛，可是孩子们很兴奋，我只好硬着头皮跟着大部队“起爬”。

还好我们不是往山上走，而是往海边的沙滩上去。营地老师先给孩子们上了一堂夜游海滩的安全课，怎样避免海浪的卷席，怎样遵从老师的带领，怎样不在黑夜里掉队，等等，然后一队人马才一起走上了沙滩。当我们的眼睛适应了黑暗，海水和沙滩一下子就清晰了起来，老师让大家站成一排一点点地慢慢靠近海水，在海浪扑到的边缘处我们停了下来，他让孩子们快速地用手挖沙坑。

奇迹出现了！在手和沙子之间，宛如成百上千只萤火虫在闪耀，孩子们的十几双小手越挖越起劲，荧光连成一片，仿佛银河落在了沙滩

上。我活了半辈子也是第一次见识这种情形，真是说不出的奇妙！想当年我年少时，常常夜晚在夏威夷的海滩上闲逛，可从来不知道有这种奇景，真是孤陋寡闻啊！美国的小孩子都知道，那是沙子里的一种海洋生物身上发出的荧光！

从沙滩上观奇景后回到营地，老师把孩子们带进教室，再一次把这种生物的食物链画在黑板上，好一堂生动的海洋生物课，我想自己大概会记住一辈子的！

科学营的孩子们在游戏中学习

营地的第二天早晨，我们首先到了半山腰上的暖房里，见识各种当地的和移植的植物，孩子们还各选自己喜爱的植物进行素描，然后，在老师的带领下我们全体往山上走去。沿途，孩子们被要求找到自己素描的植物，我惊奇于美国的小孩在这方面广博的知识面。有个矮矮的男孩子，身上背着一个写着“野生生命世界”的背包，一看就知道是常常做户外运动的孩子，简直就是一部植物百科全书。一路上他告诉我们哪种植物有毒，如长得与莓类近似的毒橡树灌木，哪种蘑菇不能碰，等等。原来他的爸爸常常带着他们全家翻山越岭地到大自然中去。相对来说，国人的子女在这方面就比较欠缺。

十二个孩子中有三个半华裔孩童，两个半女生一个男生。就说说那两个半女生吧。一个长得短小精悍，一对小眼睛滴溜溜不停地转（前一页图片中右起第二位穿粉红衣者），另一个长得胖胖的，像尊弥勒佛总是笑呵呵的。瘦小的中国女孩告诉老师她从来没有走过那么远的路，因为她的爸爸妈妈平常要上班都很忙，她每天上学，周末要做功课和上中文学校，所以也没有时间爬山。听到一个十岁孩子这么说话，尤其一个和我有着同样文化背景的女孩在一群好像听天书的美国孩子中这么说，我的脸都不能克制地泛红。这个女孩所说的父母是不是我们大多数国人父母典型的样式？不过，后来最让我和老师惊奇的也是这个女孩，看她瘦瘦小小的从没走过那么远的山路，第三天我们一天行军式地走了六七英里的山路，她一直走在最前头！最后我们不得不时常提醒她慢一点，等大家。而且，这个小女生好奇心特别重，一路上爬山之余还会不断地提问，从植物到动物到历史和地理，我估计十二个学生中，学到最多东西的也是她！她的聪明耐劳不也是我们中国人的特色之一？另外一个胖胖的女孩子就不行了，估计家里太宠爱她，她不仅缺乏锻炼，总是落在队伍的最后，而且每当发甜饼之类的点心时，别人还没吃完，她就已经要第二块了。

还有一个我称为“半个”中国血统的女孩，那真是个漂亮的混血女孩，我第一天在沙滩上就注意到了她，因为她的秀气，一头披肩的黑

发，大而明亮的眼睛，一眼就可以看出是东西方的混合精华。除了她的漂亮，我还注意到她的害羞，她不大说话，别人叫她名字都会脸红，但是我没注意到她与别的孩子有什么大的不同。在营地的第二天，有位中国女人加入我们小组，她主动和我们小组的大人打招呼，说她只参加一天的活动，主要是不放心她的女儿，因为女儿只有一只手，另一只胳膊肘以下的袖管是空的。她的女儿就是那个混血的漂亮女孩儿。

让我印象深刻的是美国老师对这个女孩子的方式和态度。那天早晨，老师带领孩子们做一个游戏，让孩子们全部站在两根长条木板上，木板上有绳子，每个孩子都用手拉住绳子，就像一个大大的雪橇板，孩子们需要同心协力步调一致才能往前移，这个游戏是训练孩子们的团队精神，这方面美国人尤其注重。

那女孩子的妈妈马上过去向老师说明女儿肢体的不健全，担心女儿无法胜任，老师却对妈妈说别担心，让孩子自己试试，别让孩子总觉得自己与别人不一样。于是，我们都站在一边，看到女孩子用自己那唯一健全的右手，拉起一根绳子放在下巴与胸口间固定住，再弯腰用右手拉起另外一根绳子与前一根绳子一并用一只手拉住，便和其他的孩子一起齐心协力地前移，她自始至终没有成为团队的绊脚石，因为她一直全神贯注在游戏上，反倒有几个学生，要么是急于求成，要么就是自作主张，结果跌倒在地影响整个团体的前行。

这件事给我留下了深刻的印象。对于孩子的放手和信任，尤其是对有缺陷的孩子，让他融于普通的孩子群体中，比过分保护对孩子的益处可能更大。

（四）

这次科学营的重头戏是登上金门桥北面的Hawk Hill（老鹰山）。从我们住的海边营地走过山谷再翻山到老鹰山顶，大约三英里多一点，再走回来便是大约七英里，这么远的山路，沿途还要观察记录看见的各种

科学营的老师带着孩子走山路

老鹰，对于十岁大的孩子们来说，至少需要六七个小时。

所以，在营地的第三天一早，老师带领孩子们在课堂里先讲解了一些老鹰和山里飞禽的生活习性以及金山湾区常见的候鸟们的迁徙现象，然后我们就离开营地向山里进发了。老鹰山是旧金山以北金门桥对岸山麓的最高峰，高六百多米，那里在二战时曾被作为军事基地，所以山顶上仍然可以看到废弃了的旧碉堡和旧建筑。

我们先沿着山谷走，在接近老鹰山的谷底，有一片巨大的草坪，那是二战时期美军基地的一个练兵场。老师正介绍着二战的种种，有个孩子大叫：“快看！四只鹿！”大家转头看去，一间白色房子的附近，有一家子鹿恬静地站在那里。鹿是一种家庭动物，喜欢一家家地行动，那四只鹿显然是爸爸妈妈和两个孩子。老师让大家小声点，并让我们往房子一侧的树林边看去，那里赫然有一只像中型狗的动物。我正想问是不是狼，可是看看太阳明晃晃的，怎会有狼。老师说：“那是Coyote（北美的一种山狼）！”孩子们都开始为鹿的一家担心了，几个心急的男孩

快爬到山顶的孩子们回首望金门大桥

子欲跑过去把狼赶跑，胆小的女孩子们则放慢了脚步。老师适时地叫住大家，告诉我们北美山狼因为个头不大，是不会侵犯鹿的，更不会侵犯人类。不过，营地的一位工作人员前不久养的一条狗有一天被山狼诱走吃了。果然，我们全体站定一会儿工夫，山狼一晃一晃地在树林里消失了，鹿儿一家依然悠闲地在草地上。

上山的路在风景如画的盘山公路上不知不觉就爬上了一半多，快到山顶时，大家都有点气喘吁吁的。老师鼓励大家一鼓作气上到山顶，会有冰水喝，孩子们一边欢呼一边冲刺，果然看到山顶上有老师一大早开车送上来的一大桶冰水。热汗畅流之际一杯冰水下肚，真是清凉痛快！山顶上有一个观鹰组织，大多是年长志愿者，用各式望远镜观察和记载看到的老鹰。

老鹰是一种猛禽类，弯曲的嘴巴，强健的脚爪，有力的羽翼，以蛇、鼠和其他鸟类为食。老鹰的种类有很多，如大斑鹫、秃鹰、黑鸢

等，其中秃鹰是美国的国鸟，也是美洲特有的一种海雕。记得我们在阿拉斯加游船时，沿海岸的树林里常常可见这种巨大的鹰立在高高的树梢上傲然面海。我们从游船上远远地眺望它们，它们头上白色的羽毛使得它们远看之下犹如一个个圆圆的高尔夫球，一下子就从密密的树林枝叶中被辨认出来。在这秋冬之际，生活在阿拉斯加北方的鹰儿们也飞越万里来到温暖的加州湾区避寒并繁衍下一代。

站在老鹰山顶观看鹰类，看着鹰儿们在绿色的山麓、蓝色的大海和红色的金门桥间巡弋、盘旋、滑翔，真是件赏心悦目的事情。那天，孩子们记录下所看到的鹰类只数，将近百只。科学营的老师最后让大家思考：这些看上去与我们无关的鹰，在我们人类生活的大自然中起到什么作用？我们又该如何保护它们，捍卫自然界的生态平衡？

四天的科学营在一个暴雨的早晨结束了。孩子们恋恋不舍，我也是临别依依。我的童年没有这么幸运，没有经历过这样的科学营，今天陪伴孩子们体验，让我补上了有益又难忘的一课。

除了学到的科学知识以外，我还深深地感受到美国的孩子们身上有很多我不曾看到的闪光点。举个例子，最后一天的早晨，海风骤起，暴雨如注，我们却要换教室，从一个教室走到另一个教室，大约有两三百米的距离。老师带领着孩子们冲进雨幕，我也跟着跑，跑了一半，全身几乎都湿了。这是冬天的海边，气温大约二三摄氏度，我都扛不住，躲到屋檐下想等雨小一点，孩子们全部超过我进了教室，我站了大约五分钟，雨小了才继续跑进教室。进了教室一看孩子们个个如落汤鸡，但是都听话地坐在地毯上，没有

女儿和同学们与科学营的老师合影

人介意能滴出水的衣服。在暖气开着的室内，我都冷得哆嗦，看看美国这些所谓喝牛奶和吃蜜糖长大的孩子，我脸红着想：这种情形若放在中国那些一家一个的“小皇帝”身上，不知会如何？

还有一点蛮深的体会就是中国孩子和美国孩子的不同之处。虽说这些孩子都是在美国出生，可是因为家庭文化背景影响，孩子表现出来的种种行为相距颇远。例如最后一天的总结课上，老师说前一天看的老鹰，很多时候会沿着海湾往湾里畅游，所以，在我们居住的中湾半岛附近的斯坦福大学后面的山上，常常可见老鹰们翱翔。老师对孩子们说：“从现在起到圣诞新年，周末或节假日，带着你们的爸爸妈妈去大学后面的山上看鹰，你若花三个小时，我保证你可以再见雄鹰展翅的英姿！”一个美国孩子说：“I’ll double the time.”即她会花双倍的时间去做，还强调每个周末她的爸爸都会带她去做户外运动。随后有个中国孩子，却说：“我大概做不到。”老师问为什么，她答道：“周末我要去学拉小提琴，还有中文学校和课外辅导，作业都做不完！我爸妈周末要加班，他们太忙了……”回来和我的一位朋友谈起此事和感受，她说国人的生活习性根深蒂固，很难改变。

在回程的校车上，我凑巧和女儿同一辆车，也见识到女儿平常在家不同的一面，在家里她是个有点被宠坏的小女孩儿，家里的每个人几乎都宠她娇惯她忍让她，她也是无所顾忌随心所欲。在她的同学们中，她全然不是一个任性、以自我为中心的娇娇女。我坐在校车的最前排，透过后望镜，看到我后两排的她的一举一动，她身边的孩子全在听她讲故事，天知道她编的什么故事，吸引了周围的孩子听得津津有味。故事说完，她又开始说笑话，把一圈人逗得哈哈大笑。回家的路上，我问她可不可以把在车上说的笑话讲给我听听，她说：“妈咪，小孩子的笑话你听不懂的！”我告诉她，我很高兴她成了大家的开心果，我说：“让别人快乐，你自己也快乐，是不是这样？”女儿撒娇地把头靠过来说：“谢谢妈咪陪我去科学营，我也很快乐！”我原以为女儿不喜欢我跟班一样地跟着她，没想到她这么说，我心里暖暖的，眼睛有点模糊。

6 少年歌王和歌后

今天的孩子们喜欢的歌手中，一个加拿大的小男生和一个美国的小女生被他们誉为流行歌曲的少年歌王和歌后。如果你不知道他们是谁，没关系，回去问问你家里的孩子，他们肯定会告诉你这两个歌手所唱红的歌曲。

记得第一次看我十岁大的女儿冲到电视前急着要看那个叫“Justin”的男孩子，我也好奇坐下来和她一起看，男孩子一张稚气犹存的脸，可爱的笑容，棕色的头发，阳光的神情，让我有种回想当年的感觉。问儿子喜不喜欢这个少年歌手，儿子说：“It’s okay! 小女生更喜欢他！我还是比较喜欢B.o.B。哦，对了，那个叫Miley Cyrus的很多男生喜欢她。不过，我觉得她太……”儿子的意思是这个女孩太过成熟，没想到我一向以为太过成熟的儿子会嫌女生太过成熟而不够清纯，哈，挺有意思的小男生想法！于是，我随手翻了一首Miley Cyrus唱的*The Climb*听了一遍，倒是蛮喜欢她的，想不到十六七岁的小女生能写出和唱出这种人生的境界！也许真是女孩子早熟吧！

这两个歌手年纪差不多，Justin十六岁，Miley十七岁。十六岁的男生还是单纯的孩子模样，十七岁的少女却已是风情万种。小男生至今仍和

妈妈住在亚特兰大；小女生却是刚刚花了三百多万美元在洛杉矶买了栋豪宅准备独自搬入。Justin承认至今还没有真正爱过，Miley正和一个二十岁的大男生在热恋中。

Justin Bieber，1994年3月1日生，加拿大籍少年歌手，居住在美国佐治亚州亚特兰大，2009年11月17日发行他的第一张专辑——My World。他的偶像是迈克尔·杰克逊，喜欢打架子鼓的他，也喜欢跳舞，弹吉他，钢琴、小号样样都拿手。

喜欢吃意大利面和中国餐饮的Justin，12岁时就获得了当地歌唱比赛第二名，2007年底和他的母亲在YouTube上传自己的影片和翻唱歌曲，被多伦多的一家名为 Rapid Discovery Media公司发现，在YouTube和MySpace申请了账户和制作，编辑和推行他的影片。后来又被Scooter Braun和歌手Usher（亚瑟小子）看中，2008年签约安东尼拉雷音唱片。他曾在奥巴马就职典礼庆祝会上担任表演嘉宾。现在更是很多重大的场合都能看到他的身影，包括《美国偶像》上，他也现身演唱！

女儿非常迷恋他，还问我："妈妈，你喜欢Justin吗？"我回答："如果我小时候看到他，一定也和你一样粉他！"女儿似乎并不满意我的答案，我只能叹：唉！岁月的沟壑啊！

Miley Cyrus中文名好像叫麦莉，原名是Destiny Hope Cyrus（命运·希望·赫拉），出生于1992年11月23日。相对Justin，她的歌星之路更加平顺！

生于美国田纳西州的Miley，在家里的农场长大。她的父亲是著名的美国乡村歌手——Billy Ray Cyrus，他曾凭歌曲*Achy Breaky Heart*（《疼痛的破碎之心》）红极一时，也是知名电视剧《大都市小医生》的男主角。她遗传了父亲唱歌和演戏的天分，不但会唱歌、演戏，还会作曲，她的成名作是美国迪士尼频道播出的电视剧*Hannah Montana*（《孟汉娜》），她饰演女主角，剧中的歌曲全都是她自己作曲并演唱的。据说麦莉是一个虔诚的基督徒，每周都会和家人到教堂做礼拜。（儿子做鬼脸大笑说："她？她会去教堂？"）

这部电视剧*Hannah Montana*在美国非常火爆，刚开始播放就吸引了540万人收看，迪士尼顺势推出剧集的原声碟*Hannah Montana*。而在HOT 100单曲榜中，原声碟中的六首全部都上榜，让*Hannah Montana*成为自1991年Nielsen Sound Scan和Nielsen BDS数据统计系统启用以来，拥有上榜单曲最多的一张专辑。不仅如此，迪士尼还将这部剧集的游戏版权卖给了任天堂游戏公司，任天堂为它设计了两款游戏，有吉他和鼓点的节奏游戏。

我第一次听她的歌就是这部剧集中的插曲，当我知道那首蛮好听的歌曲出自一个十多岁的小女生的手笔和嘴巴，我由衷地佩服这个女孩子的天赋和领悟力！就凭这点，我看好这个仍属“Teen”的女孩，如果在艺术的道路上坚持走下去，她将来一定能创作出更多更感人的作品。

如果你家和我家一样，家有“Teenagers（青少年）”，空闲的时候和他们一起聊聊这两个歌手，听听少男少女的歌声，也许不仅能拉近你和子女的距离，自己也能从少年的歌声中受到些许的感动和启发！

7 夏日之舞

一对儿女对于舞蹈似乎走着越来越背驰的道路，女儿小的时候被送去学芭蕾舞和踢踏舞，也学得有模有样的，后来因为搬家换了社区，她不愿再回舞蹈学校，勉强被我拉着学了几次宫廷舞就坚决地拒绝再去，后来在我一再要求下，她同意去跳嘻哈（Hip Hop）舞，每周一次，我风雨无阻地接送她学舞，她说挺喜欢那个黑人老师，一年来也算坚持了下来。

儿子小的时候跟在我后面一起送妹妹去舞蹈学校，我曾问他要不要学跳舞，他头摇得像拨浪鼓，说那是女孩子们的事，他才不要和那些女生一起跳舞呢。小的时候，在家看我们珍藏的迈克尔·杰克逊的DVD，他看多了就会模仿歌王的舞步，尤其是月球舞步，也不知他是怎么琢磨的，竟让他学得惟妙惟肖。八年级时几个男同学决定在学西班牙语的课上表演一支西班牙音乐伴奏的舞，找来一个会跳舞的女生教他们，儿子的跳舞热情竟然从此被点燃，在学校舞台上表演时，他即兴发挥，把小时候琢磨出来的月球舞步施展了出来，赢得了满堂喝彩！这下，他开始自认有跳舞天赋，主动对我说要去舞蹈学校上课。从街舞到嘻哈舞，他跳得不亦乐乎！每次我看着那么大个头的他在一群比他都矮的舞者中蹦跳，真是不知道说什么好。

夏天到了，舞蹈学校每年的汇报演出拉开了序幕，儿子表演完充满“危险”动作的街舞，又和一群青少年跳起了迈克尔·杰克逊的“罪恶诱惑”。隔天在朋友家的派对上，他也在众人面前表演他即兴舞动的肢体语言，天性腼腆的他只要一上舞台或者一进入舞动的角色，就能够立刻忘掉自我，变成一个充满激情、完全看不出他性格中的羞涩和内向的人。

女儿就不同了。每周的学舞她坚持下来了，因为她喜欢那个老师。可是演出服装发下来，她一看就紧皱双眉，嫌那红色的裤子太过宽松不好看，T恤更是松松垮垮没有样子。她是我们家的唯美主义者，自认为对颜色和美丽有不可置疑的“权威”性，更在她爸爸的赞扬声中变得自负万分，所以她的一切穿着都得自己挑选。如今这在她眼里奇丑无比的演出服装令她沮丧到了极点，她竟然声称表演完之后绝不再回舞蹈学校

舞蹈学校的汇报表演（左三是儿子）

女儿参加舞蹈学校的汇报表演

了。大小姐罢舞了！她再不要任人摆布穿这些丑陋的衣服！舞蹈老师对我说，表演那天最好帮她把头发束起来，我来不及向老师解释不是我不愿意，实乃我们家大小姐喜欢披头散发的，不让人碰她的秀发。演出前，为了把她的头发扎成一个马尾，我几乎到了失控当众大叫的地步。好不容易一番争吵把她披散的头发梳得清爽利落，大家都说好看，唯有她嘴巴翘得可以挂一个油瓶。爸爸息事宁人地把极不痛快的她拉走，谁知几分钟之后上了舞台的她仍然是一头披散的头发，我可以想象她在后台恨恨地一把拉下头饰，扔向黑暗之处，然后甩一甩头发，蹦跳着上了舞台！我，唉！对这样的孩子只能长叹！

表演结束，儿子开始积极地在网上寻找新泽西州的舞蹈学校，甚至想利用暑假去纽约上街舞的集训班。女儿郑重地告诉我她的舞蹈学习到此为止！她要做个艺术家，但和舞蹈绝对没有任何关系！

也罢！人各有志！

8 女儿和我的第一场足球赛

女儿自搬来美国东部后，因为一来还没结交什么朋友，二来家里后院比较大，她得闲就喜欢和外公在后院一起踢足球。我老父亲年轻时在大学足球队做过一段时间的守门员，女儿受外公影响踢球踢得不亦乐乎！

先是她一脚就把后院房墙上的灯踢得粉碎，新的灯还没装回去，她又是一脚把球踢在一根塑料管上，当然是管道惨遭破裂的命运。又过了一天，后院的一张椅子也在她的脚下裂开，她爸爸看到的不是经济损失，而是他女儿脚上的“威力”，于是乎非常起劲地帮女儿报名进了小镇社区的女子足球队。

接下来当然是忙碌了一阵子，买鞋、买绑腿、买球员服、买手套……每周一傍晚我开车送女儿去另一个小镇的足球场训练。女儿为了做守门员和爸爸吵了好几架，爸爸觉得女儿球踢得有威力，跑得也够快，踢球嘛当然要跑要踢，站在球门口守门，那算啥?！女儿岂是个轻易罢休的听话的主儿！她吵得声嘶力竭，爸爸依然填了“前锋”的要求单子给教练，女儿看直接赢不过爸爸，就进行迂回战术，第一次训练就对教练大叫：“我要做守门员！”第一天训练下来，年轻漂亮的女教练笑着对我说：“我还从来没见过一开始就如此热衷做守门员的小女生！”

女儿在足球场上比赛

还没训练几次，教练说周六早晨要进行第一次赛事。女儿兴高采烈地告诉我们：教练在三个女孩中选了她做这次赛事的守门员。

女儿的第一次比赛，我们理所当然全家前往观赏。

第一次任守门员的女儿表现得很亮眼！因为她们这支球队刚组建不超过三个星期，大家都是第一次上球场，而第一次就要踢满九十分钟，我们做家长的都在球场边观看，我心里还真为她们几个小女生担着心。对方球队的教练是个大嗓门的中年男人，相比女儿球队秀美年轻的女教练，在气势上就赢了一筹。比赛开始了，对方的球队几乎大部分时间都压在女儿守门的这一边，只见女儿一次次救起对方踢向球门的球，我们都激动得大声欢呼。没想到看小女生比赛我也会那么失控！连坐在一边看书的儿子都对我频频斜眼睛。

女儿做守门员

可是，对方确实技高一筹，对方球队的三个女生在女儿不远处同时奔跑，只见足球扬起，女儿的手刚触到球的边缘，球还是直往网中冲去。对方终于在上半场结束前踢进了一球。不知是否输掉一球反而激励了女儿的球队还是小女生们终于知道该怎样踢球了，她们开始反攻。小女生压向了对方的守门球场那一边，我们还没反应过来，球儿已进了对方的球门。几个家长都跳起来了，兴奋啊，比自己赢球还激动。

也许是第一次踢进球太激动了，最主要还是训练太短，女儿她们连足球赛的规则还没有完全了解，女儿球队的队员频频犯规。更糟糕的是女儿接到球后本想一脚把球踢得远远的，谁知她助跑时竟然跑出了守门员的边界，被罚接点球。

全场屏息瞩目，只见女儿全神贯注，对方踢点球的球员更是志在必

得，只见那孩子一个短助跑，飞起一脚，球往女儿守住的球门左上方飞去，女儿判断正确，但不知是迟了一秒或是力量不够，球就在她的手指一碰之下进了球门。女儿沮丧的样子令我心疼，她的女教练大声地叫着女儿的名字却是在表扬女儿做得好！身边的爸爸也紧张兮兮地对我们大家说：“等下我女儿下来了，你们谁也不许提她的失误！要像教练那样多表扬……”我晕！我可是生平第一次看足球赛，看场球赛还被规定什么可说什么不可说，你说累不累？

女儿的第一次足球赛最终以输掉两球告终，不过，这毫不影响她们这队小女生的士气。比赛结束后，她们在漂亮的女教练带领下欢呼奔跑穿过球场，再在女儿这个守门员临时队长的带领下与对方球队击掌致意。女儿对我们说她非常喜欢踢球，选择做守门员是绝对正确的决定，因为她的小伙伴说，她们只能轮流做球队的队长，只有她守门员这个队长是永远不变的！

哈哈哈，祝贺你，女儿，希望你做个合格的小队长！

女儿所在的足球队队员们与教练合影

三 女儿，你能不能慢点长大

这段时期，不知是我们跟不上孩子成长的脚步，还是孩子的成长自有她的节拍，加上家庭从西到东的大搬迁，我们与女儿的关系处在一种动荡不安时好时坏的状态。很多时候，真希望那个怎么都不对劲的少女能变回那个可爱的、依赖父母的小女孩。是我们忽略了什么，还是我们没有料想到家庭搬迁对孩子的影响？

1 从读者来信谈家庭搬迁对孩子的影响

有位读者给我留了短信，我看了后，有种相知的感动。这个世界上总能找到有相似经历的人，冥冥之中的一种缘分拉近人与人之间的距离。

这里是她给我的留言，征得她的同意，我放进这篇文章中，因为这是有关她女儿的叙说，让我有一种想写写我的两个孩子来到东部后的生活的冲动。

海云：

前几天一个朋友转给我一条链接。点击后，上了你的博客。实话说，我很少上博客，也过了当粉丝的年龄。不过只看了一两篇你写的文章，就有了欲罢不能的感觉。结果就一篇一篇地读了起来。你写的那些事情，你的感受让我觉得我们并不陌生。三年前，我先生离开Stanford（斯坦福）到John Hopkins（约翰·霍普金斯）工作，我们全家从生活了十几年的Palo Alto（帕罗奥多）搬到了马里兰。当时我的小女儿正准备上Paly。我们说服她和我们一起来了。我们离开Palo Alto之前，陪她去Paly道别。看到她夺眶而出的泪水，我已经知道我们或许做了个错误的决定。到东部后，尽管我们为她选择了当地最好的高中，住在比Palo Alto旧居大两三倍的新房子，我们却很少看到她以往快乐的笑容。我们不得不送

她回Palo Alto读十年级。去年Gunn High（冈恩高中）接二连三的自杀事件让我们听得胆战心惊。我跑回加州，软硬兼施地把她弄回来了。可是今年她在马里兰读完十一年级，就提前申请大学，又回加州了。不知你的儿子是否已经适应新的学校和环境。

他们认为朋友比学业重要，恐怕你们要多花些时间和他们在一起。

希望看到你更多的新作。

樱

樱文中提到的Palo Alto，也是我们在加州的家的所在地。樱的女儿要进的Paly，是我们那个以斯坦福大学闻名的小城的两所高中的一所，全名是Palo Alto High School，当地的居民都爱简称其为“Paly”。那所高中以优秀的文科艺术类教育著称，学校就在斯坦福大学足球场对面，漂亮的钟楼，优美的环境，里面的孩子很多都是斯坦福大学教授们的子女。而我们那个小城的另外一所高中就是樱提到的Gunn High，那是一所理工科教育拔尖的学校，全美国高中排名第七十二名，是我们一直引以为荣的骄傲。我的儿子去年曾在那里读了一年高中。他的学校也是他心中的骄傲，他的同学、朋友、老师和一切的一切都融在他年少的生命里，他把那一切看得无比珍贵和自豪！

然而，生活中充满了变数，美国经济的萧条，导致硅谷大中小公司的变化，我们就在这变化中面临要不要搬离我们住了近二十年的加州的抉择。对于我们成人，加州的岁月几乎是我们奋斗和安家立业的见证，而对于我们两个十多岁的孩子，却是他们整个的人生！当我们刚开始提到有可能搬离加州的时候，儿子的眼泪如石子一粒粒击得我的心疼痛不已，我也舍不得加州的一切。我咬着牙决定带着孩子留守下来，希望家里的男人很快就能再回加州。

可是，刚过去的那一年，儿子那所高中一起接一起的孩子卧轨自杀事件，真的使我心胆俱寒。我参加了铁路巡逻队，带领着孩子参加讲座和演讲，那一切都是在试图把这种悲剧的阴影冲淡。加上一个人带两

个孩子的辛苦，还要兼顾工作和写作，直到我觉得精力和体力都承受不了，终于决定还是举家搬迁到美国东部。这一路挣扎足足有一年半之久。

如今搬来美国东部的新泽西州已经有三个多月了，两个孩子都进了这里的新学校，我也刚刚进了一家新的公司工作，一切都是新的。新的东西有时是好的，有时却意味着要让人重新适应，而并不是每个人都喜欢这种适应和心理上的调整。

刚来时，最早是我的老父亲说孤独，因为陌生的居住环境，以及没有国人朋友。随着我们去了华人教会和积极主动地交朋友，我们发现这里的国人其实并不算太少。我们居住的小镇，亚裔占全镇人口百分之六。当然不会因为我们一家的到来有太大的变化，倒是我们认识了一些友好的美国邻里，也结识了好几个亚裔家庭。我们的朋友圈随着时间的推移在扩大，我开始喜欢这个小乡镇，尤其喜欢这里美丽幽静的环境。自从住在这里，每天沿着小镇的湖边小径慢跑散步成了我最爱的活动。认识了几位当地的朋友之后，我们还会相约一起去爬山或是沿着小镇的街道和步道一走就是一两个小时，那真是一种享受，完全不觉得累，只看到美不胜收的景色，心情愉快至极。

后来老父亲也渐渐喜欢这里了，那么热的夏天，从中国四大火炉之一来的他一点不觉得热得受不了，反而比起加州干燥单一的气候，老父亲更喜欢这里的四季分明，因为和家乡的气候相去不远。

就像樱所说的，我们和他们一样，东部住的房子比加州大很多，进了家门往后院看去，宛如住在森林里，眼里满是绿色的树木，清晨和黄昏常有野生动物来我家院子里做客，我们常说再不用像在加州时那样去露营了，因为我们每天都住在以前只有露营时才看到的那种环境之中。我开始享受美国东部，可是，唯一让我们时常担心的就是孩子的情绪。

夏天时，儿子是极度孤独的，整日沉溺在网络中，因为只有通过网络他才能和他在加州的朋友们聊天畅谈。他通常一觉睡到三竿，到了晚上却是精力十足，美国东西岸的三小时时差，使得他若想和朋友聊个够就得熬到夜里两三点才睡觉。因为想到他的孤独，我们任由他暑期里每天过着这

种“猫头鹰”似的生活。女儿似乎还好，无聊了，就在后院与外公一起踢足球，一个暑假的玩练后来竟然玩到足球队去了，那是后话。

带着孩子去华人教会的结果是孩子一下子看到这么多的华裔孩子，不觉得东部都是白孩子的天下了，那种孤独感去了一些。可是，要想融入一群从小一块长大的孩子的圈子中，并不是一件容易的事。儿子在外形上占一定的便宜，总有小女生、小男生找他一起出去吃饭、看电影、打网球，但是，即便如此，他仍然有时会情绪低落地告诉我他感到很孤单。上个星期，我去他的高中参加学校的“Back to School Night（返校之夜）”，他的电脑绘画老师特地举着儿子的作品当样品一样展示。等大家散去，我站立在儿子的绘画前细细欣赏。那幅画是儿子用电脑曲线表达的个人心情，儿子给他作品起的名字就叫“*Lonely*（《孤独》）”。站在画前，我的眼泪忍不住流了下来。

和儿子谈心，谈到我对“孤独”的理解，我告诉他凡人都有孤独的时候，即使有一天他恋爱结婚，日夜有人相随，那不代表他就不会感到孤独。孤独这种感觉对人类是与生俱来的，上帝把人造成独一无二的样子，本身就是一种独特的孤独，所以我一直鼓励孩子要建立信仰，心中有爱有上帝，在孤独时就会有排解的方法。他对于我的信仰提议一直是进一步退两步，我也总给他足够的自由，让他自己独立思考，相信他有一天会明白的。对于我对“孤独”的解释，他表示同意和理解，只是有时情绪难以控制。对此，我也能理解！到底还是孩子，教导孩子如何学会慢慢地控制自己的情绪也是我们常常谈论的话题。在这方面，我们成人一样需要学习，很多时候由不好的情绪控制我们的行为，伤害了身边的人的事也不是没有的。

我最近也常想，像我这样在西方社会生活了二十多年的中国人，在中国生活的日子比在美国生活的日子要短得多，可是中国对我来说却是永生难忘，我对故土的怀念也永远那么浓烈。一个人从小出生长大的地方和对那个地方的种种记忆是不会被岁月冲淡的，因为那些岁月早已融进我们的生命里，成了我们生命的一部分。所以，对于儿子对加州的怀

念，我也渐渐地采取理解再理解的方式，甚至也鼓励他有一天可以回加州生活。儿子当然是早有此心，在选课的那一刻他就告诉他的学术指导和我们他要回加州读大学，为此，他已在努力了。

所以，对于樱的女儿回加州读大学，我特别能理解！孩子在上大学之前，几乎没有选择在哪里生活的权利，大多跟随父母，唯有读大学，成人了，第一次可以选择要去哪里。想到儿子没几年就要远离我们，我忍不住伤感地对他说："儿子，你想想你还能和爸爸妈妈一起住几年呢？等你上了大学，比如你真的回加州读大学，我一年能看到你几次？你又能回来在家住几天？"儿子眼里却是满满的期望和憧憬，我凝视着他的双眼，仿佛又看见两岁的他对我和他爸爸说过的一句话："爹地，我长大了要带你去玩，你和妈妈坐在车子后面，我开车！嘀嘀……"

我们一直以为十一岁的女儿应该比较容易适应东部的生活，谁知道女儿的"思乡病"发作得较晚。不久前的一天，女儿对爸爸说："I am home-sick now!（我想家了！）"爸爸很吃惊，回答："这里不是你的家吗？你home-sick 什么？"女儿大声抗议："这里不是我的家！我要回加州我的家！"那天晚上我找女儿谈心，她说不知道为什么两年前她也从圣何塞的小学转到帕罗奥多的小学，一点都没觉得什么，很快就有很多新结识的朋友，可是这次不一样，开学一个多月了，除了一个比较要好的女同学，她没有其他很亲近的朋友。她觉得高中生的哥哥如今比她容易交朋友了！

真是一波未平一波又起。我提起她足球队的朋友们，她有了些笑容，但很快又苦着脸说："她们和我都不是一所学校的，平常除了踢球都看不到。"教会里的孩子大多都有各自很好的朋友，女儿说和教会里的孩子们除了见面时问个好就没有什么话说了。我想起儿子在前青春期的阶段也是很挣扎，不知道如何和异性交谈，不知道如何交新的朋友，等等，便安慰女儿："哥哥当年也是这样，现在不是很受朋友欢迎吗？慢慢就好了。"我提议办个聚会，让她的同学来我们家玩，她非常不愿意地说："不需要妈妈帮我找朋友！我自己会找的。"没过几天，女儿收到一个犹太同学寄来的邀请她参加同学成人礼的卡片，她对爸爸说："拿去让妈妈看看！"

我当然知道她的意思，故而夸她一下："真不错，这么快就有好朋友了，还有这么精美的邀请信！"她不屑地回答："什么好朋友？她可能给整个年级的同学都发了邀请，犹太人家有钱呗！"我马屁拍到马脚上，再问她："那你还会去吗？""为什么不去，我也看看人家是怎样办成人礼庆典的，再过两年，你们也好为我办一个！"我说："女儿，你有没有搞错，我们家不是犹太人，没有这种风俗！"爸爸看到女儿沉下脸，连忙说："行，我们就办一个中国式的成人礼！中国食物加中国仪式！"

这篇文章写到这里也差不多了，因为樱的一封短信，我写了些零零碎碎的儿女"思乡"之绪，就是想说生活就是这样，总是在高高低低、起起伏伏中默默前行。我还收到另一位读者的读文感想，也征得她的同意，把她的短信一并放进这篇文章之中，因为她的笔触说出了我的希望和心愿。

海云：

能感到你写下这些文字时的心痛。当了母亲的我们会变得比少女时坚强，可孩子却永远是我们心中最软的那一块。我们宁可痛的是自己，而不是孩子。

我的大儿子和你的儿子性格很相似，纤细、敏感，4年前我们搬家时，他从读了4年的私校转到公校，那份不适应感和缺少朋友的孤独感，让他整整挣扎了一年的时间。其间，我几乎几次想让他转回原来的学校，我告诉他我宁可每天花 4 小时在路上，只要他快乐。儿子很懂事地说，"give me time，let me try.（给我时间，让我试试。）"第二年他明显地开始适应了，朋友也多了，读完第三年，他对我说："I am really happy for the move. Mommy，you made a right decision.（我很高兴我们这次的搬家。妈妈，你做了个正确的决定。）"我知道，他是完全适应了。

当然你儿子转学时年龄比我儿子要大，适应会更难一些。可乐观一点看，他的这段经历对他的将来未必不是一笔财富。人，永远会有孤独的时候，孩子学会面对孤独也是一项人生技能，不是吗？我相信给他时间，他一定会找回那些快乐和拥有新的朋友。

祝合家顺利！

米子

2 女儿，你能不能慢点长大

一年多前，我们住在加州，那时先生已搬去新泽西州工作，每次先生离开加州的家，他前脚走，十一岁的女儿后脚就会把她粉色的小枕头搬到我的床上，她说要陪我睡觉。每天晚上十点多，她上了我的大床，不由分说地就关了我的床头灯，跟我说“晚安”，不多久就进入了梦乡。有的时候，我坐在一边在电脑上敲字，看不清键盘，开了我的床头灯，若弄醒她，她也会埋怨，不过，绝大多数时候我们母女相安无事。

只是爸爸一回家，她的小枕头就要回她的小床上。当然也有过几次她躺在两个大人中间，还不让我们说话，以免惊扰她的好梦。我们也埋怨这是我们的房间还是她的。

搬来新泽西州，一家人终于聚到一块儿，房子也大了。女儿自己的房间自己设计颜色，还把老爸拖来拖去，一会儿换窗帘，一会儿刷新油漆，全是她的后现代派！

偶尔，她看了一部有点刺激的电影或是一本悲情的书，她会不由分说地把自己的床垫拖到我们的房间里，硬挤进来。我们夜间十一点的新闻肯定是看不了了，两个大人本来临睡前还能说些话，现在也不断被她“嘘”。老爸生气地让她回到自己的房间去，别主客颠倒！她也生气：

“有一天你会后悔的！你叫我过来我都不来！”

这一年多来，女儿的个子长得飞快，转眼间就快赶上我了。几个月前，爸爸去欧洲出公差，她按习惯又把自己的枕头搬到我的床头，第一天大家都睡得很香。第二天晚上，不知道为什么事，我说了她两句，她一生气就把枕头搬回自己的房间去了，还说惩罚我一个人睡！我一个人在房间里听音乐、看电视、上网，忙得不亦乐乎，心里窃喜终于甩掉这个小黏牙糖了！

前两天跟我的美国邻居闲聊，她说我女儿最近似乎一下子长大了，我开玩笑提到每次她爸爸出差她搬枕头的事儿，邻居大笑说：“等着吧，她马上就不会再搬她的小枕头了。”

上个星期，先生的父亲在加州动手术，做儿子的他回加州照看老父亲，我多了个心眼，一直在观察女儿动不动她那小枕头，呵，你猜怎么着？她真的不搬了！爸爸走还是不走，似乎对她没有影响了，当然她事实上乖了一点儿，知道那个总让她欺负的人走了，妈妈不能欺负，只能保持距离！第一天我有些失落，临睡前跟她说了好几遍晚安，她丝毫没有要过来陪我睡的意思。第二、第三天，我生病请假在家，连班都没上，晚上她回来也会问我怎么没上班之类的，但也没有说要过来陪我睡觉！我更失落了！

周末，我把爸爸藏起来的电子游戏取出来让她过过瘾，她玩得很开心，直到夜深，让她停止，她关了机器，转身出了我的房间带上门说“晚安”就去睡觉了。得，我自己睡！看见走道上的灯亮着，我预备过去关灯，走到房门口看见走道暗了，我折回身关了另一边的床头灯，因为房间黑，我就决定偷个懒，不走到我的那一边，而是从这边跳上床，不知道是不是跳得过猛，总之屁股挨着床的时候感觉身体的惯性还把我向前拉，而我的身体便那样往后倒去。我已感到身体的下面是空心的，那种感觉很糟糕，明明知道头朝下人从床上往下倒却无力阻止，一个可怕的念头一闪而过，然后就听到“咚”的一声，那是我的后脑勺撞击地板的巨大声响，黑暗的夜里我的眼前却是五彩缤纷……女儿闻声赶过

来，扶起我，有点惊慌，我有些羞愧，还有些伤心。等儿子也赶过来，我在那里喃喃自语，好像在说一个人住一个房间太可怕了，我如果一下子跌死了，都没有人知道。感觉自己说的话像一个老太太，好像我母亲也说过这样的话，然后，眼泪就下来了。儿子也是先一惊，然后大概又觉得有点好笑，检查了一下我的后脑勺说没有大碍，安慰我两句就走了。女儿倒是陪着我，抱着我躺了好一会儿。我有些害羞地问：“女儿，你要不要把你的枕头拿过来？”女儿很坚决：“不用！我陪你一会儿就回自己房间睡觉去了！”嘿，我跌了这么大一个跟头，都换不来她陪我睡一晚！我挺委屈的：“万一我脑震荡了，夜里不省人事了，都没人知道！”女儿回答：“我夜里争取过来看看你！”我更伤心了：“我怎么觉得孤苦伶仃的没人管我啊？”女儿又说：“你不是还有爸爸吗？”我说：“你爸爸不是不在家吗？”她却说：“没几天爸爸就回来了！”呵，看来孩子已经长大了，我心酸地想着，忽然感觉身边没人挺孤单的。

女儿的房间

女儿走了，我快要睡着，先生的电话到了。我鼻子一酸，眼泪就噼里啪啦地下来了，感觉自己像个孩子一样在述说：“我跌倒了，头朝下，好响的声音，没人陪我睡觉，我觉得有点难过……”

其实我最想说：女儿，你能不能慢点长大?!

3 女儿的第一支舞

十三岁的女儿，说大不大，说小不小。

她开始要求我们进她房间前要敲门，要尊重她的隐私权，她开始有少女的那种姣好模样，她也会在日记中写道：是的，我还没像我的同学们那样，需要去买胸衣！（她是班里年纪最小的）

有的时候，她像个天使，挽着我的胳膊说：妈妈，我们俩去逛街；有的时候又成了小魔女，吹胡子瞪眼睛，把她的房门关在我的鼻子尖前。

无论怎么说，十三岁的女孩儿在美国已经被叫作Teenager，中文翻成“青少年”，有时候我们戏称为“挺爱搅”。

还有一个月，女儿要初中毕业了，我们小镇的高中除了录取小镇初中部的孩子们，还录取隔壁镇初中部的孩子们。为了让两个小镇不同初中部的孩子们有个认识的机会，小镇的教育部门在高中部举办一场舞会，让即将初中毕业的孩子们跳舞交友。

收到学区的通知，就问女儿要不要去舞会。女儿很坚决：No! 问她为什么不去，多好的机会认识新朋友啊！她说她没有裙装。女儿平常逛服装店，看来看去不是牛仔裤就是T恤，我几次向她推荐漂亮的裙装，

她一口否定说我是“Old Style”，把我定型在“过去式”里，我也就不多说了。

这次一听她说要裙装，我和她爸爸都很起劲，自告奋勇要带她去买裙装，可她想了一天又说：No.

理由还是她不想穿裙子，因为她说自己腿上的皮肤不够好，不想露出腿（也就是蚊虫叮过之后留的几个小疤痕）。无论我们怎么说她的两条修长的腿漂亮美丽，她就是自认为不能穿裙子，故而决定舞会还是不去了。

临到舞会那天的中午，她打电话给我说决定去舞会了。我正在上班，急了，问她裙子的事儿，她说她的同学会借一条裙子给她，我说要不我请假回家陪她去买裙子。她大概不相信我的眼光，否定了我的提议，仍坚持去同学家。

舞会的晚上，我和爸爸都有点迫不及待想看到女儿会打扮成什么样子，好在我们做父母的也有个联谊会，就在学校的门厅里举行，每个进来的学生都会从我们眼前走过。初中的小男生们，大多穿得很随便，短裤T恤都有，当然也有几个打扮得像大人模样，戴了领带穿了西服，而小

女儿和同学第一次去参加舞会

镇的女孩子们几乎个个打扮得花枝招展的，加上都是含苞待放的年龄，一个个真的是水灵灵的，漂亮极了！

我一眼看到女儿和她的好朋友正推着玻璃大门进来，赶紧指给爸爸看，他竟然认不出那是他自己的女儿，嘴巴张得老大，问了好几声：“哪里？不是吧？”直到女儿走近，爸爸笑得嘴巴都合不拢了，还是我拉他用我的手机给女儿拍照，女儿那天倒是蛮配合的，站定跟她的朋友摆了一个姿势，让我们拍了张照，还知道对我们说多谢她的朋友，帮她卷发、化妆和挑裙装。

女儿和她的朋友婀娜多姿地走开了，我让那仍然没有回过神的爸爸赶紧拍两张背影，他大概太激动，手都不听使唤，只拍到一个模糊的后影。那天晚上，爸爸一直很兴奋，说了很多遍“不可思议！”，不知道是对女儿的这种从小女孩到小少女的蜕变觉得不可思议还是其他！

女儿人生的第一次舞会就这样在No和Yes之间闪亮登场了！

4 少女的胸衣

女儿今年十三岁，刚刚可以被称作Teen，美国人把十三到十八岁的青少年称为Teen，因为英文中数字十三到十八的最后都是以Teen结尾，我们中国人把这段年龄的孩子们称为少男少女。

这应该是人生最美的时光吧，无忧无虑、快乐美丽。有时会有些为赋新词强说愁的矫情，但即使那样也很可爱！女儿不赞成我说的无忧无虑，她说自己的烦恼蛮多的，问她具体是什么，她又不愿说，我知道越问她越不会讲，果然，没多久，她自己憋不住，又过来找我谈心。

她的烦恼是自己还不那么像女人，换言之，她急着要长大！在学校里，她是班上年龄最小的孩子，美国孩子发育早，有的已经完全是小女人模样了，那些女孩子知道怎样打扮和化妆，还知道穿高跟鞋和谈恋爱。

女儿这一年来，个子长高很多，以前她总是班上最矮的几个小女生之一，这一长个，就把一半的女孩子在高度上比了下去，这点她很开心。但是……但是……她开始支吾起来，我忍住不让自己笑出来，我知道她一直担心她的小胸脯！

一次，几个小女生在一起闲聊，女儿的一位好友说其中的一个女孩

子不小心在生理周期时把裤子弄脏了，自己浑然不知，却被几个小男生看见了，在一旁挤眉弄眼地咬耳朵，正好给女儿的好友听到。女儿没听清楚好友说的最后几句就多问了一句，谁知好友马上回答："现在跟你说你也不明白，看看你的样子，过两年再说吧！"女儿的好友指指女儿平平的小胸脯如此说。这大大伤了女儿的自尊心，那天回到家一直不高兴，晚上对我们发脾气，好不容易平静下来，才告诉我这件事。我安慰女儿："你妈妈我也是胸脯发育在长个子之后，上了高中就会好了。"保证了好几遍——她将来绝不会没有胸脯，费尽口舌总算把她哄上床睡觉。

这些日子以来，她早已体会了女孩子的生理周期是怎么回事，但是似乎还没到可以穿胸衣的地步。她开始喜欢拉着我去买衣服，而且喜欢挑那些能显出她修长身形的紧身小背心。买了好几件，她穿起来很好看，但总是一出家门就在外面罩上一件宽松T恤。我说背心是可以穿出去的，她说不行，里面得有东西，几次总爱强调这点，我有天忽然就明白了她是觉得里面没有胸衣难为情！

哈，这个容易，我带着女儿去挑少女胸衣，她不大自信："我能穿吗？"我心里说：你当然不穿也行。我像你这样时，只穿圆领衫。嘴里却鼓励她："谁说不能穿？少女胸衣就是专门给你们这么大的女孩子设计的！"这点我还真不是瞎说，在少女装柜台，那一个个精致的小胸衣（罩）做得舒适漂亮，杯形浅浅的，摸上去确实柔软平滑，既可以保护少女刚发育的小胸脯，也可以让少女满足一下做小女人的滋味。女儿一挑就挑了四件，爱不释手，当场就换上，穿在背心里面，外面的T恤一下就扔给我了，我在一旁一边忙着排队付钱，一边情不自禁想起我年少时买第一件胸衣的情景。

我像女儿这么大的时候，根本想不到要穿胸衣，跟着父亲过日子的我，基本上在这些方面是不大有人管我的。父亲毕竟是男人，比较粗心，也不一定想得到，不过，我好像也没有这方面的烦恼。上学时，我也是全班最小的，同学基本上都比我大两岁，我也发育了，但是似乎从

来没想过胸部的大小问题。

我们那时候比较单纯，审美观好像也并不以大胸脯为美。还记得有部电影《小街》，张瑜演的女孩子被剪了阴阳头，不得已就把自己扮成男孩子的样子。电影里有个镜头，张瑜用一张好大的白布把女孩子发育良好的胸脯硬绑成平平的样子……我们虽还不至于要把发育的小胸脯绑起来，但至少我印象中在中学时，是尽量不要显露出来。

我十五岁的那年夏天，在南京城闷热潮湿的空气里，我被远房的一个表姐带着往中央商场去买胸衣。

表姐小丽，她爸爸和我爸爸是老表，我和她已经是表二代了。她的父母在她很小的时候就离婚了，她和她的祖母生活在南京工人文化宫旁边的一栋老房子里。那年夏天我和她才认识，她的祖母希望我这个好孩子能给她一点正面的影响，谁知道我们在一起没几天，我还没来得及影响她，她就开始影响我了。

小丽高中没毕业就开始谈恋爱，她很会打扮，穿着喇叭裤，上身一件白丝衬衫再罩一件鲜黄色的小马夹，头发烫着，眉毛描得细细弯弯的，跟我这个看上去还没长大的高中生一起，真是一个天一个地。她告诉我她的男朋友当着她的面割腕示爱，还告诉我穿着高跟鞋应该怎样走路或者说是扭屁股……说着说着，就说到我身上，她对我的衣装大加挑剔，然后就说要帮我去挑不同式样的衣服。我还顾虑到我爸呢，怎敢像她那样喇叭裤上身，但是也羞答答提了一个要求，请她陪我一起去买件胸衣，因为一来我不好意思去买，二来也不知道大小。她拉着我出了家门就往中央商场跑。

在中央商场的胸衣柜台，我躲在她身后，随便她跟营业员说，任由她挑选，并告诉她我没有太多的钱，最后买了一件旁边有三个纽扣的白色胸衣，一件而已。那以后每天晚上，脱下来洗干净赶紧晾在衣架上，等第二天干了再穿上。胸衣一穿上，真是有一种焕然一新的感觉，好像自己一下子长大了。

…………

换好胸衣的女儿走出来拉着我走出商厦，也走出我的回忆。女儿昂着她小小的头颅，骄傲地挺着她的小胸脯，像一只快乐的小鸟急急地往前飞，她对我说她等不及要去找她的好友们，让她们看看她不需要再等两年，她也不是她们以为的还没长大的小女孩。我笑着对女儿说，有一天她会希望时间能够停下来，或者人们都能够忘记她的年纪！女儿对我说有可能，但那是以后不是现在！

也许吧！一个年龄有一个年龄的烦恼，也有那个年龄特有的快乐！

5 女儿初中毕业了

女儿初中毕业了！

对她来说头等大事不是领毕业证书，而是要挑选稍微正式又不能太过正式的裙装。

陪着她去买衣服，第一次她选了一件粉红色的吊带连衣裙，棉织的面料，摸上去很舒适，看上去像去度假或去沙滩休闲穿的衣服。我说似乎不够正式，大小姐不高兴，说就是不要太正式！那就买吧！

可没过两天，她大概跟她的同学比较，觉得买的那件连衣裙确实太随意，又对我说要重新买一件，于是又陪她去逛店。这次，她好像比较能听我的意见，不过，到后来，还是自己做主，选了一件绿色花样的连衣裙。我说颜色上有点儿老气，她不懂老气是什么意思，等我解释“就是比她年龄看上去大”，她说要的就是这个效果！她是班上年纪最小的，已经为此诸多烦恼，能增加一些成熟感（她一下子就将“老气”理解成“成熟”）那是求之不得。

毕业典礼那天，她说：“妈妈，你帮我把头发卷一卷。”我忙不迭拿出我的那套头发家当，帮她又吹又卷，弄好了跟她说得上点儿定型发胶，她不愿意，说不喜欢那个味道。结果就是典礼还没结束，她的发型

拿到毕业证书的女儿很兴奋

女儿和同窗好友拥抱庆祝初中毕业

就垮了下来。不过，总算还好，大小姐没怪我，估计她心里很清楚，是她自己坚持的结果。

她批评他们学校指导毕业典礼的老师，让他们慢步加迭步走上台，真是蠢极了。我说："你怎能这样说指导老师呢，老师肯定是为了你们好！"不过，毕业典礼上，看到他们一个个走着慢步加迭步，大家都面有难色，很不自然，又不得不同意女儿的指责确实有点道理。

女儿倒是笑容满面地走了上去，看着如今小女人般的她，她学前班毕业进小学和小学毕业进初中的岁月如小电影般在我脑海中一一浮现。时间过得真快，一切仿如昨天，可是从日渐美丽的女儿身上和我日渐增多的白发上，我也知道时光在流淌，岁月是十匹马也拉不回的快车。

典礼结束，女儿和她的同学们在学校的大门前合影，她自然地跟初中的小男生们交谈，跟她的同窗好友们拥抱相互祝贺，还知道不时地过来招呼我们，跟外公合影，跟父母微笑，我们家的刁蛮公主在外面绝对是一个人见人夸的甜姐儿！

总算初中毕业了，跟她说："高中你得好好读书了吧，否则进不了好大学的。"她对着车子里的镜子做鬼脸，拿着她的iPod玩自拍，还说："妈妈，你是不是高中的时候两只眼睛都变双眼皮了？"她这几年一个眼睛双眼皮一个眼睛单眼皮，烦恼很久了。我告诉她我小时候有时也这样，发育好了，进了高中就不大会出现这种不稳定的状态了，敢情她记住了。我跟她说的高中要好好读书，估计一句没听进去，心思都在她的眼皮上了！

女儿的自拍照，说送给我，还问我她像不像我。

我叹气，不知道女儿什么时候才能真正长大懂事！一旁的外公却说他上高中前也没开窍，初中还留了一级，进了高中忽然哪天，一下子就开窍了，然后就好好读书，照样进了医学院。

呵呵，我祷告：但愿女儿早日开窍！

6 与所罗门小姐两次谈话

第一次坐进所罗门小姐的办公室里，大约是一年前，女儿那时还在初中部，我陪着她一起到小镇的高中部见她即将进入高中之后安排的学术指导老师所罗门小姐。

美国的学校里，称呼男老师为某某先生，女老师为某某小姐，即使女老师已年过半百，也是小姐。所罗门小姐是个漂亮的中年女人，她的办公室不大，最多五六平方米，她起身与我们母女俩握手问好，招呼我们坐在她的办公桌前的两张椅子上。她的办公桌是U形的，电脑在U字当中，她的身后一溜排放着好几张照片，估计都是她的家庭照。

她先谈起对我女儿初中成绩单研读的感受，然后建议她进高中后选修的几门课，把高中毕业前必须要读的课程排列在我们面前，高一必修的课也画出来，接下来就开始征求女儿的意见，问她还想选修哪些科目。女儿说喜欢美术，她又加了一门艺术课，问到家长的考量，我谈起了我们从加州搬家过来之后对孩子的冲击以及美国东西部大迁移之后孩子适应的种种辛苦。她仔细地听着，记着笔记，时不时抬起头，目光关注在说话人的眼睛上……听完我的一番话，她首先指着墙上的一幅画对女儿说：“看，这幅画怎么样？”那是一幅老虎的头部画像，猛一看没

有什么稀奇，仔细再瞧，老虎的眼睛里有一泓蓝色的湖水，湖水上有更细致的描绘，有鸟儿在竞飞，有船儿在滑行，还有人儿和花草建筑的点缀……那个老虎的眼睛里倒映出的是我们美丽的世界！

所罗门小姐告诉女儿，这幅画的创作者是她的一名学生，这名学生进高中的第一天坐在她的办公室里就对她说将来想成为一名画家，他一直不懈地努力，这幅画作是这名学生高四那年画成的，为此赢得了奖学金，他现在是罗德岛艺术学院的大学生！所罗门小姐说完这个故事，转头问我的女儿：“你也能做到！只要你努力！你相信吗？”初中阶段一直缺乏自信的女儿却被这短短的小故事打动了，很认真地点了点头。

针对当时我对女儿情绪变化的担心，所罗门小姐建议女儿参加高中部的女子足球队，她说运动能使人快乐，并且可以交到很多的朋友，运动将让她不再感受到去一个陌生地域的孤单，女儿同意了。可是进了高中，她又反悔了，说高中的功课重，想好好把成绩弄好，结果，这一年儿乎没有参加任何校外活动。

观察敏锐的所罗门小姐，看出初中的小女生胆怯的心理，和我们母女俩聊起了她自己的家庭背景。她说她是爱尔兰后裔，祖父母辈从爱尔兰移民过来，她小的时候特别想跟任何与爱尔兰有关的一切划清界限，可是随着年岁的增长，她越来越发现自己身上很多爱尔兰后裔的特色，到今天她开始以一名爱尔兰后裔而自豪！她说如果你不为你父母的文化背景而骄傲，那么你就常会觉得一无是处，因为那终将也是你的文化背景！

这番话，说到我的心里，我不知道当时的女儿听进去多少，可是这一年来，她似乎不再像刚搬来这里时那么小心翼翼了。以前在加州，那里的华裔多，搬到这个东部小镇，亚裔只占6%，华裔可能只有2%，这种半大不小的孩子一下子觉得自己“与众不同”，也是在所难免的。读高中的儿子就比较成熟了，问他在这方面的感觉，他说大部分孩子都与加州的孩子差不多，只是有些从来没有见过外面世界的孩子，眼光短浅，会说些奇怪的话。但那是少数，他认为自己做好自己最重要。

一年不到，做父母的我们带着女儿又一次被邀坐进了所罗门小姐的

办公室，这次是商谈女儿今年夏季之后高中二年级选课。

我们一家几乎把所罗门小姐小小的办公室挤满了，她首先把电脑里研究过的女儿的课程表打印出来给我们，针对女儿期中考试不错的成绩狠狠地表扬了一番，女儿的笑意写在脸上，那里面有一种我一直希望看到的东西：自信！

所罗门小姐指着墙上那幅老虎画问女儿："还记得我对你讲的这个故事吗？"女儿点点头，所罗门小姐又说："你离那里又近了一步，继续努力啊！"对于女儿选择艺术作为学业的主攻，所罗门小姐征询我们家长的意见："你们有什么看法？"我们俩都说孩子喜欢就好！女儿第二年的高中科目除了学校的必修课，如英文、化学、数学、历史等，所罗门小姐还在女儿选修的高级艺术课上打了钩。选修其他的科目时，女儿说她的很多同学一年级已修了营养科学，她不知道自己是不是也需要学。她开始对这方面感兴趣是好事，但我提出既然女儿的艺术是强项，可以选修以美术为基础的工业绘图课，老师马上接过这个话头并表扬我，说："妈妈说得对！你看，艺术如果和现实结合，会有实际的效果！我也有名习画的学生，现在在英国学艺术，他学的就是工业设计，帮那些工程师把他们脑中的设计画出来。你知道吗？这个学生现在的收入比他父母的收入加起来还高！"

老实说，我提建议的时候还没想将来收入这层，只不过为女儿的成绩考虑，她底子好，估计这种与艺术相关的科目她容易取得好成绩。经由所罗门小姐这么一描述，我看到女儿眼里火花一闪，她立刻同意了。回家的路上，爸爸说："你看，我们建议女儿学建筑，她一直很反感，今天老师这么一提，她却对这个什么工业设计一下子就接受了！如果将来女儿肯做这样的工作也不错，我也就不用老想着养'艺术家'女儿一辈子了！"

所罗门小姐说到高中第一年对很多孩子都是充满挑战的一年，因为巨大的变化，孩子们忙着适应，通常适应下来的孩子会越来越好的，她更明确地对我女儿说："你看，你期中考试的好成绩证明你不仅有能力

学好，而且已经基本上适应了高中的学习！现在，我想问你，你为什么不参加课外活动呢？”女儿忙说她已准备下学期参加足球队，所罗门小姐毫不含糊，马上拿出球队的报名表，立刻帮女儿填好，并把体育课划成可去可不去的选择。（小镇中学的任何一个球队，都是一周五天的课后两个半小时训练，一旦加入了球队，体育课就不是必修课了）

我真的很佩服高中学术辅导老师的方法，短短三十分钟，把我们一直的担心，诸如孩子运动偏少，孩子将来学业的走向，等等，全解决了，而且孩子还是心甘情愿并且充满信心的！

最后，所罗门小姐指着她身后的几张家庭照为我们介绍她的两个孩子，其中一个正在读大学，那个孩子也喜欢艺术，申请大学时用她的艺术作品申请到了奖学金。她对孩子说，学校给他多少奖学金，他们做父母的也给多少（Match）。我们夫妻俩连忙接口：“这个方法好，我们也可以采用！”所罗门小姐立刻转向我女儿，说：“听到了吧？爸爸妈妈也会Match！加油哦！”

女儿要回课堂，临走前，所罗门小姐不忘当着孩子的面表扬我们家长：“你们做得太好了！你们是我见到的最用心努力的父母！”想起这两年多与女儿的“斗智斗勇”，再听到所罗门小姐的这番表扬，我眼睛一热，差一点掉下泪来。本来还想跟所罗门小姐再聊一会儿，可已走出去的敏感的女儿又折了回来，看着我们说：“你们怎么还不走啊？还想说什么？”所罗门小姐对我们眨了眨眼睛，笑着跟我们说再见。

总结这一年来的感觉，进高中的孩子确实有一番挣扎和适应，作为父母的我们也有如何放手和教导的挣扎和适应，我们真的很欣慰：美国高中有如此尽心和负责任的学术辅导老师，能够在这样注重各方面发展的环境里受教育不仅是我们孩子的幸运，也是我们为人父母的幸运！

7 周末，与史提夫的咖啡约

周末在邻镇的星巴克，我们终于和史提夫一起坐下来喝了杯咖啡。

说来话长，这杯咖啡约还真不容易，历经了好几个月的时间才最后确定。

史提夫，美国人，个子不高，有点中年男人的啤酒肚，性格爽朗，笑容满面。他曾经是我们小镇警察署的资深警员，在我们小镇住了二十多年，不久前，他因为退休了也离了婚，便在邻镇买了栋小别墅，一个人带着两条大狗住在那里。平常，他的女儿跟妈妈住在我们小镇，周末女儿到爸爸那里，史提夫之所以就近住，主要也是为了能照顾这个女儿。

史提夫的女儿维克多利亚是我女儿的同学，两人初中就在一个班级里，进了高中也常在一起玩。她和我女儿都属于那种心无城府的人，容易得罪别人，因为常常讲话不当心，但是说了就忘。

维克多利亚到过我们家好几次，每次都是她妈妈接送她。她妈妈是个蛮典型的美国女人，讲话得体，衣着整齐。我们交谈也不多，都是围绕着女儿们的事情。我从来没见过维克多利亚的爸爸。

女儿的朋友们喜欢玩一种叫Sleep Over（睡过夜）的游戏，几个女生

一到周末就选一家同去，住在那里吃在那家，一起挤在一个房间里，叽叽喳喳聊天说话，能摆脱父母的管束和同伴们疯玩，这个年龄的孩子谁不愿意呢?!

我们小镇不大，所以邻里之间还算比较容易熟悉，女儿常去的几个同学家，我们和那几家的家长也都认识，至少见面会打个招呼，看见人家家里也是人口齐全、其乐融融的，也比较放心。

几个月前，女儿说要去维克多利亚家睡过夜，我们按照女儿的线路一走就走出了小镇，来到邻镇的一栋房子前。不对啊，怎么跑到这里来了呢？一问，女儿说这次是在维克多利亚的爸爸家，而且没有其他女孩子，只有维克多利亚和她爸爸住在这里。我们从来没见过维克多利亚的爸爸，这个叫史提夫的美国男人，自然就觉得不大合适。女儿对我们的疑问和犹豫很恼火，我们不知道怎样把这份担心解释给一个十三四岁的女孩子听，一下子我们就有点僵持住。

正好那天晚上，我们要去见青少年辅导（我们搬到东部之后，和女儿一直有去见青少年辅导），我就把我们的担心跟辅导说了。辅导听了，马上转头问女儿：“你明白你爸爸妈妈的担心吗？”女儿摇头，并且显出一副她爸妈就是不可理喻的神态。辅导接下来的话是那么直接，把我们的担心赤裸裸地说了出来，完全不遮遮掩掩，弄得我都坐立不安了。她说：“任何父母对他们十几岁大的女儿都自然会有这种担心，你去一个成年男人的家里，这个男人你父母不了解，他有可能是坏人，对你造成威胁，他可能会强奸你，可能会对你造成伤害……你明白吗？”女儿圆睁双眼，不可置信，几乎喊叫着：“噢，我的上帝，你们怎么这样说呢？史提夫是个很好的人，他曾经是我们小镇的警察！”辅导毫不理会：“警察当中也有坏人！我们不是说史提夫就是这样的坏人，但是你必须明白作为你的父母，在你这样的年龄，会为这种现实存在的可能而担心！这是非常正常的！”接着辅导话锋一转，问我们：“你们知道这位史提夫吗？”我们解释我们完全不认识他，只认识维克多利亚的妈妈，也不知道史提夫是警察，当天去见辅导之前才知道女儿要在维克多

利亚爸爸家住一晚，而且不在我们的小镇上，我们觉得有些不安。

辅导看到激动的女儿慢慢地平复下来之后，这样建议女儿：“我建议你介绍你父母认识史提夫，他们大人之间可以一起喝杯咖啡、聊聊天，这样他们就会舒服一点了！你还未成年，所以，如果你父母坚持，你今晚就不能在维克多利亚家过夜了！”

那天，我们从辅导那里出来，再次去了史提夫家，先生和史提夫见了面，两个人站在门口谈笑了半天。回到车上，先生对我说史提夫看上去是个挺好的美国人！但是，我们仍然坚持女儿回家，女儿自然是十分的不高兴。

一段时间过去了，这件事基本上我们也忘记了。

到了要陪儿子去医学院面试的时候 ，其中一家医学院很远，要开五六个小时的车，面试完还有一系列活动，我们要在那里住两晚，这两天并不是周末，女儿要上学，不能带她去。我预备托付小镇的朋友照顾女儿，女儿却不愿意去我提议的朋友家，她说自己找同学家住两晚，这一找又找到维克多利亚。维克多利亚现在平日里几乎完全与她爸爸住在一起了，所以就是要住到维克多利亚爸爸家去，这样，我和先生又想起青少年辅导曾经提议的那杯咖啡之约。

一个电话打过去，没人接听，我们留了言。很快，晚上，史提夫回了电，我们约好周末一早在邻镇的星巴克见面，一起喝杯咖啡！

周末，我和先生决定早一点去星巴克，先在那里吃早点。九点整，玻璃推门处走过来一个美国中年男人，满面笑容径直朝我们走过来，伸出手，我们握手寒暄坐下，先生问他想喝点什么吃点什么，他说他自己去买，我们坚持要为他买杯咖啡，这样他也就点了一杯普通的咖啡。我们三人坐下，史提夫很健谈，他知道我们想了解他，所以，他尽可能地把他和他的家庭讲给我们听。

我们知道他已退休，和前妻的问题主要还是围绕着孩子。他的前妻和他结婚前有过一次婚姻，那次婚姻留给她一个儿子，但是前妻教育孩子的方式，史提夫非常不赞成，是那种放手不管，我们所谓的“羊

妈”！这个儿子不是史提夫亲生的，故而史提夫也不好过于干涉，儿子高中毕业，不去上大学，在家吃老妈的用老妈的，还喝酒吸毒，最后好像进了社区大学。史提夫不愿这大男孩给自己小女儿有任何不良的影响，他自己是名警察，大概眼睛里揉不进沙子，看不得前妻一再容忍男孩的恶习，与妻子因诸多争执而离婚。他在邻近的小镇买了栋不大的别墅，带着两条狗居住在那里。本来说好前妻周一到周五管女儿，他周末把女儿接过来同住，可是前妻对女儿仍然沿用放羊政策，史提夫忍不住，最后决定把女儿完全接过来，自己照管。前妻估计已被一个麻烦的大儿子弄得晕头转向，就乐得把女儿交给前夫，自己轻松一点。

史提夫这样对我们说：孩子不学好，父母的责任推卸不掉。我们点头，说起我们中国人的“子不教，父之过”。这是同一个道理。不可否认，这个社会和环境对孩子的影响很大，但是在孩子成长过程中，父母的引导和影响对于孩子的个性、处事方式等至关重要。

谈起我们小镇有些富裕人家对子女的娇惯，他更是从一名小镇的警员角度说起这些年他看到的令人痛心的情况。他说每年高中毕业典礼时，他们警员都会被派到中学维持秩序，总能看到好几辆崭新的名牌车停在那里，有的新车后面还拖着一艘崭新的快艇，上面扎着彩带，这是那些富人父母送给他们高中毕业子女的礼物！他对这种在物质上给孩子过分的奖赏深表遗憾，我们也有同感！一旦父母依赖金钱和物质的奖赏去让孩子开心，物质的价值越大，贪婪越大，而喜悦越短，更多的要求会接踵而来。所以，一个孩子的家教，与家庭的物质条件并不一定成正比。很多有钱人比如医生、律师家庭的孩子会出问题，是因为家里的大人太过忙碌，没有时间去管教他们的孩子，只能用金钱去填补对孩子缺乏管教的愧疚。我对所谓的羊妈也从来不表示赞赏。教养子女是我们做父母的责任！不问不管孩子还沾沾自喜地封自己为羊妈羊爸，是为自己不当的行为找借口。史提夫觉得他的前妻也是以这种方式教育她的大儿子的，所以，史提夫对女儿要求十分严格。

他对刚刚进入高中一年级的女儿说，她必须保持成绩在A和B以上，

一旦拿到C，就是转学去私立高中的时候。这个年龄的孩子没有愿意转学的，朋友对他们很重要，史提夫深明孩子的心理！他奖罚分明，如果女儿的成绩单上有一门A，他奖励她二十美元，并鼓励女儿存进银行。他说积少成多，再过两年等女儿有了驾照，这些钱就可以成为她第一辆汽车的基金！结果是他女儿第一学期拿了全A的好成绩。

我和先生都感叹，老被女儿说我们是典型的亚裔父母，就会拿成绩说事儿，这两年都不敢再提要求她成绩怎样，可听史提夫这么一说，和他相比，我们真的差远了，他比我们严格多了。我和史提夫开玩笑说，如果我女儿到他家去，希望他能把管教他女儿的规矩跟我女儿说一说，也让她知道家庭严格的管教，不仅华裔家庭存在，美国家庭也有！史提夫说我们的女儿很幽默，常会说些笑话逗得人哈哈大笑。我们说女儿在外面人人都夸是小天使，只有在家才是小魔女！他理解地笑了，说这些女孩子都这样，平常他管女儿做家庭作业，女儿会给他白眼球，但是他会装作没看见，该怎样还是怎样。他女儿每周五天课后要参加垒球队的训练，傍晚他接女儿回家，吃了饭就管她做作业，女儿必须在他的视线范围内，不能磨洋工和开小差，做完功课想玩什么都可以。

估计是史提夫管教甚严，加上他女儿跟爸爸一起住没有玩伴（像我小时候一样，特别喜欢与小朋友一起玩），所以他女儿也三番五次邀请我女儿去她家过夜。我们因为不了解史提夫一直没松口，不过曾经邀请他女儿到我们家睡过夜，维克多利亚一来，就和我女儿黏在一起。两个小女生躲进了女儿的画室中，玩电脑、唱歌、聊天，跟我们没有多少接触，要我们提醒才知道不早了该睡觉了。早晨起来，女孩子很礼貌，跟所有的人打招呼，吃了早饭，史提夫来接女儿，对我们说谢谢邀请他女儿过夜。

这次我们因为要带儿子去面试，女儿坚持一定要去维克多利亚家，先生和史提夫已经见过好几次面了，我和史提夫算是第一次照面，咖啡馆的一席谈之后，我们算是比较放心了。但是，这篇文章的上集贴出来之后很多读者跟帖，大家的七嘴八舌让我又有些七上八下的。先生看我被读者的评论影响，劝我说不同的人有不同的看法，我们有时也只能选

择相信自己的直觉。

外出的那几天，我们与女儿联系不断，得知史提夫管她做功课，还带她们去吃比萨、看垒球比赛。大部分时间是两个女孩子在一起，窝在房间里玩她们感兴趣的东西。也许我的短信太频繁，女儿有些烦，说：“妈妈，我很忙的，你没事做吗？我和维克多利亚玩得很开心！”

回到家，先生第一件事就是去接女儿，见到史提夫，他说：“你们的女儿是个好孩子，行为规矩，是个小开心果，我们一起度过了美好的三天时光！”

这就是我们和史提夫周末咖啡约的前前后后。

8 女儿的好朋友

女儿交了位好朋友，是个男孩子，高高大大的，长得挺帅的。我一见就很喜欢，可她告诉我：Mom，he is gay！（妈妈，他是同性恋！）

我知道这个时候，说什么都会被批，所以就“哦”了一声不再说话。

小少年家就在我们小镇上最宽敞的那条马路的旁边，听女儿说他妈妈患乳腺癌去世了，家里兄弟三个，其中一个还患有自闭症，爸爸是个非常成功的华尔街银行家，常早出晚归，几乎可以说是个工作狂。我难以想象一个成功的男人是如何面对这一切的！中年丧偶就已经够悲惨的了，家里还有一个自闭症的孩子，忙碌可能是他逃避烦恼的唯一手段吧。

女儿学校的天才秀，我去观看，女儿自弹自唱有模有样的，别说同学老师惊艳，我也惊艳啊！平常她在家都是戴着耳机弹电子琴，我都听不到声音。她唱歌，我说过一句：你声音没放开，要不要为你找位声乐老师？就这么一句，她给了我一个白眼球，从此再也不唱给我听！其实，我想说她的音乐天赋应该遗传我，她老爸、哥哥唱歌都跑调，包括她爷爷奶奶也是如此。可我家，我老爸老妈包括我都喜欢唱歌，而且应该说歌声都还不错。

女儿唱完了，那个小男生也上台唱歌，哈哈，他歌声够响亮，但是偶尔有破音也有些跑调，我忍住没笑，怕被女儿骂。小男生每次到我家来，都喜欢让女儿弹琴，他放声高歌，我的天啦，每次我都得克制不让自己笑出来！老实说他勇气可嘉！也看得出他确实喜欢唱歌，可就是觉得他缺少那么一点天赋！当然，这话我坚决忍住没跟女儿说。

不知道是不是都喜欢唱歌的缘故，或者两人都有些另类，所以，两人成了好朋友，好得我和先生都看不下去！

我们去纽约，回途中，女儿接到他的电话，说要到我们家来看她，车子还没开进车道，就看到他站在我家的大门口捂住嘴巴笑！那神情真正就是女孩子高兴的样子，可他如假包换是个高高大大的男孩子！我自言自语：怪不得……女儿对我眼一瞪：什么怪不得？我赶紧打岔：没什么！

早晨八点五十七分，家里门铃响，我开了房门，看见女儿也睡眼蒙眬地开了她的房门。我奇怪：她不是每天睡到中午吗？怎么今天醒了？下楼开了大门，小男生对我摇手“嗨”，还没容我说话，他解释道是女儿让他过来玩的。身后女儿在说：让你九点到，你怎么提早了三分钟！男孩子说：我等不及想见到你！我在旁边听着怎么觉得不是滋味呢？把女儿拉到一边问：你肯定他是同性恋？女儿又给我一个卫生球，说：百分之一百！

我们大人常犯迷糊，包括我先生，因为我们仍拿那个男孩子当纯粹的男孩子看。一天傍晚，我和先生吃过晚饭在小镇的步道上散步，女儿和两个俄国女孩子也在左右。小男生知道了，就从他家的方向沿着步道来找我们。在步道的中端，大家迎面相见，只见那个男孩子弯下腰（因为他比较高），张开双手，女儿开心地朝着他奔跑过去，两个人全然不顾后面的我们，开心地拥抱着。先生当即就问：他真是同性恋吗？我说据我观察好像是，估计如果我说他不是，爸爸就要冲上去了。连两个俄国的小女生也说这个同性恋男生真好，美国真是太开放了，在俄国同性恋的孩子在中学从来都不敢公开。

大人常怀疑，小孩子们却都很肯定。我们有位朋友的女儿跟我女儿

也是好朋友，到我们家来玩也看到这位小男生，回去就跟她妈禀告说我女儿有个男朋友，不过，别紧张，是个同性恋朋友。

有次我和先生傍晚散步走得远了点，那天晚餐时汤喝多了，离回家还有半个小时的路程，我急着要上卫生间，四周都是民居，没有公共厕所，再一看不远处就是这个男孩子的豪宅。我走过去敲门，男孩子领我去他家的卫生间，那么大的宅子，空空荡荡的没有一个人，让我觉得很是冷清。走出来时，听到一个老妇人跟他的对话，才知道他的祖母跟他们一起住。孩子告诉我他祖母有心脏病，发作过一次差点死了，他父亲就把祖母接过来，现在是祖孙三个一起住。问他另外两个兄弟呢，他说都在上大学呢，暑假也没回家。美国人家三代同堂的还真不多见。

隔天他再来我家，我给女儿和两个俄国女生做早饭吃，他说吃过了，但过了一会儿看三个女生吃得香，就问我他可不可以喝一杯我用新鲜水果打的果汁奶昔。我给了他一杯果汁，同时又端了一小盘甜点给他，他真心地感慨道：我真希望我家里也是这样，有人给我做这么好吃的东西！那一刻，我挺理解他的，房子再大，父母的事业再成功，对于孩子都没有什么意义！孩子要的是爱！我半开玩笑地对他说：你跟爸爸说，就说是我说的，他应该抽点时间陪你，不能只顾着工作！

前两天，他一早又来我家跟女儿告别，说他爸爸要带他去海边的别墅住三周，两个孩子依依不舍地说了半天话。第二天女儿就问我们可不可以去海边他们家的别墅住两天，他和他爸爸欢迎我们。我说：还是算了吧，我们周末也安排一起去海边沙滩玩，他们家的别墅太远了，在新泽西的最南端。女儿说：他说就他们父子俩在那里，枯燥透顶，太不好玩儿了！

女儿也就问问，看不行就算了。我看女儿没心没肺的样子，对爸爸说：女儿可能还没开窍呢！

我对女儿说：你们这么小怎么就能断定自己的性取向呢？他说是同性恋就是同性恋了？女儿觉得我问得幼稚，都不屑回答我的问话，我知道再多说我又要被归类于典型的中国人思维。跟儿子探讨这样的问题，

儿子比较包容，解释说一般到十二三岁，他们就会明白自己的性取向。我想想也是，我们大概也是在发育期间开始对异性感兴趣，当然，我们那时候比较单纯，根本不会想到同性之间的爱，即使有也都归类于友情，爱情似乎应该是异性之间的事情。可现在的孩子不同，他们没有我们那会儿的道德规范，尤其是这种我们认为违背自然他们认为自然的同性性取向，所以他们在性觉醒之时，就会给自己安上同性恋、异性恋和双性恋的冠冕。在这方面，我可能这辈子都难以跟上他们这一代的步伐。

无论如何，祝福女儿的这位小朋友，祝他今后的道路能走得顺畅和快乐！

女儿和她的好朋友

四 母女情深

在女儿没出生前，作为一个儿子的母亲，我以为自己不可能再爱另一个孩子像爱儿子那么多。谁承想，当女儿降生，爱就那么自然地随之而来，一点也不亚于对儿子的爱。但在女儿的成长过程中，因为她的敏感与哥哥的大不同，令我很多时候很难适从，失望和冲突由此而来，导致了我们之间的种种矛盾。又加上女儿青春期的挣扎，家庭搬迁引起的不适应，最终高中三年级的她被诊断患有青少年焦虑症和忧郁症。那是我们关系的最低点，在那最困难的时候，我们做父母的低下头来检讨自己的不足之处，向孩子道歉。首先是爸爸对女儿的完全接纳，经常陪伴，使得女儿一点点度过了她极度抑郁和焦虑的高中第三年。先前一直觉得没有做错什么的我，也终于真诚地向女儿道歉，告诉她其实无论她是什么样的，我爱她的心都是一样的，而且她与哥哥本就不同，上天本就让我们每个人都有各自的特点，不需要与哥哥一样。在女儿读大学之前，我陪着她回到中国参加青少年夏令营，高中的最后一个暑假，让我们母女俩重拾往日的亲密无间。

1 和女儿谈被人攻击

我在万维的博客，时常会有个叫“midwestmom”的读者留下不善意的留言。对我的攻击除了对我文章中的一些观念横加指责之外，更多的是一些很难听的人身和家庭攻击。

我一般看到这样的留言，都会随即删除干净。倒不是怕别人真的像他那般看我，而是不愿引起读者间无谓的争执，我相信很多喜欢我的读者看到他这种骂街似的语言，一定会为我打抱不平，以前，就出现过这样的争吵局面。

我的文章是写给喜欢读的人看的。这位读者似乎读我的文章也不少，但就是左看右看都不顺气。我曾经和他有过交锋，希望他今后别再读我的文字了，以免生气。他也曾经良心发现地说从今往后再不打扰我了，平静了一阵子，最近又不太平了，频频地写留言甚至用极其下流的语言，我只好再次一一删除。

老实说，我很同情他，觉得他心理扭曲，一方面忍不住要读我的文章，另一方面又忍不住要用恶毒的语言来攻击我，并且充分发挥他的想象力，挑逗之余兼谩骂不止。深更半夜也不睡觉，还想着留言羞辱我一番。其实，他羞辱的是他自己，他越想显出他的优越感，越暴露他内心

深处阴暗的一面。

我也不知怎样才能帮到他，想到一个人恨我到这种地步，只因为我的几篇文章而已，真是想不明白。我一边删除他的留言，他还一边继续谩骂，我只好关闭评论。女儿看我在忙碌，便问：“妈咪，你在干吗？”本来不想和小孩子说这种大人的事儿，可是想想还是对女儿说：“有个人不知道为什么，特别恨我，老写很难听的留言骂我，我正在删除他的留言。”

没想到十一岁的女儿对我说：“今天在教会，牧师对我们说，如果有仇敌攻击你，你就为他祷告祝福！这样就会有好事情降临在你的身上！”我不敢相信我的耳朵，平常糊里糊涂的女儿，关键时候给做母亲的我上了一堂课。

于是，我和女儿手拉着手一起祷告：亲爱的天父，我们不知道为什么有人那么恨我（妈咪），但是，主啊，求你仍然赐福给他！他不知道他正在做的事情，我们原谅他！求你让他的心中有平安，不再被恨所困扰。

女儿快乐地亲了我一下，说“晚安”，然后很安心地睡下了。我心里对这件事情充满感激：第一，感激这样一件事情来磨炼我的意志和心力，我相信这是上帝对我生命的又一次塑造！我常常和网友文友谈起网上写作的经历，有时也会有人抱怨一些不愉快的经历，我最常说的一句话就是：我们要有一定的承受力，否则很容易就坚持不下去。第二，感激这件事让我看到十一岁的女儿的善良与纯真。

2 母女度假独处

暑假，带着家人一起外出度假。大队人马跟我们一起在木屋里住了两个晚上就全部撤离了，连爸爸都出公差去了。

木屋里就剩下我和女儿。

从喧闹回归宁静，我很自在，女儿却全然不习惯。她发短信给爸爸说：让我和妈妈留在这里是个坏主意，太无聊了！太无事可做了！我的朋友们都不在，你让我干什么？我只能哭！

最后还附加一句：我没有跟妈妈吵架。

先生很着急，跟我打电话问女儿是不是在哭。我说我注意到她情绪不高，先是把自己关在卫生间里老半天，然后一个人又跑到阁楼上不理睬我。让她静静吧！我和先生一致同意。

写了些文字，吃了晚饭，天黑下来了。

走进卧室，却惊奇地发现女儿不知何时从阁楼上下来了，此刻竟然睡在我的床上！她躺在那里给她的朋友们发短信，我说话她半听不听的。

无论如何，这是很久以来，女儿又愿意跟我睡在一张床上，我很开心。夜里，我会下意识地用手去摸她，感觉到她躺在身边，很是宽心。

第二天她睡了个懒觉起来，很有胃口地吃了早饭，被我拉着去俱乐

部里打乒乓球。没见她怎么打过乒乓球，却打得蛮好的，基本上能跟我打个平手呢！当然我的球技生疏了，但我曾经在大学里拿过女子单打第三名，还在游船上拿过全船第一名呢！我这水平，她跟我打平手，让我惊奇，怪自己怎么早没发现她这能力呢？

打完乒乓球，我们母女俩坐在俱乐部里玩拼图游戏，也许是她喜欢画画的缘故吧，对色彩图形有一种自然的感觉，总是比我快捷而且更有她自己的方法找到正确的拼块。她还在自助图书架上抽了一本小说，说带回木屋去读。

母女相对的第一个夜晚从担忧开始到相拥着睡去结束。第二天是我们母女静处的美好的一天，原来并没有我们俩各自想象的那么难过，除了有点孤单寂静，我很是享受。她说："当然，你在家也是这么过的，电脑上写些东西，再做点东西给我们吃！"哈，这大概就是我在女儿眼中的形象！

不过，虽说前一晚我们母女俩又睡在了一张大床上，但第二晚她却对我说不要跟我睡了，但也不要一个人睡在阁楼上，她把客厅的沙发床放好，自己睡在了客厅里。其实，这样好，我们两人都能睡得好。

接下来的两天，她又回到了她的小甲壳里，胃口也没了，一觉睡过中午，哪里都不愿去，自然什么打球划船都不想干。不过，我看她在自己的手机上耗费太多的时间，就会稍稍提醒她：换个东西玩吧！她会拿出速写本在上面画画。

她的画本就像当年我在她这个年龄时期的日记本，我从小有记日记的习惯，所有的心情起伏、喜怒哀乐都用文字记在日记本里，她也是。只不过不同在于，我用文字，她用图画。她心情好的时候，那本子上画的画会跟我分享，上面的花草树木、俊男美女，令人神往。她心情不好的时候，也见她在上面涂抹，不过就不再给我们看了。有几次，她爸爸偷偷翻开她的画本想弄清楚她心情低落的原因，结果左看右看都看不明白。他对我说，那些图画我哪里搞得清楚她表达的意思！就是嘛，我的文字他都搞不清楚背后的意义，女儿的图画背后的意义对他而言绝对像天书！

我真懊恼自己怎么没有女儿这个天赋呢？想当年我老爸也是偷看我的日记，训斥我的言语中透露出我日记中的片言只语，我愤怒极了！所以特别反感家长偷看孩子的日记和信件。哈哈，等到自己有孩子了，也挡不住家里有一位爸爸偷看女儿的画本！不过，女儿多棒啊，她的画他老爸看不懂！所以，她根本无须愤怒。

每次看着女儿，她外表的嘻哈、幽默和她内里的敏感、细腻都让我感叹连连，上天把人的天性塑造得如此不同，同样的一件事情，在我儿子那里三声大笑之后就忘得干干净净，到了女儿这里，她可以记住一年又一年，依旧记忆犹新！她明明在乎的事情偏偏喜欢装作无所谓，她喜欢让别人猜测她的心理，像很多小女人大女人一样，至今还不明白这个世界上其实只有自己最懂自己的心！

她天生敏感，是老天给她的礼物，然而也有可能成为她的包袱。如果真有一天她能成为艺术家，对生活对人对所有事情的敏感是一个艺术家必须拥有的特质，但是也会因为敏感，容易受伤。有些伤害可能是外在因素，但是对于一个过于敏感的人，更多的伤害可能来自自己的心态。

和女儿单独在木屋里相处的一天，天上滚雷隆隆，忽降暴雨，一声霹雳之后，木屋的空调骤然失去了功能！急电营区的管理人员、维修人员过来捣鼓了半天，空调依然没有声音，室内的温度飙升到近三十摄氏度，他们最终只好让我们搬到新木屋去。可我们的东西实在太多，女儿那天情绪不高，怎么叫都不理不睬，我差点抓狂！

还好他们通融，让我们人住在新木屋里，东西可以留在原来的木屋中。女儿一进新木屋，就上了二楼，戴耳机听音乐，手里继续她的画本涂鸦。对我来说，这往往是我最不知所措的时候，很想跟她交流，但是她却关上了所有通往她那里的通道。我只好拿着手机看别人舞太极剑的视频，陪着她坐在阁楼上，即便她不愿说话，我能跟她共处一室也好。好在一会儿之后，她终于注意到妈妈的存在，对我说那太极的中国音乐吵人，指指楼梯让我下楼去。我说我就是想陪陪她。

母女一起度假的小木屋

想起我们青少年和父母小组的名字就是“共同成长”！如何共同？其实很多时候就是陪伴！也许，孩子并不喜欢看见父母老跟在身边，但是，让孩子感觉到父母的在乎可能是我们可以发出的爱的信号。

等到爸爸出差回来加入我们，女儿的情绪又高了，我们三个人去打乒乓球，这次三个人都很尽兴！

离开木屋之前，女儿对我们说，她想请同学好友来木屋度个周末。这么看来她觉得木屋假期也不错，所以还想请同学一起来玩。

对于我来说，能跟女儿单独相处这几天，很是难得，虽说有甜有涩，宁静中的欢愉还是多过任何其他感觉，我很珍惜！我相信，她也能在这几天相处中感觉到我对她的在乎和爱护。

3 Teen女儿的危机感和灵感

危机感和灵感是两种完全不同的感觉。

先说说危机感。危机感（crisis awareness），指对在现实中尚未见端倪或刚刚显露苗头、将来可能会导致严重不良后果的某种潜在危机具有清醒的认识和强烈的责任感。危机感同时也是一个人进取心的源泉，是一个人成长发展的重要动力。

青少年是一个人成长发育的重要阶段，在这个阶段里，一个人从孩童向成人过渡，总想着要独立要自主，难免会想到将来脱离父母的庇护独自生存的问题，由此便会产生危机感。还记得儿子高中时期也有一段自感危机的时候，我曾经还写过一篇文章《儿子的担忧》，其中他在自己的一篇中文作文里提到安全感的问题。

女儿到了几年前她哥哥的年龄了，也开始有了自我危机的意识。

话说八月底，我们一家送儿子回大学校园，顺便去新港游玩。在新港小镇上，看见一家文身店，女儿要求我们停车，说想去店里参观一下。我们在马路边停了车，我和爸爸都想促进两兄妹的亲密，便要求哥哥下车陪妹妹进店里逛逛。谁知道正统的好孩子的哥哥拒绝进文身店，说这种店里的人不三不四，他决不会到那样的地方去！我只好下车陪女

儿逛店。

进了店铺，年轻的老板娘听到动静从里间走了出来，女儿说她只是过来看看，想知道文身店是什么样子的。我解释女儿喜欢艺术。年轻的老板娘很热情地向我们介绍文身图案和制作的种种。

走出店铺，女儿问我：妈妈，如果我将来做一名文身师，你会反对吗？

我一时没想好怎样回答，就反问她为什么想要从事这个行业。

她竟然告诉我，如果她所有的一切都失败，最后一事无成，她至少还可以以此糊口。

她那么随便一说，却让我心有戚戚，没想到平日里糊里糊涂的她也开始考虑将来的生活了！青少年的危机感啊！想起以前我在相似的年龄也感叹过：长大真不好玩！可我就是想长大！

我委婉地告诉她：只要她喜欢并且快乐就好！文身艺术也是一种艺术啊！不过，任何一种工作都有着特定的工作环境，这种环境也连接着公众认同。比如，他哥哥几分钟之前就拒绝进文身店，为什么？当然这里夹杂着一种偏见，但是，不能否认，也有一种倾向，那就是确实存在有些文身的人令人却步！

我趁机又向她灌输我的想法，赞扬她与小孩相处得好，有耐心教孩子，就算做不成艺术家，做一名艺术老师多好啊！

当然，在她的小脑袋瓜里，文身师可比小学的艺术老师酷多了！

天生敏感并且创意十足的她，眼里什么东西都能成为艺术品。有汽车从我家门前经过，车轮上的盘盖掉落在路上，她看见了，灵感一现，让她爸爸捡回家洗干净，她就挂在她艺术创作室的墙上了。

周末，我们带着她去邻近的一个乡镇参加艺术节集市，在那里看见一位民间艺术家用各种车牌号做成所在州的地图形状，很有创意！这又激发她的灵感，她回家问爸爸要了以前我们在加州的车牌照，挂在不久前她捡回的那个轮盖下面。站在她的即兴作品前，我想也许她想表达的是一种对加州的思念，或者是一种想将来回加州的念头，谁知道呢！都

说艺术家的灵感只有他们自己才真正明白，而观者不过是通过艺术作品代入自己的经历和感受，得出的观感千差万别。正如我们写的文字，写者的初衷可能并不是读者的感受，也许重要的不在于这两者是否一致，而在于是否引起观者的沉思和共鸣。

在艺术节上，我喜欢看那些家用装饰的艺术品，而她呢，喜欢一些标新立异的东西。比如，她久久地流连在一首饰柜前，那里面的作品是民间艺术家用一个个老旧的古董手工打磨做成的手链，猛然一看那圆圆的链坠，仔细看有的是老打字机上的字母键盘，有的是废旧的老手表里的内芯，被打磨得滑亮美观，但仍保持了老键盘的字母和手表内芯的精密机械。

她平常喜欢观察路上的汽车，凡是那种五六十年代甚至更老的古董车驶过，都会吸引她的目光，并能引起她的赞叹。这点，与他哥哥喜欢现代摩登的汽车真是截然相反，她看中的是那一种复古气息里的独特和那种现代少见的艺术味道！

那天在艺术节集市上闲逛，我们在街边咖啡座里喝的一杯咖啡，又引起了她另一个灵感，她鼓足勇气为自己找到了第一份工作！令我们大跌眼镜，不敢相信！这个留待我以后写，等她正式走马上任了之后，我再来详细报道。

再来说什么是灵感。灵感是根据自己的经历而联想到的一种创造性思维活动。灵感通常在脑海里只出现一瞬间。一般来说，文化和艺术方面的创作，特别需要有灵感。

无论女儿将来是否能成为真正的艺术家，至少我现在时常看到孩子的创作力，她的灵感的出现可能只有她自己知道，但是通过她的不成熟的作品，我也能窥到一二。

前天，在厨房里我随意却也是真心地对她说了句：“我相信你的聪慧不比哥哥差，真如你自己说的，如果你付出与哥哥一样的努力，你绝对能上哈佛！（她的原话是：我比凯文聪明，如果我像他那么用功，我能进哈佛！）但是，我们光凭小聪明是成不了事的……”我的话还没说

完，她就感叹：“哇！What a compliment!（谢谢你的赞美！）”说得我心里一颤，感觉以往真是太少表扬她了！

再回到危机感和灵感的问题上，虽说这是两个完全不同的概念，却是可以相互转化的。尤其，当一个人被危机感充斥着，灵感可能就会随着思绪的活跃乍现。而青少年的危机感不仅是正常的，而且可以成为他们积极向上的动力源泉。在这过程中，任何一种灵感的出现，都有可能成为他们生命旅程中一块精彩的基石。

4 女儿的杰作

女儿喜欢艺术，涂涂画画，随手一画就很像样。可是，这些年习画下来，她对于究竟将来会成为怎样的艺术家，仍然没有概念。

我们鼓励她喜欢什么就学什么，可也希望她能将理想与现实结合，毕竟，人生活在这个社会里，需要满足自己最基本的需要。

所以，一直以来，我们建议过她将来是否考虑学习：建筑学？服装设计？室内装潢设计？甚至美术老师？这些统统被她酷酷地否定了。问她：你究竟想学什么？她耸耸小肩头：I don't know!（我不知道！） 想想她还有三年高中要念，确实还早，不急，急也急不来。

暑假带着俩孩子回国，在南京，因为太热，又不想整天闷在家里，我就带他们俩逛市中心的地下商城。两个人都特起劲儿，自己学砍价，我告诉他们售价应该是可以砍一半的。儿子满载而归，找到他时，这个大孩子正掏钱付店主，小店主看见我说：这孩子真厉害，一下就砍掉我一半的价，外面回来的吧？还这么厉害！我哈哈大笑，对儿子竖大拇指：孺子可教！再找女儿，看到女儿淘了一双时髦的高帮鞋，问她多少钱，她说两百八，问她原价多少，她说两百八！一分钱没砍！我和儿子说她傻，她说我们不懂，人家店主说了，这是最新产品，不可以还价

的，她还说让人家赚点钱有什么不好，你做生意不想赚钱啊？嘿，她总有理由！

俩孩子问我收获如何，我说什么都没买，都不合适！不过，我想去做一套美甲。在美国做的指甲已经开始斑驳了，地下商城有一角就是美甲区，去年秋天我回国时做过一次，还可以。于是两个孩子陪我去美甲。

那阵势蛮好玩儿的。老妈昂首挺胸走在最前面，女儿小跟班似的跟着，儿子大包小包压后，一溜排我们走进了美甲区，立刻，美甲区的小姐们一个个迎上来，忽略我这个妈，全当作没看见，只对着我后面的女儿一声声：小美女、小美女，请这边来！半圈走下来，儿子烦了，女儿也为我打抱不平：她们怎么回事儿？我不要做指甲，别叫我小美女，是那个老美女要做！哈哈哈，我当场笑得弯下了腰！

随便找了一家让她们把我的残甲清洁干净，她们开始向我“进攻”，无外乎是想在我的指甲上多粘点儿东西，我只好说：你看小美女不要做指甲，我这老一号的不美女也不能太张扬了，请你们就帮我涂一层简单的指甲油彩！我选了个颜色，她们一看没有大钱赚，很马虎地帮我刷了两层色彩就说“好了”。女儿在一旁看着，用英文对我说：妈妈，她们怎么这么马虎？没有上保护油，里外都没有，太差劲儿了！儿子在一边更加不耐烦：好走了吧？这里都是女人！

得，走吧！我也懒得跟她们说。果然没出几个小时，当中有个指头的油彩就花了。女儿对这种强拉客又不负责任的低服务质量特别反感，当时就向我保证：回美国之后，你的指甲我帮你弄！我有点不相信她：你行吗？她还挺自信的：别忘了我是学美术的，美化这小指甲，太容易了！

回来之后，她果真记得这件事，拉着她爸爸去买指甲油，不拉我去我估计是不想让我知道成本价格，而且爸爸比较好说话，她估计如果让妈妈知道成本价了，妈妈有可能又回到指甲店去了。

结果是，老爸买单付了十几瓶指甲油的钱，外加保护膜、画笔、装饰、修剪工具，具体花费我不知，老爸也不肯透露。

然后，女儿把修剪和清洁工具递给我，说：你自己清洁干净，形状自己定，弄好了我再帮你上色。

我说：哪有这样的？美甲店都帮我清洁的，而且……我话还没说完，她大小姐就打断我：我不是美甲店！还有，我只收你美甲店一半都不到的价钱！

呵，敢情我还得付钱！她老爸站在一边笑呵呵的，说等不及要看女儿的艺术杰作。

我自己收拾干净我的一双手，再修剪整齐，就交给女儿了。

只见她用护底油仔仔细细地把我的十个指甲刷得油光水亮的，让我在一边凉快五分钟，她上网看YouTube（视频网站）去了。五分钟之后，她遵照我的“不要太张扬也不要太沉闷”的原则，选了一款玫瑰红色，在指甲上刷了一遍，又让我凉快五分钟，她继续上YouTube玩乐。不过，纵使YouTube让她笑哈哈的，她还是准五分钟就过来查看我的指甲，确定油干了，她才刷第二层，一边刷一边告诫我：一定要刷两遍，这样颜色才能均匀漂亮！这曾经是我告诉她的话呢！

两层玫瑰红干了之后，她给我看她从一本杂志上偷师来的三角形图案，说预备用珊瑚红画在玫瑰红上，因为都是红色系列，混在一起不太张扬，三角形尖角朝着指尖，显得手指长，也让红色系列的指甲不那么沉闷，还挺有自己的一套理论的。看我点头了，于是乎，她取出笔在我的指甲上继续进行创作……我建议用褐色的笔把三角形勾线，大小姐不知是不耐烦了还是真的那么想，她说：“不要那么做，理由有二：一是黑色太显眼，违背了你不张扬的原则；二是那种褐色笔，特别不容易干，那天我自己试了一下，一个小时过去了，褐色的

女儿帮妈妈做的美甲

线还是花了。”

好吧，就这样了！女儿最后仔细地为我涂上防护油，还说：还记得南京的那间美甲店吗？她们就是没有涂上防护油，你的指甲才那么容易花掉的！

站在一旁等了半天的老爸赶紧举起相机，拍下女儿的第一次杰作！女儿向我手一伸，我赶紧付款五块钱。女儿的爸爸看见说：女儿，你这生意做得也太划算了，材料都是我出的钱，你妈还要付你钱，你两头赚啊！女儿说她爸爸：我就收这么一点手工钱，你问问妈妈，她去美甲店要付多少钱？我帮你省钱哦！你知不知道啊？

哈哈哈，我放声笑，倒不是省钱，而是感觉女儿饿不死了，可以自己养自己了，就算将来一无所成，她至少可以开个美甲店吧，自食其力看来是可能的了！爸爸听我这么一说，不赞同：你怎么把我女儿看得这么没出息呢？她将来是真正的艺术家，高端的艺术家！女儿倒不以为然，说：这门手艺可以保留，作为我的备用！

一趟中国之行，把女儿锻炼成一个手艺人，真是太值得了！

5 带孩子接受电台访谈

这次去北京的主要目的是为海外文轩的两本新书——《教育，还可以……》《生活，还可以……》做宣传。抵达北京之前，清华大学出版社的刘编辑就告诉我安排了一次电台采访，是北京人民广播电台晓晏（晏积瑄）的《读书俱乐部》节目。

我把晓晏听成了小燕，想象这个电台的主持人晓晏应该是赵薇演的小燕子的感觉，我也琢磨与一个年轻的现代电台节目主持人该谈点什么呢？

在上海的时候，坐在小叔的车里，曾经听过一两档上海电台的流行音乐节目，节目主持人流利纯正的英文发音令我惊奇。听说这些年轻的节目主持人很多都是海归，对国外的一切都了如指掌，真是令我有耳目一新的感觉。

我住的酒店在二环附近，鉴于我对北京不熟悉，清华大学出版社安排得很仔细，第二天一早就派了位年轻的女老师在酒店外面等着我们，然后带着我们母子三人乘出租车来到了市中心的北京广播大厦。时间还早，与录制节目约定的时间还有四十分钟，两个孩子还没吃早饭，我们就在附近的一家麦当劳吃了早餐，再通过层层关卡，最终才进入了北京广播大厦。

传说中的小燕子其实是大家嘴里的晓晏姐，她是一位资深的演员、播音员和配音演员（曾为《武则天》里的刘晓庆和《康熙王朝》的斯琴高娃配音）。晓晏穿着随意，和蔼亲切，说起她的孩子也是在美国留学，我们的感觉就近了很多。走进录音室，晓晏却找不到我们的那本书《教育，还可以……》，我们也没带书，她担心是被同事们拿去读了。不过，很快找到，书确实是在同事的桌上，晓晏说可见这本书颇受欢迎，有孩子的家长都会喜欢读这样的书。

我们都没有事先过一遍，录音就开始，主要也是我们时间有限，只有一个多小时，这之后我们就要赶到清华大学附近，因为下午还有一场新书发布会。

但是，晓晏不愧为金牌主持，经验丰富，知道如何启发孩子，而且晓晏的英文也不错，有的时候她可以直接用英文问孩子问题，两个孩子和我都感觉很自然和无拘无束，可以畅所欲言。

母子三人在北京人民广播电台接受采访

当中有一段，晓晏问我女儿：你感到幸福吗？你觉得平常有学业上的压力吗？女儿回答：平常的压力大多来自我的哥哥，因为哥哥学业太过优秀。说到此，感性的女儿眼泪夺眶而出，我当时很担心，怕女儿意气用事哭开来或者撂挑子不干了，紧着一颗心。我也看到晓晏注意到了这点，她随后不断地用温和的语气鼓励和赞扬我女儿，并不时地探起身观察小女生的神色，直到小姑娘又露出笑脸，我才松了口气。事后想想，是晓晏丰富的经验在起带领的作用。随后，我女儿越讲越放得开，也越讲越流利，不仅有问有答，而且很多时候更愿意积极主动地答话。我猛然感觉到女儿成长了！

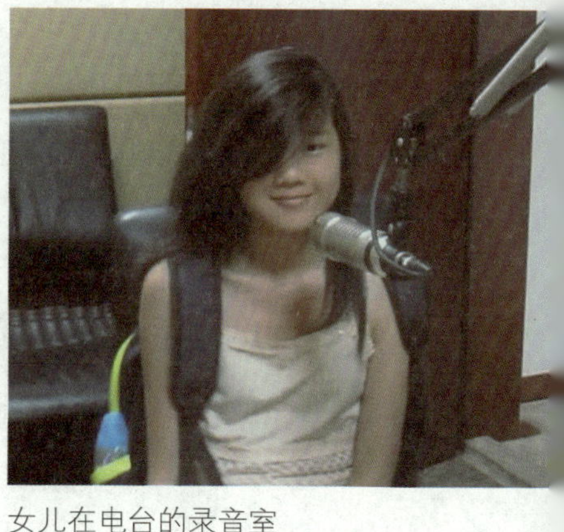
女儿在电台的录音室

走出广播大厦的大门，我和两个孩子都觉得心情舒畅，与晓晏的访谈，不仅让我们各自都能释放心里的想法，更能增进相互间的了解。这样的访谈，如果能给国内的听众以启发，那真是一举两得的好事啊。

为此，我们母子（女）三人衷心感谢清华大学出版社的安排，感谢北京人民广播电台的晓晏姐，这样的体验对我们三人来说不仅是无比珍贵的经验，更是无比珍贵的记忆。

6 女儿的第一份工作

有一天，我们带着女儿去逛一个乡村的集市艺术节，从集市出来，又在乡村的小镇上闲逛，我和先生走进一家小咖啡馆，喝了杯咖啡，女儿看见咖啡馆外边有两个男人在弹着吉他唱着歌，就有了主意。等我坐在那里很享受地品着咖啡的时候，女儿过来对我说："妈妈，我希望能像他们那样唱歌！"我"哦"了一声，表示理解。

女儿看我似乎没有太大的反应，就去跟她爸爸说同样的话。爸爸一听很来劲儿，鼓励女儿说："你一定能唱得很好，不会比他们差！"于是女儿拉着爸爸去找咖啡馆的主人，说想来唱歌的事情。

父女俩走进咖啡馆一问，很快就有个叫玛莉安的中年女人走了过来，女儿毛遂自荐，玛莉安一听就说星期天正好只有一个人演唱，那个人正想找一个合作者，女儿周日可以来跟男歌手配配看，咖啡馆不付工资，只包几顿饭，但咖啡馆的客人一般都会付歌者小费。

可惜那个周日女儿已安排了其他事情，而下一个周日我要飞回中国。爸爸陪同女儿第一次试工，女儿的几个好朋友都跟着前往，说要听她演唱。

那天下午，乡村小镇又有一场集市，游人很多，小小的咖啡馆人流

女儿在乡村咖啡馆外表演唱歌

女儿与美国歌手一起合唱

不断，女儿抱着她那小型的尤克里里，坐在咖啡馆门前的树荫下，自弹自唱！

据说不少人围观鼓掌，还有位年轻的爸爸带着一个小女孩，坐在那里听了很久，因为小女孩特别喜欢我女儿，不肯走，呵呵。与女儿的合作者，是一位中年的美国男歌手，他唱的大多是比较老的歌曲，先生说很多歌我们这一代可能都听过。女儿唱的当然是现在年轻人爱听的流行歌曲，她的几个好友坐在那里听。我看着爸爸发过来的录像，感觉第一次如此演唱的她有点小小的紧张，但总的来说表现还不错。

女儿觉得自己还行，就是对于他们不让她安放电子琴，她有点失望，她原本想自弹（电子琴）自唱，因为那样她可以表现更出色，尤克里里毕竟弹得不太久，只能配以旋律，而电子琴她可以添加各种伴奏，音混效果更好。对于她的合作伙伴，女儿说他太老了点儿！哈哈，还说他唱的歌也太老了点儿，所以，不是特别有化学反应。最后她决定，以后那里有集市热闹的时候她才去演唱。

无论如何，这是女儿找的第一份工作，虽说没见她挣到什么钱，

但是，这件事，从头到尾，几乎都是她自己一步一步去做的，从毛遂自荐，到每天晚上戴着耳机弹琴练唱，再到实地演练，走位试音，等等，让我们对大小姐真的是刮目相看！

我想起我十六岁那年，一个人偷偷地跑去考戏剧学院的事情，那时的我跟她一样，没经过专业训练，却对表演深感兴趣，做着演员的美梦……还有我二十岁那年，也是一个人跑去参加歌唱比赛，闯了一关又一关，站在舞台上的那种满足感曾经也令我入迷……

女儿从小的刁蛮和坏脾气，曾经让我一直很抗拒地说她拥有我的遗传基因，总喜欢说她比较像她爸爸，哈哈，如今看来，她像我的地方其实也不少啊，至少她爸爸唱歌跑调的基因她没有遗传到。很不幸，我儿子弹得一手好钢琴，非常喜欢音乐，可他一张口，却跟他爸爸一样跑调！而女儿一首歌听一遍，基本上已能哼出曲调来，近来自己写词作曲、演唱录像，被他哥哥在网上看到了，电话告诉我："妈妈，妹妹自己写歌自己唱，还真不错呢！"

今天，我终于可以很骄傲地说："女儿，你是像妈妈的！至少你音乐方面的天赋，是从我这里来的！"有女儿如此，真好！

7 唱响曼哈顿

一到周末，只要有空，我们就喜欢开车进城，虽说多次进城停车吃罚单，但依然无法遏制进城的欲望，可见，这纽约城确实魅力无限！

有的时候，我们也就在曼哈顿的中城区晃一晃，晃进某个被拍进电影的小咖啡馆里，要杯冒着热气的咖啡，一个人看报纸，一个人看街景，就那么默默地坐上一个小时，再到人流不息的街道上晃荡一会儿。很多时候，肚子饿了，会把车子开到中国城或者某个好吃的餐厅，一笼冒着热气的小笼包或者一碗鱼丸汤，就能心满意足了。吃完如果还有劲头，我们可以直接走到布鲁克林大桥上，走个来回，或者在布鲁克林那一边的水岸散散步，看看这边曼哈顿的风景……

今年的冬天特别的长，很多个寒冷的周末，我们都在曼哈顿的冷风里来回地穿梭，也许这里拥挤的人流能给我们一种莫名的慰藉，或许我们都需要在嘈杂中寻求希冀，或许我们就是想在陌生的人群里找到一种熟悉的气息……

这个周末，我带着两个女孩子，她们一人拎着一把吉他，说要在街边演唱。

我领着她们从中央火车站的大门走了进去，找到通往地铁的进口，

她们俩向我招招手一迭声地说“再见”，我知道到了该离去的时候。我小心地告诉她们：不要跟任何陌生男人走，哪怕是警察。她们皱起那好看的小眉头，回答：“违抗警察就是犯法！”好，知道有法就好。

我毅然地走出了大厅，刚进车里，就接到女孩子们的电话：“到处都是警察，看来我们不该来这里唱，我们该去中央公园！”司机爸爸这会儿却不够通融，对她们说：你们自己再找找地方！

曼哈顿的朋友请我们在一家颇为高档的餐厅里吃午饭。进门就是一尊石头做的佛像，餐厅中央也是一尊巨大的佛像，餐厅的名字却叫“道”，连洗手间都没有男女的字样，只有阴和阳！听说东家是一位香港人，在曼哈顿的中城开这样一间颇有意境的亚洲美食餐厅，很有眼光，也知道如何吸引这里的美国人。

一顿饭吃好，与友人谈的也都是儿女情长之事。

那边的两个小女生已转移了阵地，从地铁站移到了中央公园，唱累了也唱饿了，每人买了一份午餐，见到我就大叫“好贵”啊！两个人吃了二十五块钱的午餐，而唱了半天只挣了六块钱！挣钱不易！终于知道了！谢天谢地！

接下来说想去小意大利唱。因为其中一个女孩子是意大利裔，却还没去过小意大利！

女儿与朋友在曼哈顿街头自弹自唱

走吧！上了车，司机爸爸一脸沮丧，说停车没看清告示，又拿了一张罚单，一百二十大洋的罚款！两个小女生一听被罚这么多，都惊叫了起来！被罚的爸爸赶紧安慰：没关系，没关系，罚惯了！罚惯了！也学了一课，下次知道

这样的街区不能停车！

在下城的小意大利，两个女孩子选了个有一幅画的墙边台阶坐下来，开始自弹自唱。我们在对面的茶室里要了杯奶茶，消磨时间。

看着一群人围着两个小女生拍照，爸爸很兴奋：哇！这么多人听我女儿唱歌啊！我看了一眼，忍不住笑出声来，告诉他：人家在拍那张墙上的画！你以为啊！

街上人来人往，往小女生琴盒里扔钱的人还真的很少，偶尔一个人扔了一块，又有一个人过来扔一块，接着，来了个小男孩，弯下腰，用他的小手捞琴盒里的硬币，唱歌的女孩子有点紧张地看着小男孩，终于，小男孩的妈妈过来抱起他抱歉地笑了笑走了。我很想找一个认识的人，给他五块钱，让他帮我放进那个琴盒里去，四处看了看，却没有一个认识的人。正在想着怎么办，有个中年女人走过去，站住停了一会儿，然后对两个小女生友好地笑了笑，往琴盒里放进了五块钱！哈，她大概听到了我的心声，抑或她也有个这种年龄的女儿？

两个唱歌的小女生眼睛都亮了，她们的歌声更加悠扬，琴声更加欢畅！脸上的笑容如春天的花朵，灿烂夺目！

华灯初上，到了晚饭时间，司机爸爸请客吃饭，小笼包还是馄饨或者炒面锅贴？两个小女生都无所谓，说还想唱，不觉得饿！

现在才知道这种年龄被外界认可是多么重要，钱不重要，重要的是这份认可啊！被接受！被别人鼓掌！被别人喝彩！

对我们做父母的来说，更是如此，罚款有什么关系！重要的是我们和孩子一起度过了一个美好的下午，即使她们在街道的那一边，我们在这一边；即使我们看见她们，她们却看不见我们；即使我们无所事事在那里杀时间陪着她们，却有一种美好和温馨在空气中飘荡回旋。

这个唱响曼哈顿的周末，如车窗外闪过的刚刚冒出粉红色枝叶的树木，充满了春天般的欣欣希望！

8 陪女儿文身

女儿要文身，说了很久了。

本来说好跟她爸爸一人文一只老虎头，因为要离家读书去了，大概留恋家留恋爸爸，加上两人都属虎。但她不满十八岁，不仅需要父母签字画押，而且有的地方还不接待未成年顾客，再加上爸爸也不是特别想文，就拖延着让她等到十八岁。

奥兰多的枪杀事件使她愤怒且感觉生命的脆弱，她说一定要文那句话：时间短暂，生命脆弱。而且不能等到十八岁。爸爸没答应，两人谈得有些不欢而散。

我问女儿为什么一定要急着文身，她说文这句话可以时刻提醒自己，说着说着眼泪又上来了。我说有位阿姨的先生是整容科的医生，找她先生去掉文身的人很多，而且去掉文身得花四倍的时间和力气……她说那是因为那些人是文来好玩的，而她不是！她是真正需要这个。她说她想好了，不会后悔的。

做父母的能怎么办？说身体发肤，受之父母？肯定是对牛弹琴！

想想她也有她的道理，即将离家，提醒自己时间是短促的，生命是脆弱的，也不是件坏事。等她十八岁时，她都不需要征求我们的意见，

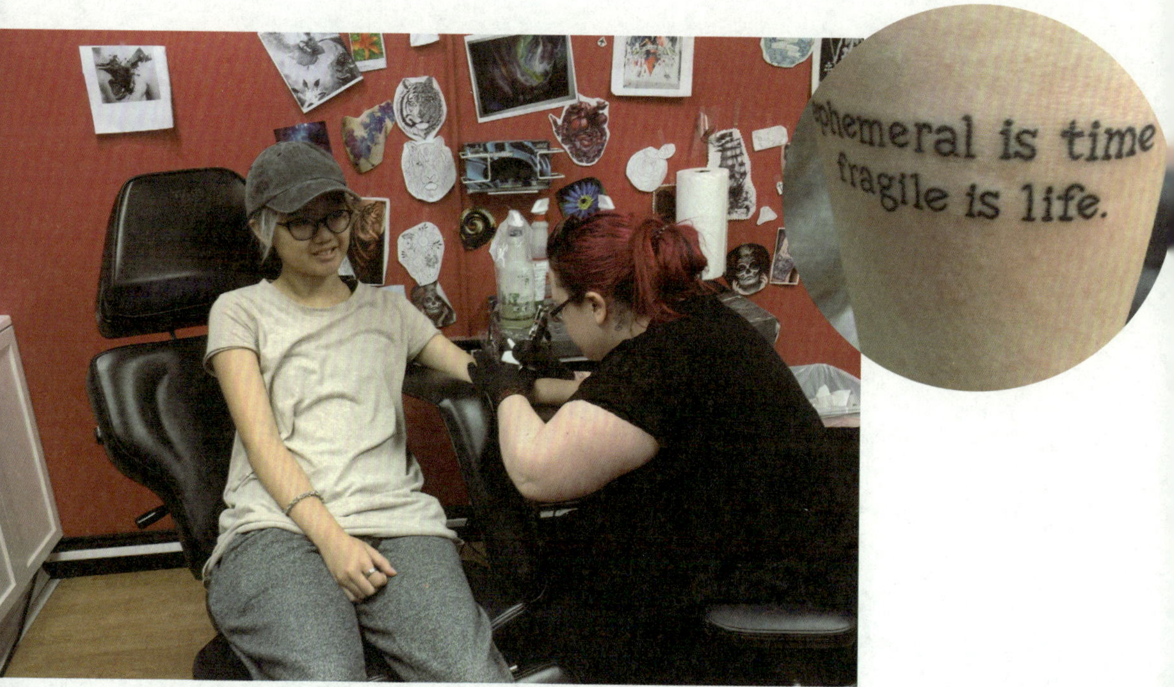

女儿的第一次文身

今天反对也没有太大的意义。

陪她去一间文身店，小店整洁清爽，并没有想象中那么乱，染着红头发的文身艺术家，过来征求顾客想文的图像，女儿拿出自己设计的字样和大小，然后就开始了，需要出示我的身份证，以及女儿的出生证和身份证，签字画押。吱吱叽叽近一个小时，女儿眉头都没皱一下，问她疼吗，她说还好啦。

文好以后，成品看着还不错，就是皮肤有点红肿，说是要等一个星期，红肿退掉就行了。

回家的路上，我说可以了吧，不要文得到处都是，这可是永久性的。她说还会文个老虎头，因为跟爸爸约好的。她向我保证不会文得让我觉得可怕，她文是因为对她有意义。可有意义的东西会变成无意义，何苦……女儿摇摇手，意思她知道。

但愿她真明白。

9 从女儿中榜谈青少年焦虑症

又到大学放榜时！

我家也有高中毕业生，别人忙着报考大学，她忙着把自己一头黑发染成白色，别人的录取通知书都拿了好几个了，她申请表格还没填完。

过了新年，她依然画画玩玩，终于，在递交申请的最后一秒钟把绘画集寄去了几所艺术院校。之后，她在家睡了两天才去上学。她前脚走后脚邮递员送来了一个大信封，我打开一看，眼睛没花，是一所艺术学院的录取通知书！使劲儿眨眨眼睛，没搞错啊？还有一年一万九，四年七万六的奖学金！就她那成绩，还常翘课，加上超过十次的学校警告处分！不可能啊！想到过去的几年，我作为家长一次次地被校长叫到学校训得灰头土脸的，怎么也不敢相信手里的这张纸片！从信封查起，是女儿的名字！“Merit Scholarship”，如假包换的奖学金！女儿被一所很不错的艺术大学录取了，还给了不错的奖学金！

这如果在两三年前，我是完完全全不敢相信的！即便今天，依然先怀疑，才狂喜！

女儿从小就喜欢画画，小学的时候还好，最多被老师投诉她上课讲话，不大听从老师的指令，成绩也说得过去。从初中开始，家庭作业成

了她与老师、与我们矛盾的导火线！不论你怎么说，她就是不做作业，即使偶尔心血来潮做了也不交！成绩从那时开始下滑。

那时，我们全家从西部搬到了东部，经历了两年不屈不服的反抗，她升了高中，也开始了一段艰难的时间。

记得女儿初进高中时还雄心勃勃地说要好好读书，因为她想将来进好的大学。谁知一进高中就遇到一位难缠的历史老师，那位老师为难学生在我们小镇高中是有名的。女儿一再对我们述说那位老师对她的刁难，诸如：把她从后排拎到第一排，她跟老师说早安，老师像听不到，对她不理不睬，常常当众让她下不了台，等等。

想到女儿从小喜欢自作主张难管教，我们基本认定是孩子的问题，肯定是她上课讲话才被老师从后排弄到前排去的，加上她依旧不做作业，对这样不听话的学生，老师肯定不喜欢！本着中国人的传统思想：没有不好的老师，只有不好的学生！便一再要求女儿尊重老师，听从老师的指令……现在回想来，那段时间女儿所承受的压力不仅来自学校，还来自我们家长！

后来，也就发展到她回避这个老师，逃课、逃测验、逃考试，谎称生病，躲进图书馆里……一直演变到离开小镇高中达大半个学期之久！

那段时间对女儿和我们家长都是煎熬，她一次次地躲进学校的护士室称肚子痛、头痛、不舒服，我被一次次请到学校校长室，面对所有人对女儿说谎的责备，求她去上课，不要逃学，不要说谎。

有些事在我们成人看来，似乎一目了然：你不好好听课，自然不会做功课，自然考试也考不好！那为何你就不能好好听课呢？那样所有的问题不就迎刃而解了吗?！可是对于女儿来说，这些成人说出来的劝导，会变成更大的压力，最终造成她的焦虑症。而焦虑袭来时，她只有逃避，那是不受正常思维控制的！

什么是青少年焦虑症？Teen Anxiety Disorders（青少年焦虑症）是影响青少年最常见的精神病症。有超过6%的孩子患有某种焦虑症。患有焦虑症的青少年会对其他孩子通常并不害怕的事情或情景感到过分担忧。焦

虑症有多种形式，比如：社交恐惧症、强迫症、广泛性焦虑症等等。

当你跟一个有焦虑症的青少年说：这有什么好担心惧怕的？那无异于对牛弹琴。

当我们坐进心理辅导专家的小屋里，反复被告知的一句话就是：这是一种疾病，在这个疾病被治好前，你要求孩子不要逃学不要逃避，正如要求你自己面对疾驶过来的汽车不要躲避！

我们最初也把难缠的老师划为女儿焦虑症的成因，但是也被告知不必下定论！因为焦虑症的原因也是多种多样的，其中包括：天性中就比较容易有负面情绪和气质，一般来说这样的人对于具有威胁性的物体和信息有着高度的敏感度，较易受到困扰和惊吓；青少年期，由于感受到自己无法控制事物的无力感，较容易对具有威胁性的事件产生负面的反应；还有一些特殊的过往经验，比如被蛇咬过，对所有蠕动的东西都心生恐惧；焦虑性的思维模式是老觉得要出事，并对自己说我没办法处理这件事，给自己的结论就是赶紧逃开。

像我女儿这样具有艺术气质的孩子，本身就属于天性中高度敏感且容易有负面情绪的人。在她人生中的成熟期还没有来临之前，通俗地说还没开窍，对周遭事物的无力控制感很容易给她一种失败和惧怕的感觉，所以，还没经历已然因为惧怕而退却。

女儿的焦虑症最严重的时候就是不肯去上学，甚至不肯去辅导中心。日复一日，她把自己关在房间里昏睡，似乎只有那样她才觉得安全，但是那样做的结果给她造成更大的压力：学校记过警告，家长不解责备……不去读书，当然成绩单也是一片红！她对自己的未来充满了担忧和恐惧，最终她被诊断患有青少年抑郁症。

说实话，刚开始，我们也不认为这是一种疾病。只是觉得她在找借口，不愿做作业，不愿面对自己的问题。直到实在无计可施，才把她送去见心理咨询师，也是单纯地指望心理辅导能帮助她认识她自己的问题。但是一开始收效甚微！我们慢慢地意识到，把女儿送出去无异于让她孤军奋战，那时的她其实迫切地需要家人的支持！作为父母，我们不

仅是给她提供衣食住行，更主要的是给她一份理解安慰和精神上的支持。这现在说起来比当时做起来要容易得多。

对一个逃学的孩子，要让我们闭嘴不去责备，我们觉得失去了为人父母应尽的责任，说到底我们那时还是没有意识到这是一种疾病。一旦意识到是疾病，接受治疗就会顺理成章得多！我们不仅带着孩子去接受心理辅导，知道如何正确处理自己的情绪，还让她加入小组治疗，这样，在同龄孩子中，她看到她并不是孤单的。她后来也说，小组治疗让她惊醒，尤其是看到比她严重得多的孩子，也是在比较了之后，她对自己有了信心！

除了孩子接受的这两种辅导治疗，我们还陪着孩子一起接受了家庭辅导，我们都不是天生就会做父母的，尤其对这种不同于一般正常孩子的青少年，我们要学会面对和接受，那才是帮助他们的第一步。

学校也十分支持，学区里有专门为这样的孩子设立的特殊学校和学习辅导。女儿参加了一个学习辅导项目，每天早晨有两个小时的一对一的学习时间，学校把功课传过去，女儿在完全没有压力的情况下，自我完成这些功课，如果有困难，旁边的辅导老师立刻就给予帮助。上午的学业修习之后，就是参加小组的心理辅导讨论，在心理辅导员的带领下，述说自己每天的经历和感受……

就这样，我们陪着她经历了一系列不间断的诊疗，包括心理辅导和药物治疗（主要是对抑郁症）。我们和青春期的她一起一点一点认识了关于焦虑症的知识和治疗方式，协助她慢慢学会处理身体的焦虑情绪、认知重建、预防复发和正向回馈，直至今天，读高中最后一年的她彻底走出了对上学和考试的焦虑！

这高中的最后一年，她飞速地成长和成熟。虽说还有很多挑战在前方等着她，但她一点点自信起来，笑谈当年那位老师对她不甚公平的对待，我们知道她已把那些不堪放到了身后。而这些她亲身经历感悟写出来的申请大学的小论文，加上她突出的艺术才华，不仅让她被自己心仪的艺术学院录取，还获得了不错的奖学金，不得不说美国的大学真的很

看中孩子来自内里的真正成长！

如果说收到女儿的第一封艺术学院的录取通知书，我还有怀疑和侥幸的心态，那么，在收到她的第二份大学录取通知书时，看到那个全美名列前茅的艺术学院的名字的时候，我就只有欣慰和欣喜了，并对女儿的艺术才华深信不疑！我相信女儿今后的路还长，但是，她青少年阶段走过的这段颇为崎岖的路，她战胜自己的这段经历，会成为她这一生最宝贵的财富之一。

附录　女儿写的两篇文章

1 我的三位艺术老师（译文）

“诺贝尔小学二年级最佳画作的得主是——凯茜。”我根本没有注意到他们在叫我的名字，直到莫利校长对我说：“凯茜，是你，你得奖了！”我的朋友们高喊：“上去啊！凯茜！”我有气无力地走过去，在全校师生的注视下与莫利校长握手，并接过我的画。虽说那是很小的一个成就，却是非常重要的。莫利校长还在说：“接下来是三年级最有创意的海洋绘画……”我的老师麦克莱兰小姐一把拥抱住快步走下舞台的我：“凯茜，我为你感到骄傲！你画得真是太棒了！你有没有想过将来成为一名艺术家呢？”我看着她，不解。我所做的只是把我的脑袋画得跟别人不一样：两只眼睛，看上去并不像巨大的葡萄干；鼻子，也并不像一个烟囱，没有龇牙咧嘴，两只耳朵差不多大。我并没有真正有意要做一名艺术家，主要是因为我想我在艺术的世界里可能没有什么机会。不过，我对她表示感谢，并告诉她，也许我会考虑她的建议。我真的很高兴，我拿奖了。

一年过去了。住在加利福尼亚州圣何塞的我决定去一个开车要三十分钟的艺术学校学习绘画。这个绘画班的老师是段先生，他是一个个头不高，胖乎乎的男人，戴着一副老式的长方形眼镜，大概四十岁，在加

州一带他以传统的中国画著称。他是一个严格的和不合理的老师，他会讨好新来的学生，却常对老学生开骂，尤其是当他心情不好的时候就会对学生大喊大叫，心情好的时候还算好。他是那种不知道如何打开学生的眼睛，用艺术世界来使得学生惊艳的人。我不是说上他的课完全是在浪费金钱和时间，除去他对我的辱骂，叫我从他的课堂出去，他的凶猛让我养成能忍受别人对我的绘画作品过多批评的能力，并让我在一定程度上开启了对绘画艺术的严肃性。无论多么小，我知道，在我的心里那微小的余烬将发展成为燎原的大火。

又经过了两年多跟随段先生习画的血、汗和眼泪的洗礼，我搬到另一个加州城市：帕罗奥多。我也因此转到一个新的绘画班，离我住的地方很近。走进教室，我那时对于如何画画很自卑。我想象着会跳进另一个洞里，那里充满恶劣的意见和奚落。可相反，那个陈先生站在我的面前，面带微笑迎接我。陈先生与段先生有着天壤之别。他是一个高高瘦瘦的男人，也戴着眼镜，却让我沐浴在爱和同情之中。他把我当成自己的女儿一般，从来不骂我，从没责备我说我没有天赋、能力和热情去创作真正的艺术。陈先生带着我突破，用他自然的方式，使学生和他之间产生一种非常强大的依恋和友谊。他不仅对我好，他也是一个非常熟练和经验丰富的艺术家，与段先生完全两样，他知道如何引导学生一步步渡过学习的难关。在那里，在那个不大却充满了有才华的学生和艺术用品的房间里，我的艺术天分觉醒了，不是一点点儿而是相当大的部分，老师也是如此惊讶地发现了我的这个天赋。在短暂的一年半的时间里，陈先生教给我绘画和爱以及相关的一切，我会永远记住这些。

搬到新泽西州，对我来说是场灾难！不仅仅是为离开我童年的朋友和记忆而难过，在某种程度上，我觉得我也被带离了我的三分之一的父母。在更新、更大的东海岸的房子里，我把搬过来装箱的东西打开，我爸爸立即寻找另一所艺术学校试图让我振作起来。我觉得他找的每一所学校都不可能比我在加州的好。我全部拒绝了。我妈妈向我介绍莎伦艺术中心，据说很有名很成功，是最好的艺术学校。我开始也拒绝了，

但后来我决定为了我将来的职业生涯至少尝试一下。我遇到一群教师，他们都有着熟练的艺术技巧。我喜欢上了一个叫艾米莉的老师，她是学校的资深教师。她是一个非常友好和热情的人。很显然，她感觉我太“好”了，她班上的孩子几乎都是我这个年龄，她却建议我进入一个更高级别的绘画班，教那个班的老师就是拥有整个学校的名叫莎伦的女人。进入她的班级是很不容易的事情，你必须非常熟练，经验丰富，我因此很紧张害怕，因为我听说她是一个非常严格的老师，有时也会对她的学生们喊叫。我头脑中不断出现的声音就是：“哦，不，不会像段先生那样吧，她会不会像段先生那样诋毁我？”事实上，我错了。莎伦是一个神秘的女人，我想正确的说法应该是，她是一个介于段先生和陈先生之间的人。她像段先生那样严罚学生，但也很关心她的学生，并且她的教学技能出奇地好。她卓越的绘画技巧塑造了我，使我成为今天的小艺术家。

我所有的老师在这个故事中都扮演了重要的角色，他们给了我很多难忘和珍贵的记忆。段先生以一种强迫的方式逼迫我进入艺术的世界，用他的严律，把门打开了一条缝。陈先生用他爱的教学方式帮我把这扇大门推敞开。莎伦鼓励我向前走，并且一小步一小步地带领我迈向专业艺术的道路，我的天赋和才华得以充分调动。我希望自己能穿过时间隧道回到六年前，一耳光打在读二年级的自己的脸上，并说：“别犹豫！你在艺术的世界里有的是机会！”我还是心存感激的，虽然，我前面的世界仍是未知的一个谜，但我艺术上的三位榜样（老师）教导我永不回头，我知道我永远不会有机会，除非我付诸行动。

2 骄傲（译文）

我的名字叫凯茜，今年14岁，身高1.65米。我是一名华人。

我就读于山湖镇高中，这是新泽西州最负盛名的高中之一。它的名气来自学生中的人才：优秀的运动员和聪明成功的学生——大部分学生是白色人种。大约93%的山湖镇高中学生是白人孩子。其实，这篇文章的目的不是侧重于种族上，而是一种骄傲，个体骄傲、文化骄傲。

作为一个高二的学生，我开始逐渐了解自己身边的人。不是每个人都友善，也并不是所有人都凶狠；不是每个人都打曲棍球；但几乎每个人都穿着同样的衣服，几乎每个人都是白人。

青少年总是害怕鹤立鸡群，但在一群白人孩子中，“不同”是……嗯，就是不同。以前我总是希望能融入其他的孩子。这意味着和他们穿着同样的雪靴，买和他们一样的衣服，甚至尝试与他们相同的风格。今年我不同，我比较了解我自己了。我偏离主流服装（不再跟随所谓的“时髦”），因为我喜欢不同的东西。我和他们不一样。他们是白种人，我是黄种人。

我最近加入了高中的足球队，其实高一的一整年我都在想着是否要参加足球队。在许多次比赛中，我都坐冷板凳，因为我没有足够的练

习。虽然这样比实际上场的乐趣少，但是与你的队友一起坐在板凳上，会给你时间思考、反省并观察。我的球队主要由白种女孩组成，当然还有我，一个华人，另外还有一个伊朗女孩和一个穆斯林女孩。

在一场比赛中，种族的话题进入了我们的讨论。有一个女孩是伊朗和波斯混血。她非常合群并也能很好地接受别人。当被问及她的种族，她承认自己是伊朗和波斯人的混合体。但之后，她很快就改变说法，她说自己是100%的美国人。她不遵循伊朗或波斯传统，也不说任何她的母语。我不知道这是不是因为她觉得自己的根文化让她尴尬或者只以作为美国人为荣。也许她的父母从来没有教导过她关于她的根文化，也许她缺乏自身的文化自信。

穆斯林女孩的父母来自巴勒斯坦和约旦。她也是相当合群的。但她承认自己是传统的，不像伊朗女孩，她公开说，她跟随她的巴勒斯坦宗教和文化。她每天戴着围巾头饰上学，遵从她父母严格的规定。她不可以与男孩子打电话或与男孩单独待在一个房间里，不允许女孩子之外的任何人看到她的头发。这引发了别人的好奇心，她总被问及很多关于她的生活的问题。

“每天戴那条头巾你感觉如何？”

“你父母很严厉吗？”

“你可以去参加聚会吗？”

“你可以亲吻男孩吗？”

我觉得有意思的是这些女孩其实对美国之外的其他传统和文化充满好奇。问了很多问题之后，一些女孩甚至表示她们不过是些“无聊的美国人，没有别的”。听到她们这样说我很震惊，这样的情况并不多见，因为时不时我会无意中听到她们对不同种族的评头论足。无论她们的谦虚是否是个幌子，我很高兴她们想更多地了解自己国家以外的其他文化。

如果每个人都可以至少尝试更多地了解别人，我想这样的好奇心会促使大家更好地了解其他种族，是不是？事实上，即使伊朗女孩真的对

她的族群差异感到不舒服，我也不想评论她。我明白十几岁的女孩处于想要融入群体的挣扎之中。即使是这样，正如我刚才所说，不是每个人都很友善。如果人们可以接受彼此的差异，就没有种族主义，也没有任何形式的论断。

后记

养儿育女的不同体会

上帝赐给我一个“好”字——一儿一女，这是老天的美意。

可在这一儿一女成长的过程中，我却很多次问上帝：为什么同父母生养的两个孩子个性却是如此的南辕北辙？为什么老二不能像老大那样让我们省点儿心？

先不说个体的不同，只说说这男女间的差异就可以说上半天，当然，我家的这一对儿女的男女之别并不能代表别家的儿女也是如此，我们有个朋友家的儿女就与我家的情形正好相反呢，但至少可以从中看出我们为人父母者若能尊重人与人的不同和性别上的不同，便能在养育的过程中少点疑问，少点挣扎，多点欣赏和欢愉。

先说一些儿子与女儿先天上的差异，而这些差异其实很多时候，我们是笑而纳之的。

比如，我家公主一岁不到就能开口说话了，儿子却开口较晚，一岁半还只会说单音节最多双音节，不过，这并不影响俩孩子后来的双语流利，这一点我倒是很骄傲。他们两兄妹一直可以说一口流利的中文，这与我们从小在家里坚持与他们说中文有很大的关系，当然英文是他们的母语，无须为此担心。

小的时候，两个孩子的数学学得都不错，可是从初中开始，很明显地，哥哥的数学成绩在学校始终名列前茅，妹妹的数学成绩开始走下坡，这与她的兴趣爱好有关系，妹妹开始往艺术方面发展，从中学开始，她面对理科类的学习越来越吃力，但在写作方面，也就是语言表达方面，妹妹始终出彩，她会写诗、写小说。

小的时候，两兄妹玩的玩具也是天差地远，哥哥喜欢玩乐高积木，几个小时专心地搭那些复杂的机器人、战车等，或者把他几十辆车子模型排成他想要的样子，还会一只手拿一辆车，嘴里大呼小叫模拟战斗的声音；妹妹更喜欢看电视，动画片和音乐片是她的最爱，她还会随着音乐翩翩起舞。

在运动方面，我们一直希望能培养孩子对某一项运动的喜爱，从小带着他们打网球、游泳、爬山、露营，可能是我们自己运动不强也不是特别酷爱，孩子们在这点上始终没能培养出来，尽管网球、游泳都会，但都没那么喜欢。倒是儿子小的时候在一家伊朗人开的托儿所里，受那家伊朗孩子的影响，跟着打篮球，后来离开了托儿所，我们家后院的篮球架也变成了柱子，就再也没有人碰了。儿子进入初中后，开始模仿迈克尔·杰克逊的舞步，越跳越入迷。在高中时，他成立了街舞俱乐部，从此一发不可收拾，大学四年一直活跃在学校的舞蹈队里，即便现在医学院的学业十分紧张，他还是每周抽一个晚上去健身俱乐部跳舞作为锻炼身体的一种方式。

女儿小的时候也被我送去儿童舞蹈学校学习芭蕾舞和踢踏舞，学了五年，后来因为我们搬离了那个舞蹈学校所在的城市，从此中断了舞蹈的学习，以后也没再想回去跳舞，看来还是没那么喜欢。倒是她进入青春期后，她开始弹琴，还会自己作词作曲，自弹自唱，还把唱歌的录像上传到网络上，一下子还拥有了不少小歌迷。

儿子很小的时候，因为爷爷奶奶都是佛教徒，耳闻了“转世”一说，当别的孩子说到谁死了，他就会说死了还可以转世，只要做好事，就能转世为人，否则就变成动物了。后来受我们影响，跟着我们去教

会，他也自称是一名基督徒。但是，进入中学后，他开始学科学和进化论，回家就跟我辩论上帝是否存在，我还真说不过他。他现在又自称是无神论者，我说将来要做医生的他，有一天会发觉人力是有限的，那时候就会相信超能力的存在，他回答我说就等到那时，让他自己分辨清楚，当然，我尊重他的意愿。

女儿对于生死似乎没有儿子那么多的疑问，她小的时候，会常常提醒我："妈妈，你多幸福，有一个儿子，还有一个女儿！"她是个十分敏感的孩子，有一次与她出门看见我们的美国邻居领养了一个中国小女孩，美国邻居提到中国很多弃婴都是女婴，因为一胎政策造成想生儿子的家庭抛弃了所生的女孩子。女儿那天回到家里，特别问我和她爸爸，如果我们生活在中国，生下她，会不会也把她送到孤儿院去。她那时最多也就三四岁。

女儿从小对色彩有一种很敏锐的直觉，三四岁就知道配色，每天自己挑鞋子，她挑的鞋子的颜色和她的衣服或者裤子上的颜色相配，所以很早，六七岁吧，她就开始显露对绘画艺术的天赋和兴趣。

再谈谈儿子和女儿的后天差异，而这些差异，有的时候，尤其是早期，是有些困扰我们的。

比如，儿子是一个比较听话的孩子，表现在他是一个很好的倾听者，你说话的时候，他会注意听着，听完了若没明白，他会提问，基本上你对他的要求，他都能听从并执行。所以，在学校里也好，在家里也好，他都是受表扬的那一个。

女儿就不大一样，你跟她说话，很多时候得看她的情绪，她有时注意听，有时充耳不闻，只管做自己的事儿。所以，在家也好，在学校也好，都常常让大人头疼，就因为她不听指令。在她七八岁前，她不称心时会大哭，完全不顾场合，往往让我们处于一种尴尬的境地，又拿她没办法。记得她四岁那年，我们带她回中国，在上海的大商场里，她一不如意就躺倒大哭，上海人说这样的孩子要被"吃生活"（即要打才行）。我们不习惯打孩子，在美国打孩子的家长可能会被抓起来，可确

实也被她闹得受不了，就带着她去了上海儿童医院看儿科医生，但也没看出问题，不了了之，回到美国又好了。现在想想，她大概从小就不容易适应环境的变化，又不大会表达自己的情绪，便只会用哭闹来宣泄自己的愤怒和不高兴。

不过，说老实话，我们常说一样米养百样人，同样的父母同样的教养，这两个孩子却完全不一样，这句话也是可以推敲的。因为对于这个女儿，很多时候还是娇惯一些，尤其是女儿的爸爸，对女儿可以说很多时候是没有原则的。以前他不承认这点，可一次一次我指出来给他看，比如，对儿子的规定，如果儿子违反了，爸爸会很坚决地该惩罚就惩罚，可轮到女儿，女儿就有本事一次次让爸爸的惩罚顷刻间瓦解。再举个例子，到了孩子都读中学了，儿子有时肚子饿了，爸爸会对儿子说："你自己弄点东西吃。"换了女儿呢，爸爸一定屁颠屁颠忙半天，给女儿做一顿她爱吃的东西，这也造成了女儿对爸爸呼来喝去，连喝杯水都要爸爸倒。因此，儿子出落成懂事独立、自己可以很好照顾自己的人，女儿在生活中的绝大多数事情上却一直很依赖她爸爸，这确实也有我们做父母的对女孩子的那份特别的宠爱在里面。

有时我们也讨论这件事，会说孩子在家只待十八年，一旦他们上大学去了，基本上就离开家庭了，以后不过是放假回来住几天，与父母在一起的时间就很有限了，可能这种心态的主宰吧，娇惯就娇惯一点吧。何况按照男女相吸的天性，爸爸爱女儿疼惜女儿也是天经地义的，就算他有些过于宠爱，又能这般宠爱多久呢？这样想想很多时候也就听之任之了。所以说，那句话"同样的父母和教养"也不尽然，同样的父母，没错儿，可教养还是有别的，这可能是因为男女有别，父母对于子女便自然地会分别对待。同样地，儿子与我的关系也总是比与他爸爸的关系要亲一些，母子嘛，正如父女，总是多一份那种微妙的亲近。

对于男孩和女孩的养育，坊间还有一种很流行的说法：男孩要穷养，女孩要富养。所谓的穷养还是富养，都是相对的，我对于单纯以物质来衡量穷养还是富养不是很赞成，但是若从精神层面的贫穷和富有来

教养孩子，我倒是颇为赞赏。

“穷养儿富养女”是近年来常被为人父母者提到的古训，依据便是“从来富贵多淑女，自古纨绔少伟男”，概率上讲是有的，但是也并不是民间许多人以为的富养女就是多花钱在女儿身上。尤其近年来很多家庭富裕了起来，钱包鼓了，加上独生子女了几十年，“钱，不是问题”是有些人的口头禅了。可往往这种把金钱的堆砌看成是富养的同义词的人，缺少的就是对“富养”的正确认识。

曾经有个同辈人写了一个真实的故事，她和她的闺蜜一个有儿子一个有女儿，孩子小的时候两家相互讲笑地约定，希望将来俩孩子长大了成一对儿。这俩闺蜜也信奉“穷养儿富养女”，有女儿的那家就是女儿从小想要啥给啥，打扮得像个公主，家里也拿女儿当公主般地伺候着，这个小姑娘长大了看上去衣裳靓丽，美丽可人；另一家儿子也是照穷里养，物质上对男孩子十分苛刻，这孩子从小就送报赚零花钱。俩孩子长大成人了，被妈妈拉着一起出去旅游，以为这趟旅行会成就一对鸳鸯，没想到年轻男女闹到相互看不惯，成了仇人一般。女孩子对妈妈说，那个男孩小气抠门儿，买东西捡便宜的买，舍不得花钱，一副穷酸相！这样的人她才不要理他，不是一个层次的。男孩子对妈妈说，那个女孩绝对有公主病，装模作样，自以为是，总以为自己高人一等，什么东西都要最贵最好的，错失都是别人的，没有任何责任感，对人呼来喝去的，她以为她是谁啊？简直病态！这样的女孩子他懒得理，世上好女孩儿多着呢！

看到了吧！“穷养儿富养女”养出来的一对男女，相互看不顺眼，哪儿出了问题？问题就在于对这“富”与“穷”的正确认识。如果凭字面来看穷富养育之别，很容易就当成了物质生活上对孩子的要求和待遇，这就造成上面提到的男孩子的过于节俭和女孩子的过于奢侈，任何事情一旦没有了度，就会失去平衡。是的，我们不想让女儿长大了成为一个斤斤计较、爱贪小便宜、庸俗乏味的女人，我们也不希望儿子长大了成为一个大手大脚、浮夸草包的纨绔子弟，所以我们要教导女儿有一定的阅历和眼界，所谓经风雨见世面，才不会被迷惑，也才不会为了小

利而失去自我，做一个有气质、有品位、有情调的女子，这样的女子是男人们心中的女神。同样，养育一个男孩子，让他能承担得起生活的磨砺，不被挫败轻易打垮，才能锻炼出坚忍的意志，对自己对他人有一种责任感，这样的男人才会给女人和家人一种大树般的坚实依靠感，也才是女孩子心中的好男人。

所以，这“穷养儿富养女”的正确理解不应该着重在金钱上，也就是说这“富”与“穷”更应该是指精神层面，我觉得男孩子的“穷养”是指培养男孩子对生活中不顺利的事情的承受力。

记得我的儿子曾经在这方面挺让我们操心的，因为这孩子从小“听话”，听家长的话、听老师的话，所以他一直很顺利，无论在家还是在学校，他很少会成为那个被指责的人，这样导致他很少有挫败感。他的第一次比较大的挫败感来自他自己的亚裔身份，那一年他读初中，情窦初开，喜欢一个同班女同学，两人相互有好感，不过，正如很多懵懵懂懂的初恋，很快就无疾而终。他消沉了一阵子。有一天，他回到家里，很是不平地对我说这个世界不公平，作为亚裔的男孩，似乎只能与亚裔的女孩子约会，可亚裔的女孩子却可以与亚裔男孩子或者任何族裔的男孩子约会，似乎亚裔的女孩子比亚裔的男孩子更受到社会的接纳和欢迎。这点对他是一个打击。我已记不清那天具体跟他怎样说的，但是我记得很清楚，那天我们母子俩谈了很久，对于美国社会的这一现象，没有必要否认，我说了亚裔男女之别，也提到作为亚裔男性的他，可以怎样试图完善自己来改变这种社会偏见。比如很多美国人觉得亚裔男性没有美国男人来得健壮，以前亚裔男性被称为“东亚病夫”，后来李小龙改变了这一偏见，人家又以为中国人都会功夫。这些都是以偏概全，你可以自己证明这种偏见是错误的，说到底你自己得自强不息，你无法改变别人，但是可以改变自己。事实证明，后来我们家的小男生确实一直在自己身上下功夫，他一直到现在都坚持健身不断，保持着完美的身材。今天在医学院就读的他，充满自信，我有时也会开玩笑说他怎么又找了个亚裔女朋友，他反而会说他的审美观让他觉得他更喜欢东方女

性。如今我已经不大担心儿子的受挫力，看他这个曾经的学霸对于自己在超难读的美国医学院处于中上游也能安之若素且常常赞美同龄人中的天才学生，我知道他已经能够欣赏别人比他好，同时还能有自己的自信和自尊，这就够了。

回到“穷养儿富养女”中的富养女上，精神层面的富养是指培养女孩子有一定的鉴别力，日后不会轻易被迷惑，一个优雅精致的女人也会让生活更有色彩和趣味。娇娇女难免会得到父母更多的疼爱和呵护，但只要不是溺爱，只要父母的宠爱中充满了善良，孩子也会承继美善的品德，最终成为一个知情知趣、贤淑优雅的女性。

我的女儿是一个天生就富有同情心的孩子，对于小动物和弱小者，那是绝对的爱护和维护。每次在路上，看见路边有流浪汉讨钱，她是一定会问我们要零钱给他们的。我对她说，“你看那个流浪汉似乎有些睡不醒的样子，会不会是个吸毒者？他的年龄并不老，应该可以自食其力。既然他说肚子饿了，这样好不好，我们去麦当劳买一个汉堡，拿过去给他当午饭吃。”小小的她不懂为什么不能给流浪汉钱，我说钱可以拿去买食物，也可以拿去买毒品，他既然说肚子饿，我们买好食品给他，不给他钱是防止他拿钱继续去买毒品。富有同情心是好的，但是切勿让别人利用了你的同情心，而这个世界上什么样的人都有。

无论男孩还是女孩，对于父母来说，都应该用爱来养育，父母多花高质量的时间与孩子在一起，有能力就带着他们去旅游去看世界，以自己的言传身教来影响孩子。爱孩子不应该看性别，但是性别的差异却也应该被注意被区别对待，并得到合适的引领，从而让孩子在一个舒适温暖的家庭氛围里健康成长。

今天我已不再问上帝为何赐给我一对完全不同的两个孩子了，我深信这就是上帝的美意，让我明白个体的不同，尊重个体的差异。正因为他俩的不同，我才真正体会为人父母的各种滋味，他们完善了我的人生，也让我成为一个更好的人。

育女，也让我们真正的体会到
每个孩子都是不同的，
不能用同一种标准来衡量不同的孩子。